为服务全民
终身学习赋能：
教育实施体制的作为

丁学森 / 著

重庆大学出版社

图书在版编目(CIP)数据

为服务全民终身学习赋能：教育实施体制的作为 /
丁学森著. -- 重庆：重庆大学出版社，2025.6.
ISBN 978-7-5689-4419-9

Ⅰ. G729.2

中国国家版本馆 CIP 数据核字第 2024HP3553 号

为服务全民终身学习赋能：教育实施体制的作为
WEI FUWU QUANMIN ZHONGSHEN XUEXI FUNENG：
JIAOYU SHISHI TIZHI DE ZUOWEI

丁学森　著

策划编辑：唐启秀

责任编辑：赵　晟　　版式设计：唐启秀
责任校对：王　倩　　责任印制：张　策

*

重庆大学出版社出版发行

社址：重庆市沙坪坝区大学城西路 21 号

邮编：401331

电话：(023) 88617190　88617185(中小学)

传真：(023) 88617186　88617166

网址：http://www.cqup.com.cn

邮箱：fxk@ cqup.com.cn (营销中心)

全国新华书店经销

重庆升光电力印务有限公司印刷

*

开本：720mm×1020mm　1/16　印张：14.25　字数：234千
2025 年 6 月第 1 版　　2025 年 6 月第 1 次印刷
ISBN 978-7-5689- 4419-9　定价：86.00 元

丛书编委会

总主编: 孙绵涛

主　编: 卢　伟　　王　刚　　祁型雨

编　委: 孙绵涛　　卢　伟　　王　刚　　祁型雨

　　　　　邓　旭　　丁学森　　王　悦

本书编著者

丁学森　　李春光　　李　莎　　陈思文

薛春燕　　闫淑敏　　许　倩　　任杨阳

总　序

党的十九届四中全会聚焦新时代对人才培养的新需求,把教育摆在更加突出的位置,明确提出要"构建服务全民终身学习的教育体系"。这一举措是以习近平同志为核心的党中央为满足人民多层次多样化学习方式需求,促进人的全面发展所作出的具有前瞻性、全局性、系统性的重要战略决策,具有重大而深远的意义。深入探讨服务全民终身学习的教育体制理论,总结这一教育体制在实践中的成功经验与现实问题,破除体制机制障碍,构建科学完善的服务全民终身学习的教育体制,是深化教育领域综合改革,建设服务全民终身学习的教育体系的关键任务,也是加快推进教育现代化、建设教育强国、办好人民满意的教育的根本要求。在这样的背景下,2020 年 4 月 20 日,沈阳师范大学教育经济与管理研究所研究团队申报的研究阐释党的十九届四中全会精神国家社科基金重点项目"服务全民终身学习的教育体制与教育机制研究"获准立项。

在接到《立项通知书》后,项目组全体成员高度重视,迅速开始了一系列研究工作。首先,我们全面收集和分析了与本课题相关的政策类和研究类文献材料,界定了本项目的核心概念,构建了服务全民终身学习的教育体制的范畴与逻辑框架,在此基础上设计了问卷和访谈提纲等调查工具。之后,项目组多次赴辽宁、北京、重庆、浙江、河南等地,实地开展访谈和问卷调研工作,进一步了解了当前服务全民终身学习的教育体制在理论与实践中的成就、经验、不足和原因,了解了专家学者及社会公众对全民终身学习的需求,以及对全民终身学习体制改革的需求与建议。最后,根据理论研究与实证调查的结论,形成并发表了一系列研究成果。截至目前,本项目共发表论文 13 篇,其中包含 CSSCI 论文 3 篇,CSSCI 扩展版论文 6 篇(1 篇被《新华文摘》全文转载,1 篇被《高等学校文科学术文摘》全文转载),另有 1 篇文章获得副省级领导批示。本丛书就是该项目的最终研究成果。

本丛书共包含 6 本著作。《服务全民终身学习的教育体制论——基于系统哲学的建构》以系统哲学为理论基础,按照"方法论—本体论—价值论—实践论"的逻辑,秉承把握事物一般本质、认知逻辑、一般价值和实践路径的基本思路,构建了关于服务全民终身学习的教育体制的理论体系,并在此基础上为深化服务全民终身学习的教育体制改革提出了政策建议。《为服务全民终身学习赋能：教育实施体制的作为》总结了我国服务全民终身学习的教育实施机构与制度的成就与经验，重点分析了教育实施机构和制度存在的问题及成因，进而为我国服务全民终身学习的教育实施体制改革提出策略。《服务全民终身学习的教育管理体制改革：机构建设与制度创新》综合运用多元理论，构建了服务全民终身学习的教育管理体制的基本理论体系，深入探讨了服务全民终身学习教育管理体制及其改革的内在规定性，为指导我国服务全民终身学习教育管理体制改革的理论与实践提供了新的概念、命题和实践模式。《服务全民终身学习的教育体制之他国镜鉴：基于国际实践的视角》分别对美国、英国、澳大利亚、日本、德国、俄罗斯、法国等国家终身学习的演进历程和教育体制实践情况进行了梳理和分析，探讨了这些国家服务全民终身学习的教育实施体制和管理体制的经验与启示，为我国服务全民终身学习的教育体制的未来发展提出了对策建议。《服务全民终身学习的教育体制机制研究经典文献评述》从政策文本内容、政策研究文献和学理性研究三个方面，对当前我国"服务全民终身学习的教育体制机制"的相关研究进行了评述，并就对这一问题进行更深层次的研究提出了对策建议。《面向 2035：服务全民终身学习的教育体制改革趋势展望》在分析未来全民终身学习需求的影响因素及其发展趋势的基础上，从服务全民终身学习的教育实施体制和教育管理体制两个维度切入，系统构建了面向未来全民终身学习体制改革的前瞻性理论框架，并对未来我国服务全民终身学习的教育体制进行了展望。此次出版的是前 5 本著作，最后一本将另行出版，相信很快也会与各位读者见面。

本丛书探讨了服务全民终身学习的教育体制的基本理论体系，构建了具有我国特色的服务全民终身学习的教育体制框架，分析了现阶段终身学习教育体制的实践现状与成功经验，挖掘和解决了这一体制实践中的重点、难点问题，总结了国际服务全民终身学习的教育体制实践的经验及可供我国借鉴之处，为我国服务全民终身学习的教育体制改革提出了政策建议和决策参考。同时，本丛书建立了一个专门的关于服务全民终身学习的教育体制机制的文献资料库，不仅能够为相关政策的制定提供有益的参考依据，也能为同类研究提供参考。

本丛书的出版为本项目上一阶段的研究画上了句号，但这并不是我们探究这一问题的终点。2023 年 9 月，习近平总书记在黑龙江考察期间，在新时代推动东北全面振兴座谈会上首次提出了"新质生产力"，此后，习近平总书记又多次发表了关于新质生产力的重要论述，强调"要牢牢把握高质量发展这个首要任务，因地制宜发展新质生产力"，为高质量发展和中国式现代化建设提供了科学指引和实践遵循。新质生产力的本质是先进生产力，生产力的主体是劳动者，先进生产力的主体是高素质人才。培养高素质人才，发展新质生产力，推动高质量发展，对服务全民终身学习的教育体制机制提出了更高的要求，如何建立一个更加完善的教育体制机制，帮助受教育者在任何时间和空间场域内都能够获取所需高新科技知识和劳动技能，以及其面对技术革命性突破、生产要素创新性配置、产业深度转型时的适应能力和快速学习的能力，为受教育者适应并推动新质生产力的发展奠定基础，将是我们下一阶段要继续深入研究的重点议题。

本丛书得以出版，要感谢全国哲学社会科学工作办公室领导和沈阳师范大学领导的关心和支持；感谢重庆市新闻出版局将本丛书纳入 2023 年重庆市出版专项资金资助项目；感谢重庆大学出版社将本丛书纳入出版计划；感谢资深编辑唐启秀的辛勤劳动；特别要感谢参与项目研究的团队成员为完成研究任务的辛苦付出，每本著作的主编和参编人员为本丛书所作的突出贡献，同时也要对本丛书研究过程中提供帮助的有关领导、学者及文中参考文献的作者致以衷心的谢意。

孙绵涛

2024 年 5 月 16 日

谨识于浙江外国语学院

教育学院/教育治理研究中心 124 室

前　言

在当今这个日新月异的时代,知识更新令人目不暇接。面对这样的背景,全民终身学习不再是一个遥远的理念,而成了一种必然趋势。为了适应这一趋势,建立一个服务全民终身学习的教育实施体制显得尤为重要。这样的体制不仅能够确保每个人都有机会接受持续的教育和培训,还能促进社会整体的进步和发展。对此,本书进行了一些深入的探讨。首先,我们必须认识到教育的本质已经发生了深刻的变化。过去,学习往往被视为学生的专职,随着年龄的增长,人们往往会逐渐脱离学习环境。然而,现代社会对知识和技能的需求是不断变化的,这就要求我们每个人在整个生命历程中都要不断地学习和适应。其次,全民终身学习的教育实施体制应当是多元化和灵活的。除了传统的学校教育之外,还应包括各种非正式的教育途径,如在线课程、社区学习中心、工作场所培训等。这些不同的学习途径应该能够相互衔接,形成一个完整的学习网络,让学习者可以根据自己的需求和兴趣选择合适的学习方式。

在此基础上,本书先后回顾了改革开放以来,我国在服务全民终身学习的领域取得的显著成就。教育体系不断完善,从学前教育到高等教育、职业教育、成人教育等各个阶段都得到了全面发展。同时,政府加大了对教育的投入,提高了教育质量,使得更多人有机会接受优质教育。在改革经验方面,我国始终坚持以人为本的教育理念,注重培养学生的综合素质和创新能力。同时,政府积极推动教育信息化,利用现代技术提高教育效率和质量。此外,我国还加强了国际交流与合作,借鉴国际先进经验,推动教育事业的发展。进一步分析了我国服务全民终身学习的教育机构仍存在的问题。一些地区教育资源分配不均,城乡差距较大;部分学校办学条件有限,师资力量不足;一些培训机构存在乱象,影响教育质量。在教育制度方面,我国已经建立了较为完善的终身学习制度框架,包括学历教育和非学历教育两个部分。然而,目前仍存在一些问题,如学分银行制度不够完善,不同类型教育之间的转换通道不畅等。针对以上问题,最后提出新时代我国服务全民终身学习的教育实施体制对策:进一步优化教育资源配置,缩小城乡差距;加强师资队伍建设,提高教师素质;规范培训市场秩序,保障教育质量;完善终身学习制度,打通各类教育之间的转换通道;加大政策支持力度,鼓励社会各界参与终身教育事业的发展。

综上,服务全民终身学习的教育实施体制是一个复杂而又必要的系统,它涉及教育的重新定义、多元化学习途径的开发、评价与认证体系的建立、政府和社会各界的共同努力,以及对个体和社会发展的深远影响。只有当我们深刻认识到终身学习的重要性,并采取切实有效的措施,才能确保每个人都有机会在这个日新月异的世界获得成功,并为社会的繁荣作出积极贡献。近年来,课题组围绕相关议题进行了大量的研究工作;其间,多次围绕核心研究问题开展有针对性的调研和访谈,并最终形成了本书各个章节的雏形。其中,第一章由许倩、丁学森撰写,第二章由闫淑敏、丁学森撰写,第三章由李莎撰写,第四章由李春光撰写,第五章由薛春燕、丁学森、任杨阳撰写。全书由丁学森负责润色统稿。此外,本书研究工作的开展得到了课题负责人孙绵涛教授的深入指导,本书的最终出版也得益于出版社唐启秀老师的辛勤工作。作为研究阐释党的十九届四中全会精神国家社科基金重点项目"服务全民终身学习的教育体制与教育机制研究"系列丛书的一部分,本书的出版还离不开其他课题组成员的互相配合及重庆大学出版社的大力支持,对此我们一并表示深深的谢意! 同时,我们也要对在本书研究过程中提供帮助的有关领导、学者及参与研究工作的研究生们致以衷心的感谢! 未来,我们也期待就此话题与相关学人共同探讨、共同进步。

丁学森

2024 年 3 月 20 日

目　录

第一章 改革开放以来我国在服务全民终身学习的教育实施体制方面取得的成就

自改革开放以来,我国在服务全民终身学习的体制方面取得了显著的成就。我国经济的迅猛增长与社会主义现代化建设的日益深化,使得我国政府将教育事业的发展置于重要位置,持续加大投入力度,并致力于完善教育体制,旨在为广大人民群众提供更加多元、多样的学习机会。在基础教育领域,九年义务教育制度的实施,为更多的孩子敞开了基础教育的大门。高等教育也迎来了迅猛的发展,呈现出蓬勃生机。各类高校数量不断增加,招生规模逐年扩大,为社会培养了大批高素质人才。同时,职业教育和成人教育也得到了显著提高,为广大群众提供了更多的学习途径和技能培训机会。

为了进一步推动全民终身学习,我国还制定了一系列政策措施,如设立国家级终身学习体系,鼓励各地开展终身学习活动,推广网络教育和远程教育,使学习资源更加丰富、便捷。这些举措为广大人民群众提供了更加灵活、多样的学习方式,使终身学习成为可能。这些成就的体现并不仅限于教育水平的提升,更体现在人们对知识、技能的渴求和追求,为我国的经济社会发展提供了强大的人才支持和智力保障。

一、服务全民终身学习的教育实施机构发展成就

(一)正规教育实施机构的发展成就

1.学前教育公共服务体系逐步建立,学前教育机构设置逐步完善

历经改革开放四十余载,我国学前教育事业先后经历了拨乱反正后的恢复发展时期、依法治教的快速发展时期、社会变革的曲折发展时期、深化改革的社

会化发展时期、调整提高的持续发展时期以及改革创新的跨越式发展时期六个发展阶段，取得了瞩目成就。在这些阶段，我们明确了学前教育的性质定位、发展方向及政府职责，实现了学前教育资源的有效扩充、学前教育投入的持续增加、学前教师队伍素质的增强以及保教质量的提升。①

党的十一届三中全会确定了改革开放的国家发展战略，中国学前教育发展迎来了百花齐放的春天。在邓小平教育理论的指引下，学前教育发展被纳入政府的重要议事日程，对学前教育管理体制、城乡学前教育发展方针、幼儿园课程标准、学前教育师资培养及管理等方面都作出了明确规定。这一时期，教育部门和有关部门通力合作，广大学前教育工作者的积极性和创造性得到了极大的调动与激发，形成了全社会共同关心、支持学前教育的良好局面。② 20世纪80年代后期，在教育体制改革的大背景下，政府通过改革管理体制、推进依法治教，使学前教育各项工作更加科学化、规范化，实现了快速发展。③ 在学前教育法规、政策的保障和推动下，我国学前教育事业获得了快速发展。1995年，全国幼儿园数量为18.04万所，在园幼儿2 711.2万人，教职工116万人，比1986年分别增长了1.04倍、1.66倍和1.32倍④。"九五"时期是学前教育贯彻"科教兴国"战略、实现健康发展的关键时期，也是应对经济、社会和政治变革努力前行、曲折发展的重要时期。2000年，在园幼儿数比1995年减少了467万，学前三年幼儿入园率降低了2.1个百分点，学前一年入园率降低了1.7个百分点；园长和教师的专业化水平得到较大提高，专科及以上学历者占比达到12.4%，高中以下占比仅为9.6%⑤，教师合格率基本达到国家规划目标。

（1）学前教育资源得到有效扩充，幼儿入园机会得到有效保障

进入21世纪，由于与国家经济与管理体制改革、国有企事业单位教育职能改革相适应的学前教育发展与管理体制尚未建立，学前教育事业发展面临着前所未有的挑战。针对这一情况，国务院在2003年3月转发了教育部等十部门联合发布的《关于幼儿教育改革与发展的指导意见》（简称《意见》），明确了今后5年我国学前教育改革与发展的目标。其主要特点包括：落实各级政府的责

---

① 郅庭瑾.人的城镇化：教育何为[J].人民教育，2015（9）：36-39.
② 柴葳，刘琴.全国人大代表罗伟其：城镇化进程中保障教育用地[N].中国教育报，2012-03-12.
③ 梁慧娟.改革开放40年我国学前教育事业发展的回望与前瞻[J].学前教育研究，2019（1）：9-21.
④ 数据计算来源于历年《中国教育统计年鉴》。
⑤ 数据计算来源于历年《中国教育统计年鉴》及《全国教育事业发展统计公报》。

任,完善"地方负责、分级管理"的管理体制;明确新形势下各部门管理职能的重点工作内容;建立新的学前教育发展模式;明确改制中幼儿园资产的基本管理办法;办好示范园,发挥示范、培训、管理等多种功能;保障幼儿园教师的合法权益;推进学前教育均衡发展,加大对农村和贫困地区的学前教育支持力度;首次明确在各级政府建立学前教育评价制度,发挥督政和督学相结合的评价监督管理机制作用。

"十五"期间,我国学前教育普及水平经历了降后有升的过程,2003年,在园幼儿数降至十年来的最低水平,但自2004年开始出现转机,2005年回升至1996年的水平。2005年,全国幼儿园数量达到12.44万所,学前三年毛入园率为41.4%,比"九五"时期末增加了3.7个百分点;学前一年入园率为72.7%,较"九五"时期末下降了2.7个百分点(表1.1)。按照《意见》提出的"2007年学前三年入园率达到55%"的目标,到2005年学前三年毛入园率应达到47%。然而这一目标在"十五"期间未能实现。

表 1.1　2001—2005 年全国在园幼儿数、入园率情况

年份	在园幼儿数/万人	学前三年幼儿入园率/%	学前一年幼儿入园率/%
2000	2 244	37.7	75.4
2001	2 022	35.9	70.0
2002	2 036	36.8	68.3
2003	2 004	37.4	64.3
2004	2 089	40.8	71.8
2005	2 179	41.4	72.7

数据来源:2000—2005 年《中国教育经费统计年鉴》

(2)幼儿园教师队伍建设不断加强,学历层次不断提升

为全面落实"国十条"(《关于当前发展学前教育的若干意见》的简称)关于"多种途径加强幼儿园教师队伍建设"的要求,教育部及其他相关部委随后下发了一系列关于幼儿园教师配备、准入、培养、培训的政策,如《幼儿园教师专业标准》(2012年)、《教育部中央编办财政部人力资源社会保障部关于加强幼儿园

教师队伍建设的意见》(2012年)、《幼儿园教职工配备标准(暂行)》(2013年)、《中小学教师资格考试暂行办法》(2013年)、《中小学教师资格定期注册暂行办法》(2013年)、《幼儿园园长专业标准》(2015年)、《教育部财政部关于改革实施中小学幼儿园教师国家级培训计划的通知》(2015年)、《中共中央国务院关于全面深化新时代教师队伍建设改革的意见》(2018年)、《教师教育振兴行动计划(2018—2022年)》(2018年)。在上述政策的引导、支持和保障下,我国幼儿园教师队伍不断壮大。2016年,全国共有幼儿园教职工381.78万人,其中园长26.67万人,专任教师223.21万人,分别比2010年增加196.85万人、10.56万人和108.79万人①。队伍壮大为不断扩大的学前教育资源提供了有力支撑,教师队伍是确保幼儿园有效运转和质量提升的核心人力资源。

"十五"期间,幼儿园教师学历提高的速度和水平与小学教师总体较为一致(表1.2)。但未评职称教师比例严重偏高。2005年,未评职称教师占幼儿园教师总数的54.5%,比2001年增加了6.5个百分点。其学历迅速提高的状况与这一情形形成了鲜明对比,对教师队伍的稳定以及教师专业发展积极性的激发产生了不利影响。此外,幼儿园师生比例过低,专任教师比例逐年减少。2005年,全国幼儿园教职工(含代课教师和兼任教师)与幼儿比平均为1∶17.6,其中城市为1∶9.8,县镇为1∶15.9,而农村为1∶36。农村幼儿园师生比过低的状况未得到缓解,这是阻碍农村学前教育质量提升的关键因素之一。

表1.2 2001—2005年全国小学和幼儿园教师学历比较表

年份	本科及研究生/%		专科/%		高中、专科/%		高中以下/%	
	幼儿园	小学	幼儿园	小学	幼儿园	小学	幼儿园	小学
2001	1.81	1.60	28.66	25.79	61.64	69.42	7.89	3.19
2002	3.01	2.17	34.09	30.92	56.71	64.30	6.19	2.61
2003	3.71	3.07	37.31	37.43	53.57	57.33	5.41	2.51
2004	4.86	4.58	40.61	44.16	49.64	49.55	4.86	1.69

① 数据来源：《2016年全国教育事业发展统计公报》《2010年全国教育事业发展统计公报》。

续表

年份	本科及研究生/%		专科/%		高中、专科/%		高中以下/%	
	幼儿园	小学	幼儿园	小学	幼儿园	小学	幼儿园	小学
2005	6.13	6.70	43.03	49.63	46.56	42.26	4.28	1.38

数据来源:2001—2005 年《中国教育经费统计年鉴》

（3）学前教育财政投入不断增加,弱势地区及弱势群体获益

"十一五"期间,我国学前教育事业在改革创新中不断取得进展,展现出强劲的发展势头。这一时期,全国学前教育规模持续增长,普及水平继续提高。2009 年,全国共有幼儿园 13.82 万所,比 2005 年增长 11.1%;新入园幼儿 1 547 万人,比 2005 年增长 14.1%;在园幼儿 2 657.8 万人,比 2005 年增长 22%（表1.3）。学前三年毛入园率达到 50.9%,比 2005 年提高 9.5 个百分点,比 1999 年提高 12.5 个百分点[①],是十年来提升速度最快的时期,达到了历史最高水平。

表 1.3　2005—2009 年全国学前教育发展规模

年份	幼儿园数/万所	当年新入园幼儿/万人	在园幼儿/万人
2005	12.44	1 356	2 179.0
2006	13.05	1 391	2 263.9
2007	12.09	1 433	2 348.8
2008	13.37	1 483	2 475.0
2009	13.82	1 547	2 657.8
2009 年比 2005 年增长/%	11.1	14.1	22.0

数据来源:2005—2009 年《中国教育经费统计年鉴》

[①]　数据计算来源于《2009 年全国教育事业发展统计公报》《2005 年全国教育事业发展统计公报》《1999 年全国教育事业发展统计公报》。

四年间，城市学前教育得到了稳步发展，县镇学前教育呈现出持续发展的态势，而农村学前教育的发展形势则显得尤为严峻。2007 年，农村幼儿园数量较上年减少了 3 376 所，在园幼儿人数减少了 14.72 万。至 2009 年，农村学前班数量相比 2005 年减少了 56 712 个，在班幼儿数占当年全国学前班幼儿总数的比例、占全国农村在园幼儿总数的比例分别下降了 4.5 个百分点和 13.9 个百分点。

随着各地三期学前教育行动计划的积极推进和有效落实，学前教育资源建设任务取得了显著成就。2016 年，全国幼儿园总数达到 23.98 万所，比 2010 年增加了 8.94 万所，增幅高达 59.4%。其中，公办幼儿园有 8.56 万所，占全国幼儿园总数的 35.7%，相较于 2010 年增加了 3.75 万所，占比提升了 3.7%；民办幼儿园则有 15.42 万所，占全国幼儿园总数的 64.3%，比 2010 年增加了 5.19 万所[1]。由此可见，自 2010 年以来，全国学前教育资源增量显著（表 1.4）。公办幼儿园的增长幅度相较于民办幼儿园较低，这一现象凸显了民办幼儿园在扩充学前教育资源方面所发挥的重要作用。学前教育资源的有效扩充为广大适龄幼儿提供了越来越多的入园机会。2016 年，全国在园幼儿总数达到 4 413.86 万人，比2010 年增加了 1 437.19 万人，增幅接近 2010 年在园幼儿总数的一半。其中，公办园在园幼儿数量为 1 976.20 万人，民办园在园幼儿数量为 2 437.66 万人，后者比前者多出约 460 万。从公办园在园幼儿数量占全国在园幼儿总数的比例来看，自 2010 年以来呈逐年递减趋势。2016 年占比为 44.77%，为 7 年来最低，比 2010 年低 8.22 个百分点。

表 1.4 2010—2016 年全国幼儿园发展规模

年份	2010	2011	2012	2013	2014	2015	2016
幼儿园总/万所	15.04	16.68	18.13	19.86	20.99	22.37	23.98
公办园/万所	4.81	5.13	5.66	6.51	7.06	7.73	8.56
民办园/万所	10.23	11.55	12.47	13.35	13.93	14.64	15.42

---

[1] 数据来源于 2016 年《中国统计年鉴》。

续表

年份	2010	2011	2012	2013	2014	2015	2016
公办园占比/%	31.98	30.76	31.22	32.78	33.64	34.56	35.70

数据来源:2010—2016 年《中国教育经费统计年鉴》

据教育部统计,自 2010 年以来,中央财政共计投入 5 418.39 亿元支持学前教育发展,投入额逐年递增。其中,2016 年共投入 1 325.39 亿元,比 2010 年增加 1 081.39 亿元,增幅约 4.4 倍。年度财政投入增幅最大的是 2012 年,比 2011 年增加 332 亿元。从学前教育财政投入占财政性教育投入的比重来看,占比也在逐年提高,其中 2016 年占比为 4.22%,比 2010 年提高 2.55 个百分点;年度财政投入占比增幅最大的同样是 2012 年,提高约 1 个百分点。针对贫困、边远和农村地区学前教育资源匮乏的情况,2010 年,国家启动"中西部农村学前教育推进项目",重点支持农村乡镇中心幼儿园建设。项目实施三年,中央财政共投入 55.6 亿元,在中西部农村地区建设了 3 149 所幼儿园,为 63 万适龄幼儿提供了入园机会。中央财政投入的增加带动了地方学前教育财政投入,为全国学前教育资源的迅速扩大、幼儿园教师专业化水平的提升以及适龄幼儿入园保障提供了重要的经费支持。

2.义务教育均衡发展,使得义务教育阶段学校的发展水平不断提升

(1)义务教育战略地位确立,普及目标全面实现

面对新中国初期"一穷二白"的局面,党中央高度重视,励精图治,倾注巨大物力财力兴办义务教育。首先,实现了财政性教育投入占 GDP 比例 4% 的目标。1993 年,中共中央、国务院发布的《中国教育改革和发展纲要》提出了"国家财政性教育经费支出占国民生产总值的比例到 2000 年末达到 4%"的目标。2012 年,国家财政性教育经费占 GDP 比例达到 4.28%,此后一直维持在 4% 以上。据统计,1950 年时,国家财政性教育事业经费支出仅为 3.76 亿元(当年全国总财政支出为 60.08 亿元);1980 年时,国家财政性教育经费增长到了 134.9 亿元;到 1997 年时,仅义务教育财政性经费支出就达到了 989.2 亿元;2018 年时,更是增长到 19 668 亿元。义务教育财政性经费占义务教育总经费的比重从 1997 年的 75.71% 增长到 2018 年的 94.29%,增长了 18.58 个百分点(表 1.5),充

分彰显了义务教育由国家举办的性质。

表 1.5　1980—2018 年教育经费相关统计

年份	GDP	教育经费总投入	国家财政性教育经费	义务教育总经费	义务教育财政性经费	国家财政性教育经费占GDP比重/%	义务教育财政性经费占义务教育总经费比重/%
1980	4 587.6	145.5	134.9	—	—	2.94	—
1997	74 462.6	2 531.7	1 862.5	1 307	989	2.50	75.71
2007	257 305.6	12 148.1	8 280.2	5 003	4 413	3.22	88.21
2010	413 030.3	19 561.9	14 670.1	8 300	7 327	3.55	88.27
2011	489 300.6	23 869.3	18 586.7	10 178	8 849	3.80	86.93
2012	518 942.1	27 696.0	22 236.2	12 211	10 606	4.28	86.86
2013	595 244.4	30 364.7	24 488.2	13 108	11 332	4.11	86.45
2014	643 974.0	32 806.5	26 420.6	14 321	12 886	4.10	89.98
2015	689 052.1	36 129.2	29 221.5	15 916	14 982	4.24	94.13
2016	743 585.5	38 888.4	31 396.3	17 603	16 583	4.22	94.21
2017	827 121.7	42 557.0	34 203.8	19 358	18 126	4.14	93.64
2018	900 309.0	46 135.0	36 990.0	20 858	19 668	4.11	94.29

数据来源：1980—2018 年《中国教育经费统计年鉴》和历年《全国教育经费执行情况统计公告》

　　中华人民共和国成立之初，我国人口为 5.42 亿，其中 80% 以上为文盲，全国小学在校生人数仅为 2 439.1 万人。至 2010 年，小学在校生人数增至 9 940.7 万人，小学适龄儿童净入学率达 99.7%，升学率达 98.7%，初中阶段在校生人数达到 5 279.33 万人，毛入学率更是高达 100.1%。[①] 义务教育的全面普及显著提

————————

① 司晓宏，樊莲花，李越.新中国 70 年义务教育发展轨迹、成就及愿景分析[J].人文杂志，2019(9)：1-12.

升了国民素质,我国已初步实现从人力资源大国向人力资源强国的转变。

(2)义务教育资源配置日趋合理化,软硬件设备均有所提升

广大农村和边远贫困地区的办学条件显著改善,日趋现代化。随着我国 70 余年的不懈努力,特别是改革开放 40 多年来的持续建设,我国广大农村中小学的办学条件和面貌已发生翻天覆地的变化。这体现在农村学校的校舍面貌、教学设施、仪器设备、图书资料、网络信息等多个方面。这可用以下两组数据来说明:

2001 年时,全国普通中小学校舍建筑面积为 108 800.74 万平方米。其中,体育运动场(馆)面积达标校数、音乐器械配备达标校数、美术器械配备达标校数、数学自然实验仪器达标校数的比例,小学分别为 47.4%、36.62%、34.51%、48.55%;普通初中分别为 69.46%、50.42%、48.84%、68.35%。[①] 到 2018 年时,全国普通中小学校舍建筑面积增至 142 987.66 万平方米,相较于 2001 年增长了 34 186.92 万平方米,增长率达到了 31.42%。[②] 同时,体育器械达标校数、音乐器材达标校数、美术器材达标校数、数学自然实验仪器达标校数的比例,在小学阶段分别提升至 88.47%、93.89%、93.70%、93.72%,相较于 2001 年分别增长了 41.07、57.27、59.19、45.17 个百分点;在普通初中阶段,这些比例分别提升至 92.58%、95.45%、95.21%、95.64%,相较于 2001 年分别增长了 23.12、45.03、46.37、27.29 个百分点。[③]

自 2013 年教育部启动义务教育基本均衡县(区)验收以来,我国县域内义务教育均衡发展呈现良好态势。据统计,2013 年至 2017 年,全国义务教育阶段新建、改建、扩建学校约 26 万所,增加学位 2 725 万个,补充教师 172 万人,参与交流的校长和教师达 243 万人次。在此期间,累计建设各类校舍和附属用房面积 4.48 亿平方米,新建体育运动场馆 3.39 亿平方米,新增实验室、功能室 746 万间,新增设施、器材和信息化装备价值 3 257 亿元,新增图书 14.40 亿册,新增计算机 1 248 万台。通过义务教育均衡发展督导评估认定的县(市、区)数量逐年大幅增长。[④] 截至 2018 年底,全国共有 2 717 个县实现义务教育基本均衡验

① 资料来源:《2001 年全国教育事业发展统计公报》。

② 司晓宏,樊莲花,李越.新中国 70 年义务教育发展轨迹、成就及愿景分析[J].人文杂志,2019(9):1-12.

③ 资料来源:《2018 年全国教育事业发展统计公报》。

④ 数据来源于 2013 年—2017 年《中国统计年鉴》。

收，占全国总县数的 92.7%，其中中西部地区实现义务教育基本均衡验收的县数比例达到 90.5%。①

（3）城乡义务教育均衡发展，城乡义务学校的发展差距不断缩小

农村教育经费不断增加，城乡配置日趋均衡。城镇普通初中生均教育经费、生均预算内教育经费和生均预算内公用经费与农村的差距，已由 2005 年的 1.46 倍、1.25 倍、1.38 倍缩小到 2009 年的 1.17 倍、1.10 倍、1.06 倍。② 自《中华人民共和国义务教育法》实施以来，农村学校办学条件不断改善，城乡差距逐渐缩小。农村普通初中和小学的危房面积占所有普通初中、小学危房面积的比例，分别由 2005 年的 63.8%、86.2% 下降到 2010 年的 52.3%、77.2%，与城镇的差距分别缩小了 23 个百分点和 18 个百分点。③ 农村普通初中学校体育运动场（馆）面积、体育器械配备、音乐器械配备、美术器械配备、理科实验仪器、建立校园网六项指标的达标率，分别由 2005 年的 65%、61%、51%、50%、68%、18% 提高到 2010 年的 66%、62%、56%、55%、70%、36%，与同期城镇普通初中相应达标率的差距渐趋缩小④。农村小学体育运动场（馆）面积、体育器械配备、音乐器械配备、美术器械配备、理科实验仪器、建立校园网六项指标的达标率，分别由 2005 年的 51%、44%、38%、37%、49%、4% 提高到 2010 年的 53%、48%、44%、43%、50%、9%，与同期城镇小学相应达标率的差距也逐渐缩小。⑤

通过精心的资源统筹和高效的管理体系，学校的基础建设得到了显著的加强和提升。在科学规划和合理布局的指导下，农村学校开始实施一种全新的合并策略。这一策略的核心思想是改变以往分散投资、校园众多的局面，将资金集中用于重点领域，以便在相对较短的时间内，使乡镇拥有设施齐全、标准较高的现代化学校。这些新建的农村学校，无论是在硬件设施还是在教学质量方面，都能与县市级别的学校相媲美。这为农村儿童提供了一个高质量的教育环境，确保了他们接受良好教育的物质条件。这不仅提高了农村学校的教育质量，也为农村的孩子们提供了更多的学习机会，使他们能够在更好的环境中接受教育，从而提高其学习效果。这种合并策略的实施，使得农村学校的教育资

---

① 资料来源：《2018 年全国教育事业发展统计公报》。
② 数据来源于 2005 年《中国统计年鉴》。
③ 数据来源于 2005 年《中国统计年鉴》。
④ 数据来源于 2010 年《中国统计年鉴》。
⑤ 数据来源于 2010 年《中国统计年鉴》。

源得到了更有效的利用,也使得农村孩子能够享受到更好的教育。有研究表明,布局调整的有效实施不仅推动了教育资源的合理配置,还促进了区域内教育的均衡发展。将农村义务教育资源向乡镇一级集中的办学形式,在农村地区构建了一个稳定的保障体系,就像一座精心设计的建筑,各部分紧密相连,形成了一个无懈可击的结构。这个体系的建立,得益于大量学生的参与、高水平的师资力量以及有效的动员机制。这些因素共同作用,确保了教育资源在农村地区不仅有坚实的基础,而且能够持续扩展和再生。高质量的学校教育已经成为一个强大的磁场,吸引着村民们将孩子送进附近的学校。这种吸引力不仅体现在教育资源的丰富性上,更体现在学校教育的质量和效果上。学校成了乡村社会活力的源泉,为乡村社区注入新的活力和动力。

学校教育的普及和发展,极大地激发了家庭剩余劳动力的潜力。孩子们的教育追求不再是家庭经济负担的重压,反而为家庭经济发展注入新的活力。这种转变不仅改善了家庭的经济状况,也增强了他们对未来的信心。这种信心的增强,源于他们对教育资源分配公正性和公平性的认可。教育资源的合理分配帮助我们探索出了一条实现城乡教育均衡发展的新型路径。这条路径不仅解决了农村地区教育资源短缺的问题,也为城乡教育均衡发展提供了新的思路和方向,并对推动我国教育事业的发展具有极其重要的意义。

3.广播电视大学培养模式得以优化,招生人数明显增加

1978 年,邓小平同志亲自倡导并批准创办了中国的广播电视大学(简称"电大")。1979 年 2 月 6 日,中央广播电视大学与全国 28 所省级广播电视大学同时开学。我国大部分省、自治区、直辖市成立了广播电视大学。同年,第二次全国电视大学工作会议的数据显示:当时全国共录取正式学生 41.7 万余人,其中全科生 11.5 万余人,单科生 30.2 万人,学生来源多数为在职工人和中小学教师,此外,自学视听生约为 10 万人。除自由收听人数外,全国收听中央广播电视大学讲授课程的人数达到 60 余万人。[①] 广播电视大学从开始筹备到初具规模,不仅受到了中央的高度重视,而且在地方也得到了有效的推广。大多数青年突破了条件的限制,重新获得了学习机会。我国广播电视的广泛应用及普及,为我国广播电视大学的发展提供了技术的支持。这为构建我国服务全民终

① 刘英杰.中国教育大事典[M].杭州:浙江教育出版社,1993:1995.

身学习的教育发展搭建了基础性平台，从授课形式上打破了在校内进行授课的封闭模式，借助广播电视这一媒介，将信息技术传遍祖国的大江南北，从而极大地推动了高等教育向民众普及的进程。

（1）广播电视大学的办学格局由单一向多元转变

自1978年邓小平同志亲自倡导并批准创办以来，电大系统以其独特的远程教育模式迅速崛起，成为全国范围内主要的远程教育提供者。这一系统的办学网络广泛而深入，覆盖了国家的每一个角落，无论是偏远的乡村还是繁华的城市，都能见到电大的身影，为广大学习者提供了便捷的学习途径。然而，随着时间的推移、社会的进步和科技的发展，特别是1999年之后，中国的远程教育格局经历了深刻的变革。为了适应新的发展趋势，教育部开始拓宽远程教育的提供渠道，不再局限于单一的电大系统。在这一政策的指导下，先后有67所普通高校获得官方批准，开展现代远程教育的试点工作。这一政策的实施，无疑为中国的远程教育注入了新的活力。它不仅为学生提供了更加多样化的学习选择，使得学习者可以根据自己的需求和兴趣选择合适的课程和学校，而且促进了教育资源的优化配置，提高了教育的整体质量。这些试点高校充分利用现代通信技术，如互联网、多媒体等手段，在全国范围内提供了一系列学历教育和非学历教育项目，极大地丰富了中国的远程教育体系，使之更加多元化和个性化。与此同时，电大系统本身也在积极适应时代发展的需求，不断地进行自我革新和完善。传统的广播电视教学模式逐渐被基于互联网的在线学习模式所取代，教学内容和方法也在不断更新，以更好地满足广大学习者的需求。这种转变不仅提高了教学的效率和效果，也使得学习更加灵活和便捷。

自1999年起，教育部设立了67所普通高等学校开展现代远程教育试点工作，这一决策标志着我国电大系统所面临的市场环境发生了深刻而根本的变化。在此之前，电大系统的市场结构相对单一，但随着这些知名高校网络教育学院的强势崛起，市场迅速演变成了一个多元化、竞争激烈的新格局。这些知名高校的网络教育学院凭借着自身深厚的学科优势、鲜明的专业特色、丰富的教学资源以及强大的品牌影响力，强势介入电大系统的各个层面。它们不仅提供了与电大系统相似的教育服务，还在教学质量、教学方法、技术应用等方面进行了创新和提升，给电大系统带来了前所未有的挑战。

（2）广播电视大学的办学机构正在由独立向整合转变

在我国社会经济改革的大潮中，高等教育体制同样经历了一系列深刻的变革。这些变革不仅体现在教育理念的更新和教学方法的创新上，还体现在教育管理体系的重构上。特别是随着地方政府对教育资源的整合力度加大，一些电大分校和工作站逐步被纳入统一的教育体系。这一过程不仅优化了资源配置，也为电大的未来发展奠定了坚实的基础。广播电视大学，作为我国远程开放教育的领军者，凭借其独特的办学特色和优势，已成为我国公共教育事业的宝贵财富。它通过灵活多样的教学方式，为广大学习者提供了便捷的学习途径。尤其是在高等教育和终身学习体系的建设上，广播电视大学做出了巨大的贡献。在新的历史时期，广播电视大学面临着前所未有的挑战和机遇。它的发展不仅关系到自身的未来，也关系到整个国家教育体系的完善和进步。

与传统普通大学相比，开放大学在终身教育和学习型社会建设中扮演着更为关键的角色。它打破了时间和空间的限制，让更多人有机会接受高等教育，对推动社会的全面发展具有重要意义。然而，在各省级电大创办地方开放大学的过程中，需要摆脱对系统的过度依赖，发挥其独特作用。这就要求电大在保持自身特色的同时，不断创新和发展。因此，如何高效地推进这一世界上最大规模的远程教育系统建设，成了一个亟待解决的重大课题。在此问题上，我们需要深入思考如何发挥电大系统的整体功能，提升电大系统办学的核心竞争力，增强电大系统的凝聚力。这需要在保证教育质量的前提下，不断探索和实践新的教育模式和管理机制，以适应时代的发展需求。只有进一步建设、维护、发展好这个系统，才能实现整个电大系统的共生、共存、共进与共赢，实现科学发展。这不仅需要政府的支持和引导，还需要社会各界的参与和合作，共同推动电大事业的繁荣发展，为构建学习型社会和促进人的全面发展做出更大的贡献。

（3）广播电视大学办学主体多元化

广播电视大学系统曾经构成了一个遍布全国、结构清晰的教育网络。这个网络从中央辐射到各个省份、城市，甚至延伸至区县级别，形成了一个覆盖面广泛的教育布局。该系统以其独特的办学机构身份，通过实行"分级办学、分级管理"的运作模式，旨在实现教育资源的广泛分配和平等共享，确保每个角落的学习者都有接受教育的机会。电大系统的建设与发展，应当站在长远的视角进行规划,强调共同进步的原则。这就要求高层级的电大充分利用自身在技术、师资力量、资金等方面的优势,来支持基层电大的发展,帮助基层电大解决在发展过程中遇到的各种问题,以实现整个电大系统的均衡发展。

为了确保电大教育事业能够全面、健康和可持续地发展,必须遵循市场经济的规律,采纳新的系统建设理念,建立合理的准入与退出机制。通过优胜劣汰的方式,引入那些具有热情和实力的办学主体,同时淘汰那些落后和效率低的办学实体。必要时,可以突破传统的行政区划界限,鼓励系统内的优势机构跨区域招生或开设新的教学点,以增强电大系统的竞争力和影响力。与此同时,电大系统面临的挑战还包括与普通高校的成人教育、网络教育以及其他民办教育机构的竞争。为了在这场竞争中取得优势,电大系统需要致力于优化其层级结构,简化教学管理流程,提高教学效率。既要规范办学市场,又要发挥杠杆作用,引导资源的合理流动。在此基础上,我们需要重新构建一个更加便捷、高效和灵活的新系统,使电大系统能够更好地适应时代发展的需求,提供符合社会和个人需求的教育产品和服务。这种转型不仅涉及教育模式的创新,还涉及整个教育体系管理和运营方式的根本变革。它要求我们不断探索和实践,以确保电大系统在未来的教育领域中,能够继续保持其独特的地位,为社会培养出更多的人才。

(二)非正规教育实施机构的发展成就

"文革"期间,我国教育事业发展停滞,全国绝大多数青年失去了读书进修的机会。直到1977年国家恢复了高考制度,全国广大青年才积极报名参加考试。但是当时,大学招生条件有限,录取比例也较低,无法满足大多数人受教育的需求。与此同时,随着我国经济的快速发展,对高质量人才的需求日益迫切。因此,高等教育自学考试制度应运而生。1978年2月26日,第五届全国人民代表大会召开,《政府工作报告》(以下简称《报告》)提出,要建立高等教育自学考试制度。《报告》提出要建立适当的制度,使业余学习的人们经过考核,达到高等学校毕业生同等水平,并且在人才使用上同等对待。

在我国,自学考试管理体系的运行和实施得到了各级政府机关以及全国高等教育指导委员会的细致规划、精心指导和严格监督。这一体系的建立和完善,充分体现了我国对教育质量和考试公正性的高度重视。该管理体系主要由两大核心组成部分构成:行政管理和学术管理。这两大部分各司其职,功能明确,形成了一套高效的运作机制,共同为自学考试的顺利进行提供了坚实的保障。

在行政管理层面,涉及的部门和机构繁多,包括全国自学考试委员会、全国自学考试办公室、各省(自治区、直辖市)的考试委员会、地(市)级考试委员会以及全军考委等。这些部门和机构在全国自学考试体系中各司其职,形成了一个覆盖全国的管理和监督网络。其中,全国自学考试委员会扮演着举足轻重的角色。它负责统一制订考试的规章制度、方针政策,以及专业考试计划、课程设置和考试大纲,确保考试的标准化、规范化,从而保障考试的公平性、公正性和透明度。在地方层面,各省、自治区、直辖市的自学考试委员会作为全国考试委员会的分支机构,承担着将中央政策和规定落实到具体实践中的任务。它们负责本地区的自学考试工作,对主考学校的自考活动进行领导和管理。具体的考务工作则由省级考委的执行机构负责组织实施,确保每一项考试活动都能严格按照既定的标准和程序顺利进行。

在教育管理方面,从中央到省级地方,均设有相应的专业委员会和命题中心。目前共有19个专业委员会,涵盖了人文、社会科学、管理学、工学、农学、医学、军事学等多个学科门类。这些专业委员会负责制订专业教育计划、审定学科考试标准(包括考试大纲和学习教材等),从制度上保障其适用于每个报考者,确保考试内容的科学性和实用性。1993年,上海、武汉、北京、沈阳、南京、成都6个命题中心相继成立,它们主要承担以下任务:全国自学考试委员会规划协调委托的全国高等教育自学考试命题工作、省际协作委托的自考命题工作、省(市)考试委员会委托的自考命题工作、有关部门或单位委托的命题工作、自考命题的科学研究工作以及全国自学考试委员会委托的其他工作,以确保考试题目的质量和难度。主考学校作为国家考试的最终把关者,负责考生毕业的审定、学位授予等工作,确保考生的学习成果得到社会的认可。在中国政府和全国高等教育指导委员会的领导下,整个自学考试管理体系为我国培养了大量高素质的人才,为国家的发展作出了巨大贡献。这个体系的运作,不仅体现了我国教育的严谨性和权威性,也展现了我国教育的创新性和开放性。

1.中央高等教育自学考试机构的权责纵向配置

根据《高等教育自学考试暂行条例》,全国高等教育自学考试指导委员会是负责领导全国高等教育自学考试工作的最高机构,其主任一职由教育部部长亲自担任。全国高等教育自学考试体系作为我国教育领域的一个重要组成部分，其指导和执行机构职能明确，层级分明。核心的指导力量是全国高等教育自学考试指导委员会，其日常事务由直属于教育部的高等教育自学考试办公室负责。该办公室不仅承担着指导委员会的日常工作，也是整个自学考试体系的运行枢纽。在全国指导委员会下，成立了众多专业委员会和专家小组，他们承担起规划自学课程、拟订考试大纲以及编纂推荐教材的重任，确保自学考试内容的质量与适宜性。同时，全国高等教育自学考试办公室下设命题中心，肩负着编写全国统一考试试题的责任。在地方层面，省、自治区、直辖市各自成立自学考试委员会（简称"省考委"），归当地人民政府和全国考委双重领导，全面负责本地区的自学考试管理和组织工作。这些委员会的日常运作由对应的自学考试办公室（简称"省考办"）负责，这些办公室既是行政机构，也承担着各省考试委员会办公室的职责。省级自学考试管理机构还建立了多个命题机构，专责本省开考专业的命题工作，以保证考试内容的精准和公正。主考单位通常由省级自考委指定当地的全日制普通高校担任，确保了考试的正规性和权威性。

每年根据全国自考办的统一要求，各省（自治区、直辖市）会在规定的时间内组织四次自学考试，对考务实施严格管理，以确保考试的公平、公正。值得一提的是，自学考试的课程试卷被定为国家绝密级资料，任何泄密行为都将受到法律的严厉惩处。在市级层面，具体的办事机构负责组织实施考务工作，并接受市人民政府和省考委的领导与指导。地方教育行政部门中的自学考试办公室则具体承担市考试委员会的日常事务，以保障考试的顺利进行。

2.地方高等教育自学考试机构权责的横向配置

省级自学考试指导委员会属于非实体常设机构，委员会主任一般由省级教育行政部门主要负责人担任。其行政管理体系实行严格的科层制，中层管理人员由教育主管部门直接任免。由此可见，自学考试管理机构具备政府组织的特征。这里以北京市自学考试为例进行分析。北京市教育考试院的成立是响应国家教育考试管理体制改革要求的重要举措，它通过整合原有的北京市自考办和招办等资源，形成了一个集中管理、高效运作的地方教育考试机构。其主要任务是负责北京地区各类教育考试的组织与管理，确保考试的公平、公正和顺利进行。在组织架构上，北京市教育考试院实行院长负责制，即院长作为最高负责人对院内的所有活动负总责。下设的 16 个处室和 4 个直属单位各有其专门职责,涵盖高考、成考、自考等不同考试类型的管理、考试内容的研发、考务组织与监督、信息技术支持等方面。其中,高等教育自学考试办公室作为北京市教育考试院的一个重要职能部门,专门负责处理与高等教育自学考试相关的各项工作。这包括制订考试计划、组织命题、安排考试、评卷、成绩管理等。该办公室还下设8个业务科室,这些科室具体负责不同的业务环节,如考试规划、教材审定、考务安排等。北京市教育考试院在行政上隶属于北京市教委,并承担了北京市高等教育自学考试委员会的日常办事机构角色。在业务上,它对北京市各区县的自学考试办公室进行指导和协调,以确保各区县自学考试工作的标准化和规范化。这种管理体系的设计旨在保障北京市教育考试工作的专业性和权威性,同时确保各级教育考试能够严格遵循国家的教育政策和考试标准。通过科层制的管理模式,北京市教育考试院能够有效地履行其在教育考试领域的行政管理和服务职能。

这种管理体系的四大特点彰显了自学考试管理机构在组织结构和运作模式上的特殊性。具体来说:①运作独立性:自学考试指导委员会作为非实体常设机构,使得日常办事机构在运作中享有一定程度的自主性。这种设置既确保了与教育行政部门的紧密联系,又赋予了自考办相对独立的地位,使其能够根据具体情况灵活调整工作策略。②中央集权式管理:全国自学考试指导委员会拥有决策和管理的最高权力,这体现了中央集权式的管理模式。在这种模式下,国家对自学考试的各个方面进行统一规划和标准设定,包括制度、方针、计划、课程和考评标准等,以确保考试质量和维护考试公平公正。③行政性质:自学考试管理机构通常由政府设立并直接管理,其组织架构、人员任免和财务收支等方面均显示出明显的行政特征。这种行政属性有助于提高管理效率和执行力,确保自学考试管理工作的正规性和权威性。④非营利性:作为一个主要依靠国家财政支持的全额拨款事业单位,自学考试管理机构不以盈利为目标。这意味着其在执行国家教育考试政策和提供社会服务时,能够更加注重公共利益和社会价值,而不是追求商业利益。

(三)非正式教育实施机构的发展成就

1.我国研学旅行机构的设置逐步完善

随着教育体系的日益制度化,学校教育往往出现与学生的实际生活相脱节的问题。学习过程被限制在教室内,以课本和文字为媒介,学生只能依赖想象力去理解和吸收知识，这种方式缺乏实践参与、真实情境和亲身体验。中西古代教育传统中都有类似研学旅行的教育模式，即古代的游学传统。在历史的长河中，游学不仅在中华文明中留下了悠久的足迹，例如孔子带领他的门徒穿越各个诸侯国，培养出众多德才兼备的杰出人物；也在西方文化中占有一席之地，如柏拉图环游地中海后，返回古希腊创立了著名的学园，传播了他的哲学思想，塑造了一代又一代的学者。

1949 年以后，我国明确提出教育必须与生产劳动相结合的教育方针。类似研学旅行的课程在中小学教育活动中曾有不同程度的开展。自 20 世纪 80 年代起，研学旅行逐步成为我国基础教育改革中引人注目的课题，这是一种融合了历史沉淀与现代精神的学习方式。1992 年，国家教委颁布《九年义务教育全日制小学、初级中小学课程计划（试行）》，其中提出开设两类课程：学科课程和活动课程。2001 年，《国务院关于基础教育改革与发展的决定》中指出"小学以生动活泼的课内外教育教学活动为主""将青少年校外活动场所建设纳入社区建设规划"等。同年，教育部颁布《基础教育课程改革纲要（试行）》，强调增进中小学与社会的密切联系，培养学生的社会责任感。2004 年，《中共中央国务院关于进一步加强和改进未成年人思想道德建设的若干意见》提出"积极开展各种富有趣味性的课外文化体育活动、怡情益智的课外兴趣小组活动和力所能及的公益性劳动，培养劳动观念和创新意识，丰富课外生活"。2010 年，《国家中长期教育改革和发展规划纲要（2010—2020 年）》进一步强调"充分利用社会教育资源，开展各种课外及校外活动"。2012 年，教育部下发《关于开展中小学生研学旅行试点工作的函》，各地开始试点，并出台相关地方政策以推进此项工作。2016 年 3 月，教育部颁发《关于做好全国中小学研学旅行实验区工作的通知》，为中小学研学旅行提供了示范与向导。同年 11 月，教育部等 11 部门再次颁布《关于推进中小学生研学旅行的意见》，进一步明晰研学旅行的意义，明确研学旅行的工作目标、基本原则、主要任务和组织保障等，为中小学研学旅行提供了政策支持。《教育部基础教育司 2019 年工作要点》中明确继续给予研学旅行资金支持，研学旅行教育发展势头鼎盛。2020 年，吉林省市场监督管理厅出台了《中小学研学旅行服务规范》。2021 年，国务院印发了《"十四五"旅游业发展规划的通知》，推动研学实践活动发展，创建一批研学资源丰富、课程体系健全、活动特色鲜明且安全措施完善的研学实践活动基地，为中小学生有组织地开展研学实践活动提供必要保障及支持。

（1）研学旅行机构的课程持续优化，以确保研学旅行的有序开展

在当今的教育课外活动中，中小学研学旅行已经逐渐演变成为不可或缺的一环。这种教育模式并非仅仅是一次简单的远足或出游，而是一种深思熟虑、精心策划、系统组织的教育活动。其核心宗旨在于通过实地考察和体验式学习，全面提高学生的生存技能、社会参与意识和创新能力。然而，由于中小学生研学旅行的推广和实施时间尚短，我们面临着一系列问题和挑战。首先，要使中小学生研学旅行发挥最大的教育效果，其开展必须遵循一定的秩序和规范。为此，我们需要将研学旅行纳入正式的课程体系，将其作为中小学教育必修的一部分。依托教育部发布的《关于推进中小学生研学旅行的意见》以及地方性的相关政策文件，我们可以确立起一系列相对稳定的研学旅行区域。在此基础上，我们能够深入分析中小学生的生活实际与课程资源之间的关联，突破传统教室和学校的物理边界，深度挖掘各类研学旅行活动之间的内在联系。在确保各项研学活动目标得以实现的基础上，我们可以统筹规划，设计出整体的研学旅行方案。

我们需要根据不同类型的研学旅行活动制订出具有针对性的教学目标、教学内容和活动形式。在设计研学旅行课程时，应当考虑到当地的经济和社会发展状况，实行分阶段、分类别的研学旅行计划。例如，可以建立一个以本地乡土文化为核心的小学阶段研学旅行课程体系，以县市情为重点的初中阶段研学旅行课程体系，以及以省情国情为主要内容的高中阶段研学旅行课程体系。在开展研学旅行的过程中，必须妥善处理研学旅行的独立性、关联性和一致性之间的关系，确保研学旅行的有序进行。此外，还应当重视培养学生的爱国情怀，让他们深入了解祖国的悠久历史和丰富文化，从而增强他们对祖国的热爱和归属感。

（2）开发稳定的研学旅行基地，以推进研学旅行有计划开展

为确保中小学研学旅行活动的持续有效开展，并实现其教育目标，多方合作成为关键。这要求不仅学校自身要开放资源，而且需要文化、科技部门以及博物馆等机构共同参与，构建一个全面的教育生态系统。①建立稳定的研学基地：与当地文化、自然景观、历史古迹和生产基地等部门和机构合作，开发专门的研学旅行基地。例如，可以挂牌确立长期合作关系，为学生提供实地学习的

平台。②社区教育资源整合：鼓励社区内各种教育机构和组织开放资源，形成相互支持的网络，共同承担培养公民所需的知识、价值观、技能和习惯的责任。③行政部门的支持：政府相关部门应从乡村开始，充分利用现有的自然资源和文化遗产，为中小学生提供免费或优惠的通道，安排专业讲解，以增强学习体验。④挖掘本地资源：不断探索和利用乡村的自然景观、人文景观、历史古迹和生产基地等本地资源，以丰富研学内容。⑤创新开发模式：如安徽省肥西县官亭中心学校与邻近的生态园合作，创建了"旅学园""领养园""栽培园"等模式，这些创新的开发方式为学生提供了实践操作的机会。⑥常态化开展：通过以上措施，确保研学旅行成为学校教育的常态，而非偶尔的事件，从而保障每个学生都有机会参与并从中受益。⑦持续评估与改进：对研学旅行的实施效果进行定期评估，并根据反馈进行调整和优化，以满足学生不断变化的学习需求。通过这样的多方合作和系统规划，研学旅行将能够更好地融入中小学教育体系中，帮助学生在实践中学习和发展，同时促进社区资源的共享和教育功能的拓展。

2.网络教育平台的不断完善推动了终身教育的发展

网络教育是基于互联网技术和理念形成的教育形态，它根据社会和人的需要与可能性进行发展，具有时间的非限定性、空间的开放流动性、形式的多元性以及内容的海量共享性等突出特点。为完成特定时期的网络教育目标，引导、调节、规范和保障网络教育的发展，我国制定并出台了一系列与网络教育相关的政策文本。改革开放之初，邓小平同志提出"要制订加速发展电视、广播等现代化教育手段的措施"，以使其"在教育与生产劳动结合的内容上、方法上不断有新的发展"。这标志着我国远程教育的蓬勃发展。但严格来说，1978—1998年的远程教育主要依赖广播、电视、卫星等手段进行，尚未真正出现基于现代信息技术的网络教育。直到1999年初，国务院批转教育部《关于发展我国现代远程教育的意见》，首次明确了现代远程教育发展的目的、方针、目标、任务及实施步骤和主要措施，这标志着我国远程教育逐渐从电化教育转向网络教育。

1999年初至2002年7月，主要以组织建设和能力建设性政策为主，初步探索网络教育政策体系，推动网络教育的快速发展。这一时期始于《关于发展我国现代远程教育的意见》的发布，至《教育部关于加强高校网络教育学院管理提高教学质量的若干意见》的出台。在此期间，网络教育政策工具主要聚焦于组织建设和能力建设,旨在促进网络教育事业的快速发展。主要政策包括《关于发展我国现代远程教育的意见》《关于启动现代远程教育第一批普通高校试点工作的几点意见》《关于支持若干所高等学校建设网络教育学院开展现代远程教育试点工作的几点意见》《关于在中小学实施"校校通"工程的通知》《关于现代远程教育校外学习中心(点)建设和管理的原则意见(试行)》。这些政策的内容主要体现在两个方面:一是积极鼓励网络教育事业的发展,如批准清华大学等四所高校作为首批网络教育试点单位;至 2002 年,经批准的网络教育试点院校已达 69 所,同时中小学网络教育工作也逐渐展开。二是采用引导性措施,关注网络教育的基础设施建设和初步规范发展,对网络教育教学资源建设的技术规范、试点院校的招生资格及学历证书注册管理、校外学习中心(点)的建设和管理、网络教育技术标准体系结构以及教师网络培训等方面进行了原则性的规范。

2002 年 7 月至 2006 年 12 月,以强制规范性政策为主,基本形成了网络教育政策体系,并调整了网络教育的办学方向。这一阶段始于《关于批准 2007 年度国家精品课程建设项目的通知》(以下简称《国家精品课程通知》)的出台。在此期间,政策的最明显特征是建立了网络教育事业的应有秩序和制度规范,以调整网络教育的办学方向。除了上述政策外,主要政策还包括《教育部办公厅关于对现代远程教育试点学校网络教育学院开展年报年检工作的通知》《现代远程教育校外学习中心(点)暂行管理办法》《教育部办公厅关于严格现代远程教育招生工作管理的紧急通知》《教育部关于部分现代远程教育试点高校违规办学问题的通报》《教育部办公厅关于进一步加强高校网络教育规范管理的通知》等。

自 2007 年 1 月至今,引导性和能力建设性政策并举,创新发展网络教育政策体系,多措并举支持网络教育的转型升级。这一阶段始于《国家精品课程通知》的发布,并延续至今。这一时期,网络教育政策的相关内容主要包括以下三个方面:一是承认我国的网络教育重回正轨,鼓励恢复网络教育发展。主要政策集中体现为 2007—2013 年教育部相继出台的《国家精品课程通知》《教育信息化十年发展规划(2011—2020 年)》和《教育部关于同意在中央广播电视大学基础上建立国家开放大学的批复》。这些政策的颁布相继促进了 49 门网络教育课程的设立,并批准中央电大建立国家开放大学这一新兴高等学校。同时,为推进落实教育信息化建设作出了顶层设计与总体部署，提出了持续发展高等学校现代远程教育的目标。二是国家先后取消了利用网络实施远程高等学历教育的网校审批、校外学习中心（点）以及教育网站、网校的审批权，从制度层面激活了网络教育市场的蓬勃发展。三是规范并推进网络教育的创新发展，主要政策包括《教育部关于加强高等学校在线开放课程建设应用与管理的意见》《教育信息化 2.0 行动计划》等，这些政策对高校开展网络课程的建设、应用和管理提出了原则性意见，并分别计划推出 7000 门国家精品在线开放课程、国家级和省级线上线下高等教育精品课程。同时，将网络教学环境纳入学校办学条件建设标准，形成泛在化学习体系的战略部署。

二、服务全民终身学习的教育实施制度发展成就

终身学习体系是国家治理体系的重要组成部分，它不仅是保障民生的必然要求，也为国家治理体系，包括国家的政治建设、经济建设、文化建设、社会建设和生态文明建设提供重要支持。

从政治建设的角度来看，终身学习体系的建设对政治建设具有深远的影响。特别是在当前国际形势复杂多变的背景下，它对于提升党的执政能力和领导水平，加强政府执行力和公信力，具有至关重要的意义。首先，提升党的领导能力。通过终身学习，党员干部可以不断更新知识，提高理论素养和实践能力，从而更好地理解和贯彻党的理论和政策，进而提升党的领导水平和执政能力。其次，保障人民当家作主。终身学习使公民能够更有效地参与民主选举、协商、决策、管理和监督，实现人民当家作主的权利，推动社会主义民主政治的发展。再者，完善法治体系。终身学习有助于提高公民的法治意识和法律素养，促进法治国家的建设，确保法律的正确实施和公民权利的保护。此外，构建高效政府治理体系。政府部门和公务员通过终身学习不断提升专业能力和服务水平，提高政府工作的透明度和公信力，从而增强政府执行力。同时，应对国际挑战。在全球化、信息化迅速发展的今天，终身学习使党员干部和公民能够及时掌握新知识、新技能，提高应对复杂局面的能力。最后，推进基层民主与社区治理。终身学习鼓励居民参与社区治理和公共事务中，通过自我管理、服务、教育和监督，提升基层治理能力和效率。因此，建设学习型政党和学习型政府，不仅能够提升党政组织的学习能力和应对变化的能力，还能够推动民主政治建设，保障

人民群众的权利得到更好的实现,并有效提升政府治理能力,为实现国家的长远发展目标提供坚实的基础。

从经济建设的角度来看,坚持和完善社会主义基本经济制度,加快建设现代化经济体系,推动经济高质量发展的目标和任务,也需要终身学习体系提供有力支持。因为现代经济是知识经济、创新型经济、学习型经济,离不开终身学习。正如诺贝尔经济学奖获得者斯蒂格利茨等所指出的:"现代经济的一个进步在于对学习过程的改进,也就是说,人们会学习如何去学习""发展,意味着学习如何去学习"。他们认为,学习是推动经济持续增长和社会发展的关键动力。只有创建学习型社会,促进终身学习,才能实现可持续增长。他们强调:"没有什么比培养年轻人的创造性、培养他们专注于怎样学习、建立终身学习的教育系统更重要……使得学习最大化,这是创造学习型经济的基本条件。"政府在创造学习型经济的环境中发挥着重要作用,就是要维持能推动学习最大化的宏观经济环境。可以说,我国实现经济转型,推进产业升级,发展先进制造业,建设创新型国家,实现城乡融合发展,达成扶贫目标,都离不开终身学习。

从文化建设的角度出发,发展社会主义先进文化、广泛凝聚人民的精神力量以及完善城乡公共文化服务体系,确实需要得到终身学习体系的大力支持。终身学习体系作为个体和社群不断进步的基石,不仅涵盖了正规教育的形式,还包括了非正式教育和非正规教育的各种形式。公共文化服务体系是终身学习体系中的重要组成部分,它通过提供丰富多样的文化资源和服务,满足人们自我提升的需求,同时促进社会主义核心价值观、民族精神和时代精神的传承。为了加强爱国主义、集体主义、社会主义教育,并深入实施公民道德建设工程,我们需要整合学校教育和社会教育资源,确保两者相辅相成,共同发挥作用。在学校教育层面,课程和教学活动应当融入爱国主义和集体主义的价值观,以培养学生的社会责任感和国家认同感。而在社会教育层面,文化教育设施如博物馆、科技馆、体育馆等,不仅是知识和文化的传递场所,也是公民学习和体验的重要空间。这些机构通过展览、讲座、工作坊等形式,为公众提供了了解历史、科学、艺术等多领域知识的机会,从而在无形中增强了社会凝聚力和文化自信。社区教育作为连接学校与社会的桥梁,是终身学习体系的关键环节。它通过社区中心、文化站、图书馆等设施,为居民提供便捷的学习资源和环境,组织各种文化学习和群众性文化活动，使学习成为社区生活的一部分，进而增强社区成员之间的联系和交流。

从民生保障的视角出发，终身学习体系的建立与完善是实现人民福祉、推动人的全面发展的关键路径。它不仅对满足人民群众对美好生活的向往具有深远的影响，而且对构建和谐社会、推动社会经济的可持续发展具有不可替代的作用。首先，终身学习体系能够显著提高就业的质量和充分性。通过提供多层次、多类型的职业技能培训，终身学习体系帮助劳动者不断提升自身的能力和技能，从而获得更高质量的就业机会。这种培训不仅仅局限于职业生涯的某个特定阶段，而且覆盖了从职前教育到职后教育的整个职业生涯周期，包括公共职业培训和企业内培训，确保劳动者能够适应不断变化的市场需求。其次，终身学习体系的建设有助于促进基本公共服务的均等化和可及性。通过完善公共服务体系，特别是为失业者、低技能者、贫困人群等社会弱势群体提供有针对性的职业培训，终身学习体系能够有效提升这些群体的知识水平，进而在促进就业、助力脱贫攻坚等方面发挥重要作用。

此外，终身学习体系还支持社会救助和福利事业的发展。通过教育和培训，它有助于提高公民的自我救助能力，提升他们的生活质量，减少对社会救助的依赖，从而形成更加积极的社会救助和福利模式。在公共卫生和疾病防控方面，终身学习体系同样发挥着重要作用。通过教育，它可以提高公民的健康意识和自我保健能力，对预防疾病、提升公共卫生水平具有积极的推动作用。对于老年人群体，社区教育和老年教育能够满足他们的学习需求，通过养教融合的模式，增强老年人的幸福感和社会参与感，改善养老服务的质量。在儿童保护和校外教育方面，社区教育发挥着至关重要的作用，为儿童提供了一个安全、有益的学习和成长环境，保障儿童的全面发展。最后，终身学习体系还促进了妇女和残疾人的参与和发展。通过提供平等的学习机会，妇女和残疾人可以获得更多的发展机会，提高他们的社会地位和经济独立性，从而实现社会的全面进步和公平。

（一）构建终身学习的政策体系，明确基本原则和总体目标

构建终身学习体系不仅是实现教育现代化的关键步骤，更是推动人的全面成长和发展的重要途径。在知识更新迅速、社会不断进步的时代背景下，终身学习已经成为每个人适应社会发展、实现个人价值的必要条件。因此，我们必

须高度重视终身学习体系的建设,并将其作为国家发展的战略任务来推进。这一体系的建设,必须全面贯彻党的教育方针,坚持以培养德智体美劳全面发展的社会主义建设者和接班人为核心目标。这意味着我们的教育不仅要注重知识的传授,更要重视价值观的培养、能力的提升和人格的塑造。为了实现这一目标,我们需要持续完善立德树人的体制机制,确保教育的全员参与、全程覆盖和全方位育人。这要求我们在教育的每一个环节都要精心设计,从幼儿园到高等教育,从职业教育到继续教育,形成一个完整的、无缝衔接的教育链。通过这样的教育体系,我们可以更好地满足人民群众对教育的需求,为国家的长远发展提供坚实的人才保障。

教育优先发展战略是构建终身学习体系的基础。我们必须致力于办人民满意的教育,不断深化教育领域的综合改革,以满足人民日益增长的美好生活需要。这包括提高教育质量,扩大教育覆盖面,促进教育公平,以及创新教育模式和方法。终身学习体系的完善程度最终要通过人民群众的满意度来衡量。为了构建终身学习体系,我们需要整合各级各类教育和学习资源,包括正规教育、非正规教育和非正式学习。这需要促进不同教育形式之间的融合、沟通与衔接,并通过教育领域的综合改革,构建新型的教育治理体系。这样的体系能够更好地满足多样化的学习需求,为每个人提供个性化的学习路径。社区教育是终身学习体系的重要组成部分,它在儿童保护、校外教育、妇女参与、老年人关爱服务、残疾人帮扶等方面发挥着积极作用。通过社区教育,可以实现教育资源的均等化和可及性,为每个人提供持续的学习和发展机会。这不仅有助于提升个人素质,也有助于构建和谐社会。

总之,构建终身学习体系是实现社会和谐与可持续发展的基石。我们需要不断完善这一体系,确保每个人都有机会获得必要的知识和技能,以适应快速变化的社会和经济环境,共同构建一个更加繁荣、包容和进步的社会。这不仅是对个人的投资,更是对整个社会和国家未来的投资。

(二)构建终身学习政策体系的主要战略任务

在推动我国教育体系全面进步的道路上,统筹协调发展是构建终身学习政策体系的关键所在。这不仅意味着各个教育阶段之间的无缝对接,还涵盖了区域、城乡、不同教育机构之间的均衡发展的内容。首先,我们需要关注教育体系中的薄弱环节,特别是学前教育、特殊教育和高中教育。这些环节的加强不仅能够确保孩子们接受到适龄的教育，还能够为他们的全面发展打下坚实基础。同时，强化职业教育和继续教育将为青年和成年人提供更广阔的发展空间，满足社会对技能型人才的需求，同时鼓励个人树立终身学习的理念。其次，区域和城乡差异是影响教育公平的重要因素。我们必须采取措施，确保无论是城市的学校还是农村的教育点，都能获得相当的教育资源和支持。这种均衡发展的实现，将有助于每个孩子无论身处何地，都能享受到高质量的教育。再次，教育的规模、质量和效益的协调发展是提升教育系统整体性能的关键。基础教育应当深化素质教育，培养学生的核心素养和关键能力，特别是终身学习的能力。这样的教育不仅能够应对当前的挑战，也能够为未来的变革做好准备。

（三）整合全社会教育学习资源

在构建终身学习体系的过程中，需要整合和利用公共资源、民间资源以及境外资源。政府应支持和规范民办教育的发展，鼓励和引导民间资本投入教育领域，同时加强监管，确保民办教育机构的教学质量和服务标准。此外，通过合作办学，引入国际优质教育资源和先进的教育理念，可以提升本国教育的国际化水平和竞争力。除了学校教育和社会教育资源，家庭教育资源也是终身学习体系的重要组成部分。为了充分发挥家庭教育的作用，需要建立健全的家庭教育支持服务体系，为家长提供必要的指导和资源，帮助他们更好地参与子女的教育，形成良好的家庭教育环境。现代信息技术，尤其是网络教育和人工智能，为教育和学习提供了新的可能性。利用这些技术，可以创新教育和学习方式，为每个人提供更加个性化、灵活的学习解决方案，满足不同学习者的需求。这将有助于加快发展面向每个人、适合每个人的教育体系，使其更加开放和灵活。最终目标是建设一个学习型社会，其中每个人都能够获得充分的学习机会，不断提升自己的知识和技能，实现自我完善和终生发展。这样的社会将更加充满活力，能够适应快速变化的世界，为个人的全面发展和共同繁荣创造有利条件。

表 1.6　国家出台的有关终身教育的文件概述

颁布时间	颁布部门	文件名称	相关内容
1980 年	国家教委	《关于进一步加强中小学在职教师培训工作的意见》	终身教育第一次作为专有名词出现在国家政策文本中。
1987 年	国务院	《国家教育委员会关于改革和发展成人教育的决定》	首次把继续教育列入国家教育文件，并将其作为成人教育的五大任务之一，第一次把继续教育与终身教育相提并论。
1987 年	国家教委、国家科委、国家经委、劳动人事部、财政部、中国科协	《关于开展大学后继续教育暂行规定》	对继续教育的内容进行了详细的规定。
1993 年	国务院	《中国教育改革和发展纲要》	成人教育是传统学校教育向终身教育发展的一种新型教育制度。这也是首次在党的文件中正式使用终身教育的概念。
1995 年	第八届全国人民代表大会第三次会议	《中华人民共和国教育法》（1995 年 9 月 1 日起施行）	明确提出要建立和完善终身教育体系，为公民接受终身教育创造条件，国家鼓励发展多种形式的教育，使公民接受多种形式的经济文化科学技术业务教育和终身教育。由此确立了终身教育在中国的法律地位。
1996 年	国家教委	《全国教育事业"九五"计划和 2010 年发展规划》	第一次在国家教育发展规划中提及发展终身教育,提出要"进一步发展各种类型的职前、职后培训和继续教育,基本形成学历教育和非学历教育并重,不同层次教育相衔接,职业教育和普通教育相沟通的职业教育制度和体现终身教育特点的现代社会教育体系"。

续表

颁布时间	颁布部门	文件名称	相关内容
1996 年	国家教委	《关于师范教育改革和发展的若干意见》	第一次在专业教育领域提出构建符合终身教育思想的教育体系，"构建体现终身教育思想、具有中国特色的社会主义师范教育体系"。
1997 年	国家教委	《关于当前积极推进中小学实施素质教育的若干意见》	多次提及终身教育和终身教育体系，并第一次在国家文本中提及终身学习，明确指出要为学生获得终身学习的能力、创造的能力以及生存与发展的能力打好基础。
1998 年	教育部	《面向 21 世纪教育振兴行动计划》	第一次在国家政策文本中提出构建终身学习体系。
1999 年	国务院转教育部	《面向 21 世纪教育振兴行动计划》	提出"逐步建立和完善终身教育体系"，并指出，到 2010 年"基本建立起终身学习体系，为国家知识创新体系以及现代化建设提供充足的人才支持和知识贡献"。
1999 年	教育部	《教育部 1999 年工作要点》	第一次将构建终身学习体系列为教育部工作要点
1999 年	国务院	《关于深化教育改革全面推进素质教育的决定》	提出"完善自学考试制度，形成社会化、开放式的教育网络，为适应多层次、多形式的教育需求开辟更为广阔的途径，逐渐完善终身学习体系"。
2000 年	教育部	《教育部 2000 年工作要点》	将"加快实施现代远程教育工程，为构建终身教育体系奠定坚实基础"作为工作要点之一。
2000 年	教育部职业教育与成人教育司	《关于在部分地区开展社区教育实验工作的通知》	指出"社区教育是实现终身教育的重要形式和建立学习化社会的基础"，第一次明确提出要探索通过社区教育构建终身教育体系、建设学习化社会的方法和途径。

续表

颁布时间	颁布部门	文件名称	相关内容
2000 年	教育部、全国教育工会	《中等职业学校教师职业道德规范(试行)》	明确提出教师要坚持终身学习
2000 年	教育部	《关于贯彻全国教育工作会议精神进一步改革和完善高等教育精神进一步改革自学考试制度的意见》	指出高等教育自学考试制度应不断进行改革,以适应终身学习的要求。
2001 年	教育部	《教育部 2001 年工作要点》	要求"加快教育信息化步伐,构建终身教育体系,提高教育现代化水平"。
2001 年	教育部	《全国城市教育综合改革会议纪要》的通知	提出在发展社区教育上有新突破,率先构建终身教育体系。
2001 年	教育部	《关于中等职业学校面向农村进城务工人员开展职业教育与培训的通知》	指出"中等职业学校面向农村进城务工人员开展职业教育与培训……推进终身教育体系建立与完善的重要举措"。
2001 年	国务院	《关于基础教育改革与发展的决定》	要求扎实推进素质教育,使学生具备适应终身学习的基础知识、基本技能和方法
2001 年	教育部	《基础教育课程改革纲要(试行)》	要求基础教育阶段的课程改革应符合终身教育的要求,着眼于培养学生终身学习的愿望和能力。
2001 年	教育部	《幼儿园教育指导纲要(试行)》	明确指出"幼儿园教育是基础教育的重要组成部分,是我国学校教育和终身教育的奠基阶段"。
2001 年	教育部	《全国教育事业第十个五年计划》	第一次在国家教育发展规划中提出起草《终身教育法》,这是首次明确提出要实现终身教育立法。

续表

颁布时间	颁布部门	文件名称	相关内容
2002 年	教育部	《教育部 2002 年工作要点》	将研究起草《终身教育法》作为 2002 年的工作要点之一。
2002 年	教育部	《关于进一步办好五年制高等职业技术教育的几点意见》	要求"全面推进素质教育、培养学生具有良好的职业道德和创新精神、较强的实践能力和终身学习能力"。
2002 年	共青团中央、教育部	《关于加强农村青年职业教育和成人教育的意见》	提出"针对农村青年进行职业教育和成人教育，贯彻了教育为社会主义现代化建设服务方针，有助于拓宽中等职业教育办学渠道，促进我国终身教育体系的建立与完善"。
2002 年	教育部	《关于进一步加强农村成人教育的若干意见》	指出"农村成人教育是我国教育的重要组成部分，是构建终身教育体系、建设学习化社会的重要内容"。
2002 年	教育部	《关于积极推进中小学评价与考试制度改革的通知》	终身教育的愿望和能力，成为指导中小学评价与考试制度改革原则之一。
2003 年	教育部	《关于进一步加强高等教育自学考试工作若干问题的意见》	要求以终身教育思想为指导，改革自学考试工作，并承担构建终身教育体系的责任。
2003 年	国务院	《关于进一步加强农村教育工作的决定》	要求"加强农村教师和校长的教育培训工作。构建农村教师终身教育体系"。
2003 年	中国共产党第十六届中央委员会第三次全体会议	《中共中央关于完善社会主义市场经济体制若干问题的决定》	提出要继续深化教育体制改革，构建现代国民教育体系和终身教育体系，建设学习型社会。

续表

颁布时间	颁布部门	文件名称	相关内容
2003 年	国务院	《关于进一步加强人才工作的决定》	将"加快构建终身教育体系,促进学习型社会的形成"作为重要的人才工作之一。
2004 年	教育部	《教育部 2004 年工作要点》	继续将推动终身学习立法作为年度工作要点,并将"充分利用现有资源,推进终身教育体系建设"作为工作要点之一。
2004 年	国务院批转教育部	《2003—2007 教育振兴行动计划的通知》	提出"鼓励人们通过多种形式和渠道参与终身学习""开展创建学习型企业、学习型组织、学习型社区和学习型城市的活动",适时起草终身学习法,继续将构建和完善终身教育体系,实现终身教育立法作为教育振兴的重要行动计划之一。
2004 年	教育部、国务院西部开发办	《2004—2010 年西部地区教育事业发展规划》	指出"面向西部大开发需要……加快现代国民教育体系和终身教育体系建设。"
2005 年	教育部	《教育部 2005 年工作要点》	将"提升中小学教师素质和能力,促进教师终身学习"作为工作要点之一。
2006 年	教育部	《教育部 2006 年工作要点》	将"完善高等教育自学考试制度,积极发展现代远程教育,推动发展继续教育和终身教育"列为工作要点,提出要"努力建设全民学习、终身学习的学习型社会,实现从人口大国向人力资源强国的转变"。
2006 年	教育部	《关于确定第三批全国社区教育实验区的通知》	确定了 20 个全国社区教育实验区,使全国社区教育实验区达到 81 个,基本覆盖了全国各省、自治区、直辖市。社区教育已成为构建终身教育体系、建设学习型社会、促进和谐社会建设的重要力量。

续表

颁布时间	颁布部门	文件名称	相关内容
2006 年	中国共产党第十六届中央委员会第六次全体会议	《关于构建社会主义和谐社会若干重大问题的决定》	明确提出将构建学习型社会作为社会发展的重要目标。
2007 年	教育部	《国家教育事业发展"十一五"规划纲要》	要求"充分发挥各级各类学校在终身学习中的作用"，推动终身学习立法。
2008 年	教育部	《教育部 2008 年工作要点》	将加快起草《终身学习法》列为工作要点。
2009 年	教育部	《教育部 2009 年工作要点》	再次将加快起草《终身学习法》列为工作要点。
2010 年	教育部	《教育部 2010 年工作要点》	提出"加强终身学习网络和服务平台建设。探索建立学习成果认证和'学分银行'制度，搭建终身学习'立交桥'"。
2010 年	国务院	《国家中长期教育改革和发展规划纲要（2010—2020 年）》	明确中国构建终身教育体系的目标、内涵与任务，提出"构建灵活开放的终身教育体系""搭建终身学习'立交桥'。促进各级各类教育纵向衔接、横向沟通，提供多次选择机会，满足个人多样化的学习和发展需要"。
2011 年	教育部	《教育部 2011 年工作要点》	提出"积极搭建终身学习'立交桥'""广泛开展社区教育，促进全民终身学习"。

续表

颁布时间	颁布部门	文件名称	相关内容
2011 年	教育部、财政部	《关于批准"终身学习服务体系的建设与示范"系列项目的通知》	启动并推进"高等学校继续教育示范基地建设""终身学习公共服务平台模式研究及示范应用""高等学校继续教育课程学分标准及质量内涵和学分转移制度与机制的研究与应用"和"普通高等学校继续教育数字化学习资源开放服务模式的研究及应用"四类项目。
2011 年	国务院	《中华人民共和国国民经济和社会发展第十二个五年规划纲要》	再次将建设全民学习、终身学习的学习型社会纳入国家经济、社会发展规划。
2012 年	教育部	《教育部 2012 年工作要点》	将"开展各类学习型组织建设试点和'全民终身学习活动周'"列为年度工作要点。
2012 年	教育部	《国家教育事业发展第十二个五年规划》	要求"在全社会树立终身学习的理念,在终身学习框架内推动各级各类学校教育教学改革""研究起草推进终身学习的法律法规"。
2014 年	教育部、中央文明办、国家发展改革委、民政部、财政部、人力资源社会保障部、文化部	《关于推进学习型城市建设的意见》	首次提出中国学习型城市建设的阶段性目标:推动全国各类城市广泛开展学习型城市创建工作,形成一大批终身教育体系基本完善、各级各类教育协调发展、学习机会开放多样、学习资源丰富共享的学习型城市,以此促进我国学习型社会的建设。

续表

颁布时间	颁布部门	文件名称	相关内容
2016 年	教育部	《教育部等九部门关于进一步推进社区教育发展的意见》	指出为了全面贯彻落实党的十八大和十八届三中、四中、五中全会精神，深入学习贯彻近平总书记系列重要讲话精神，牢固树立创新、协调、绿色、开放、共享的发展理念，就需要协调推进"四个全面"战略布局，以此来促进全民学习、终身学习，以及形成学习型社会的目标。
2016 年	教育部	《教育部关于办好开放大学的意见》	运用现代信息技术开展新成果的应用，汇聚优质教育资源，丰富教育教学手段，创新人才培养模式，改革管理体制和运行机制，探索具有中国特色、体现时代特征的开放大学办学模式，以满足全民学习、终身学习的需要，建设学习型社会。
2018 年	国务院	《关于推行终身职业技能培训制度的意见》	提出构建终身职业技能培训体系，深化职业技能培训体制机制改革，提升职业技能培训基础能力。

三、有关终身教育的重要会议、领导讲话及重要事件（表 1.7）

表 1.7　有关终身教育的重要会议、领导讲话及重要事件

时间	会议、报刊名称	重要讲话/重要观点
1985 年	联合国教科文组织举行的第四届国际成人教育大会	以高沂为团长，姚仲达为副团长的中国代表团一行七人出席了联合国教科文组织举办的第四届国际成人教育大会。这是中国首次参加国际成人教育大会。
1986 年	全国成人教育工作会议	李鹏在会议上指出成人教育是我国教育事业极为重要的组成部分。

续表

时间	会议、报刊名称	重要讲话/重要观点
1989 年	联合国教科文组织在北京举办《面向 21 世纪教育国际研讨会》	本次会议首次以"新世纪的教育"为主题召开国际性高层次会议，其中的一个重要议题为：发展 21 世纪新的学习观，培养学习者的学习兴趣，并为学习者提供终身学习的途径和工具。
1993 年	国家教委在北京召开《全国中等师范学校深化改革、提高教学质量座谈会》	国家教育委员会副主任张孝文指出：科技的发展要求这一代年轻人能接受终身教育，要利用继续教育。
1996 年	4 月 12 日《人民日报》	《人民日报》刊登了时任国务院副总理李岚清题为"基础教育是提高国民素质教育和培养跨世纪人才的奠基工程"的文章，指出要以终身教育的思想指导基础教育阶段学生的学习。
1997 年	全国中小学素质教育经验交流会	时任国务院副总理李岚清在会上发表了题为"面向 21 世纪，开创基础教育的新局面"的讲话，提出要使职业教育与普通教育相互沟通，全社会逐步形成适合公民终身学习的现代教育体系。
1999 年	教育部现代远程教育国际合作研讨会	时任教育部副部长韦钰在会上作了题为"发展现代远程教育，构建终身学习体系"的主题报告。
1999 年	第三次全国教育工作会议	江泽民提出"终身学习是当今社会发展的必然趋势。要逐步建立和完善有利于终身学习的教育制度"。
1999 年	中央广播电视大学 20 周年校庆讲话	时任教育部部长陈至立讲话时指出现代远程开放教育教学系统是中国构建现代终身教育体系的重要教育资源。
1999 年	中国教育国际交流协会与英国使馆文化教育处联合举办"终身教育节"	向公众展示先进国家在终身教育领域的最新发展情况。

续表

时间	会议、报刊名称	重要讲话/重要观点
2000 年	全国骨干示范性中等职业学校建设研讨会	时任教育部副部长、国家语言文字工委主任王湛在会议上指出"从建立终身教育体系出发，加强中等职业教育与其他各类教育的沟通与联系，建立人才成长的'立交桥'"。
2001 年	第九届全国人民代表大会第四次会议	审议通过了《中华人民共和国国民经济和社会发展第十个五年计划纲要》，首次在"国家五年计划"中写入构建终身教育体系。
2002 年	全国教育科学"十五"规划首批课题评审会	会上明确提出"中国教育如何适应世界教育发展的潮流，构建终身教育体系，建立学习化社会"成为其中一个重要课题。
2002 年	全国职业教育工作会议	时任国务院总理朱镕基要求"用终身教育的思想深化对职业教育本质特征的认识"。
2002 年	北京师范大学建校一百周年会议	江泽民在会议上的讲话中提出"推动教育体系的创新，逐步形成适应终身学习需要的学习型社会，满足人民群众多样化的学习需求"。
2002 年	中国共产党第十六次全国代表大会	会上提出教育发展的总体目标是"构建终身教育体系""形成全民学习、终身学习的学习型社会，促进人的全面发展"。
2003 年	2003 年度教育工作会议	时任教育部部长陈至立在会议上发表了题为"学习贯彻十六大精神，全面开创教育工作新局面"的讲话，提出"形成全民学习、终身学习的学习型社会，促进人的全面发展"。这是一个既适应经济社会发展要求，又充分考虑现有基础；既符合中国国情，又顺应知识经济时代教育发展趋势，经过努力可以达到且必须达成的目标。
2003 年	教育部司局级干部会	时任教育部部长周济于在会议上发表了题为"牢记宗旨 不负使命 办好让人民满意的教育"的讲话，将"形成比较完善的现代国民教育体系和终身教育体系，形成全民学习、终身学习的学习化社会"列为中国教育工作的三项重大责任之一。

续表

时间	会议、报刊名称	重要讲话/重要观点
2003 年	第四届中国国际教育论坛	此次论坛的主题为"构筑终身教育体系,建设学习型社会"。
2004 年	中国共产党第十六届中央委员会第四次全体会议	会议通过《关于加强党的执政能力建设的决定》继续重申要营造全民学习、终身学习的浓厚氛围,推动建立学习型社会。
2005 年	福建省第十届人民代表大会常务委员会第十八次会议	福建省实施了第一部终身教育地方性法规《福建省终身教育促进条例》。
2006 年	教育部高等教育司发布文件	启动"数字化学习港与终身学习社会的建设与示范"教育改革项目。该项目主要依托中央广播电视大学现代远程教育公共服务体系,开展相关理论与实践研究,并进行数字化学习型乡镇、社区和企业等典型应用示范。该项目被纳入"高等学校教学质量与教学改革工程"进行统一管理。教育部高等教育司负责项目的指导、检查和评估验收工作。
2006 年	全国行业职工教育培训	我国行业企业职工教育培训规模已超过 5 000 万人次,行业企业职工教育培训已成为中国终身教育体系的重要组成部分。
2007 年	《中国教育报》报道	中国教育发展战略学会终身教育工作委员会成立。
2007 年	中国共产党第十七次全国代表大会	胡锦涛在大会上作了题为"高举中国特色社会主义伟大旗帜,为夺取全面建设小康社会新胜利而奋斗"的讲话,继续将"现代国民教育体系更加完善,终身教育体系基本形成"作为社会建设的重要目标。
2007 年	第三届全民终身学习活动周	此次活动周的主题为"全民共同进修,推进教育公平,关爱困难群体,提高生活质量"。

续表

时间	会议、报刊名称	重要讲话/重要观点
2008 年	纪念邓小平同志批示创办广播电视大学 30 周年暨推进国家终身教育体系建设座谈会	时任国务委员陈至立在会上发表了重要讲话。她强调，要充分发挥现代远程教育在构建全民学习、终身学习的社会，以及缩小教育差距、促进教育公平等方面的重要作用。
2008 年	第四届全民终身学习活动周	以"学习、奉献、快乐"为主题的"2008 全民终身学习活动周"在杭州隆重开幕。
2008 年	亚欧终身学习论坛——探索支持终身学习的框架	会议由北京大学教育经济研究所主办，亚欧会议终身学习教育与研究中心协办，并得到了北京大学、亚欧基金会、丹麦教育部、丹麦外交部以及丹麦教育学院的大力支持。来自亚欧 20 个国家的约 260 名教育相关官员、专家学者和学生出席了会议。
2009 年	第五届全民终身学习活动周	教育部职业教育与成人教育司、中国成人教育协会以及中国教科文全委会秘书处共同举办了以"人人学习，促进发展"为主题的第五届全民终身学习活动周。本届全民终身学习活动周首次以教育部办公厅的名义发文，动员面更广，要求更严，内容更加充实，为活动周注入了新的活力，也形成了本届活动周的特色。
2009 年	"现代远程教育与终身学习高端论坛"暨"现代远程教育十年成果展"	中央广播电视大学和全国高校现代远程教育协作组在北京共同主办了现代远程教育与终身学习高端论坛暨现代远程教育十年成果展。会上，林蕙青指出，高等学校要在远程教育和继续教育中发挥重要作用，深入研究新的发展战略，理清新的发展思路，探索新的发展模式，进一步明确发展定位，在终身学习和非学历教育方面发挥重要作用，推动远程教育和继续教育在新的起点上实现新的发展。

续表

时间	会议、报刊名称	重要讲话/重要观点
2010 年	国际终身学习论坛	联合国教科文组织、上海市人民政府、中国教育发展战略学会等共同主办的国际终身学习论坛在上海市举行。此次论坛为研究和制定终身学习政策提出了建议。
2010 年	第六届全民终身学习活动周	教育部职业教育与成人教育司、中国成人教育协会等举办以"推动全民学习,让生活更加美好"为主题的第六届全民终身学习活动周。全国总开幕式在辽宁省沈阳市举行。
2010 年	全国社区教育工作座谈会	时任教育部副部长鲁昕出席会议并发表讲话,提出要把社区教育打造成终身学习的平台,形成覆盖城乡的终身学习网络体系。
2011 年	继续教育改革和发展座谈会	会议主题是:贯彻落实全国教育工作会议精神和《教育规划纲要》,构建灵活开放的终身教育体系,促进各类优质资源的开放共享,推动继续教育体制机制的改革创新。
2011 年	教育部办公厅关于做好成人教育培训服务等三项国家标准贯彻实施有关工作的通知	在教育部职业教育与成人教育司的指导下,中国成人教育协会暨成人教育培训机构工作委员会研制了成人教育培训服务三项国家标准,即《成人教育培训服务术语》《成人教育培训工作者服务能力评价》《成人教育培训组织服务评价通则》。
2011 年	第七届全民终身学习活动周	教育部职业教育与成人教育司、中国成人教育协会、中国教科文全委会秘书处共同举办的以"永远跟党走——人人终身学习,创建学习型社会"为主题的第七届终身学习活动周在湖北武汉市举行。
2012 年	国家开放大学、北京开放大学、上海开放大学成立大会暨揭牌仪式	时任中共中央政治局委员、国务委员刘延东为国家开放大学揭牌,并发表题为"努力办好中国特色开放大学"的重要讲话。

续表

时间	会议、报刊名称	重要讲话/重要观点
2012 年	第一部省会城市终身教育地方性法规颁布	《太原市终身教育促进条例》正式施行。这是中国第一部省会城市终身教育地方性法规。
2012 年	党的十八大	党的十八大提出了"完善终身教育体系，建设学习型社会"的要求。
2013 年	第九届全民终身学习活动周	以"为实现中国梦——终身学习，人人成才"为主题的 2013 年全民终身学习活动周全国总开幕式在天津滨海新区举行。
2014 年	第十届全民终身学习活动周	此次活动周的主题为"让学习成为一种生活方式"，教育部职业教育与成人教育司、中国教科文组织全国委员会秘书处、中国成人教育协会联合承办的第十届全民终身学习活动周全国总开幕式在重庆举行。
2015 年	第十一届全民终身学习活动周	此次活动周的主题为"发展全民终身学习，推进法治社会建设"，教育部职业教育与成人教育司、中国教科文组织全国委员会秘书处、中国成人教育协会联合主办的第十一届全民终身学习活动周全国总开幕式在苏州举行。
2016 年	第十二届全民终身学习活动周	该活动由教育部职业教育与成人教育司和中国教科文组织全国委员会秘书处主办，并得到广东省教育厅、深圳市政府和深圳市教育局的支持。活动以"推进全民继续教育，建设学习型社会"为主题，旨在强调终身学习的重要性，并促进社会各界对教育持续发展的关注和参与。教育部副部长朱之文出席活动并发表讲话，进一步凸显了中国政府对于建设学习型社会的重视。朱之文副部长强调了全面把握加快学习型社会建设面临的新形势和新要求的必要性，指出建设学习型社会是推动中国在新的历史起点上持续发展的重要战略。他认为，这是落实创新驱动发展战略的重大举措，与实施积极老龄化战略和从源头上消除贫困的努力密切相关。

续表

时间	会议、报刊名称	重要讲话/重要观点
2016 年	第十五届中国国际远程教育大会	会议以"终身学习:价值链与生态圈"为主题。中国高等教育学会会长瞿振元在开幕式上指出,终身教育概念的提出,是教育发展史上的重要里程碑。随着人均寿命的延长,终身教育的内容不断拓展。教育制度、教育体制和教学内容、教学方法怎样与此相适应,需要好好研究。而发展终身教育事业,难点和重点均在继续教育。目前,这一部分的基础太薄弱,任务非常紧迫。
2017 年	全国教育工作会议	时任教育部党组书记、部长陈宝生指出,"完善终身学习体系,提升全民受教育水平""坚持以完善体制机制为根本保障……加快建立以学习者为中心的人才培养模式……加快构建优秀人才终身从教机制……系统构建质量控制机制……健全教育经费投入使用管理机制……以应用驱动为导向加快推进教育信息化……狠抓教育质量提高"。
2017 年	党的十九大	对终身教育的推进有了新的提法,即"办好继续教育,加快建设学习型社会,大力提高国民素质"。
2018 年	第十四届全民终身学习活动周	以"服务国家重大战略,推动全民终身学习"为主题的终身学习活动周全国总开幕式在浙江宁波举行。
2019 年	第十五届全民终身学习活动周	以"推动全民终身学习,加快建设学习大国"为主题的终身学习活动周全国总开幕式在河南郑州举行。
2019 年	中国共产党第十九届中央委员会第四次全体会议	要健全有利于更充分更高质量就业的促进机制,构建服务全民终身学习的教育体系,完善覆盖全民的社会保障体系,强化提高人民健康水平的制度保障。
2020 年	第十六届全民终身学习活动周	以"全民智学,助力'双战双赢'"为主题的全民终身学习活动周全国总开幕式在复旦大学举行。

续表

时间	会议、报刊名称	重要讲话/重要观点
2021 年	第十七届全民终身学习活动周	以"庆建党百年华诞,谱终身学习新篇"为主题的终身学习活动周于 11 月举行。
2022 年	党的二十大报告	提出建设全民终身学习的学习型社会、学习型大国。
2022 年	第十八届全民终身学习活动周	以"学习贯彻二十大,终身学习向未来"为主题的终身学习活动周全国总开幕式在湖南长沙举行。

小　结

自改革开放以来,我国在服务全民终身学习的领域取得了显著成就。教育实施机构方面,从基础教育到高等教育、职业教育和继续教育等各个层面都得到了全面发展。特别是成人教育和社区教育的兴起,为广大民众提供了多样化的学习机会。在教育实施制度方面,我国逐步建立了包括学历教育和非学历教育在内的终身教育体系。学分银行制度的引入,为学习者在不同教育类型间的转换提供了便利。此外,政府还出台了一系列政策文件,如《国家中长期教育改革和发展规划纲要(2010—2020 年)》《关于进一步做好继续教育改革发展的若干意见》等,这些政策文件为终身教育的发展提供了有力的政策支持和指导。综上,改革开放以来,我国在服务全民终身学习的教育实施体制方面取得了长足的进步,为实现教育现代化和建设学习型社会奠定了坚实的基础。

推荐阅读

1.吴遵民.服务全民终身学习教育体系构建的路径与机制[J].中国电化教育,2020(5)。

文章简述了在"十四五"期间,我国教育事业发展重心转移的根本目的,并指出这一时期教育体系构建的关键词是"服务"与"融合",并给出了具体的推进举措。

2.孟思宇、丁学森、孙绵涛、夏博书.我国服务全民终身学习的规模、特点与改进策略[J].中国教育科学（中英文），2021（4）。

文章探讨了终身教育、终身学习以及服务全民终身学习的概念内涵，回顾了进入21世纪以来我国服务全民终身学习的发展历程，并从正规学习、非正规学习、非正式学习三方面分析了其规模与特点。最后，文章提出了加强终身场域学习环境的内涵建设与融通、精准提升服务全民终身学习的质量内涵与资源整合力度、完善服务全民终身学习的教育体制与治理体系的建议。

3.周洪宇、李宇阳.论建设高质量教育体系[J].现代教育管理，2022（1）。

文章论述了建设高质量教育体系的内涵，从四个方面阐述了建设高质量教育体系的必要性，并提出了七条建设高质量教育体系的路径。文中提到，可以以完善服务全民的终身学习体系为切入点，建设高质量终身学习体系。

4.周元宽、鲁沛竺.高质量教育体系的逻辑理路和实践取向[J].重庆高教研究，2022（3）。

文章首先简述了当前对高质量教育体系的多元解释及其分析。其次，在此基础上，从性质研判、立场阐释和视角说明三个方面论述了高质量教育体系的逻辑思路。最后，提出了以为人民提供高质量教育服务为体系目标，以高质量发展为核心理顺教育体系各要素的发展秩序，以价值和逻辑融贯为原则把控教育体系各要素发展方向的高质量教育体系建设的实践取向。

5.高书国.高质量教育体系的时代内涵与实践策略——基于系统理论的战略分析[J].中国教育学刊，2022（1）。

文章首先阐述了高质量教育体系的时代内涵，从高质量教育体系的四大支柱及其战略内涵入手进行分析。其次，简述了教育制度完善的法律体系、先进的标准体系和完备的政策体系，这些均是高质量教育体系的典型标志和重要支撑。此外，文章还从教育结构体系、协同育人体系以及教育治理体系等方面，对高质量教育体系进行了深入阐释。

6.褚宏启.教育现代化的路径:现代教育导论（第3版）[M].北京:教育科学出版社，2021年1月。

该书对教育现代化问题进行了严谨、深入、系统的分析，涵盖了教育现代化的本质、内涵、实现路径以及评价指标体系的设计等方面。全书共分六章，前五章分别围绕教育现代化的性质、进程、目标定位与制约因素、现代性分析、形态分析以及现代化评价等五个维度展开理论探讨。第六章则基于前五章所建构的教育现代化分析模型，在充分运用和分析史料的基础上，对英国的教育现代化进程和特点进行了个案分析。

7.吴遵民.现代国际终身教育论（修订版）[M].上海：上海教育出版社，2021年8月。

本书以终身教育为主题，介绍并评析现代国际终身教育的理论及其发展趋势。在梳理国际终身教育理论发展的社会背景、历史脉络以及理论流派的基础上，详细展示了世界各国终身教育的发展现状和实践走向。修订版基本保持了原有风貌，写作语言更具可读性；更新了关于中国终身教育的发展现状与展望的介绍；此外，新增了对中国终身教育发展趋势——终身教育体系构建的思考。

8.吴遵民.老年教育论纲[M].南昌：江西教育出版社，2023年1月。

本书归纳出影响我国老龄社会教育体系完善的主要动因及所面临的现实困境，提出适应老龄社会教育体系构建的顶层设计、整体思路与具体框架，明晰我国现行教育体系未来发展与变革的方向。同时，阐明正在构建的终身教育体系与适应老龄社会教育体系之间关系的研究目标。在此基础上，对完善具有中国本土特色的、适应老龄社会发展的新教育体系提出总体建议和具体策略，为我国人口年龄结构和社会结构的转变提供来自教育实践的有力支持。

第二章 改革开放以来,我国服务全民终身学习的教育实施体制改革积累的经验

自改革开放以来,我国在服务全民终身学习的教育实施体制方面积累了丰富的经验。政府始终坚持以人民为中心的发展思想,不断推进教育公平,努力实现教育机会均等。同时,注重教育质量的内涵式发展,强调培养学生的创新能力和实践能力。此外,积极推动教育信息化,利用互联网、大数据等现代技术手段,拓宽学习渠道,丰富学习资源。在具体实践中,我国逐步建立了包括学历教育和非学历教育在内的终身教育体系。学分银行制度的引入,为学习者在不同教育类型间的转换提供了便利。此外,政府还出台了一系列政策文件,如《国家中长期教育改革和发展规划纲要(2010—2020年)》《关于进一步做好继续教育改革发展的若干意见》等,这些政策文件为终身教育的发展提供了有力的政策支持和指导等。

然而,尽管中国的终身学习发展取得了显著的成绩,但在政策执行和实践推进的过程中,仍然面临着诸多现实的挑战和理论上的瓶颈。为了更清晰地认识终身学习发展的基本方向和体系构建所面临的困境,有必要对改革开放以来中国终身学习的发展历程进行全面的总结和回顾。同时,通过分析其发展过程中的关键因素,我们可以更好地理解终身学习的发展动态。此外,对于终身学习发展过程中遇到的问题,我们需要深入挖掘其背后的历史背景和社会现实,进行细致入微的分析。这样的梳理和分析,不仅有助于我们识别和解决当前的问题,也为我们探索未来终身学习健康、有序发展的路径提供了可能。总之,终身学习作为一种现代教育理念,其发展和完善对于个人、社会乃至国家的长远发展都具有深远的意义。通过对历史的回顾和对未来的展望,我们能够更加明确终身学习的方向,为构建一个学习型社会,提高国民整体素养,打下坚实的

基础。

一、服务全民终身学习的概念认识

（一）终身学习与服务全民的终身学习

"终身学习"这一概念是在 1976 年联合国教科文组织第十九次全体会议上正式提出的,终身学习被表述为:一方面终身学习致力于完善现有的教育体系,另一方面致力于让成年男女都能决定他们自己的未来。欧洲委员会则认为:终身学习不仅仅是教育和训练的一个方面;它必须成为提供和参与学习背景的、连续统一的指导原则,以此来发展潜力的一个全面的计划。1994 年意大利罗马召开的首届"世界终身教育会议"对终身学习的概念进行了全面的界定,将其定义为:终身学习是通过一个不断的支持过程来发挥人类的潜能,它激励并使人们有权利去获得他们终身所需要的全部知识、价值、技能和理解,并在任何任务、任何情况和任何环境中都有信心、有创造性且能够愉快地应用它们[①]。日本生涯教育学会出版了《生涯学习事典》,其中将终身学习概念界定为:对学习者的要求给予必要的回答,并由学习者自主地选择合适的学习手段与方法,然后再通过其终身的生涯来进行,这即为终身学习[②]。2016 年联合国教科文组织《反思教育:向"全球共同利益"的理念转变》报告强调学习既是获取知识的过程也是结果,学习是由环境决定的多方面现实存在[③]。我国的一些学者也对终身学习有着独特的界定,例如著名学者胡梦鲸综合各家之言提出终身学习的界定是:指贯穿人生全程的学习历程,此历程包含正规、非正规及非正式的学习活动,旨在配合人生各阶段的社会角色与发展,以达成发展个人潜化,提升生活品质,促进社会改造的目标。比较普遍的看法认为终身学习是社会中个人根据社会发展和个人发展的需要,利用现代学习技术和手段,灵活地选择安排学习机会、时间、空间以及进程的学习制度[④]。

---

① 吴遵民.现代国际终身教育论[M].北京:中国人民大学出版社,2007:39-40.
② 高志敏,等.终身教育,终身学习与学习化社会[M].上海:华东师范大学出版社,2005:11.
③ 联合国教科文组织.反思教育:向"全球共同利益"的理念转变？[M].联合国教科文组织总部中文科,译.北京:教育科学出版社,2017:40.
④ 王丽雅.终身教育终身学习与学习化社会概念辨析[J].天津职业院校联合学报,2006(6):23-27.

（二）服务全民终身学习的教育实施体制

要明晰服务全民终身学习的教育实施体制的含义，首先需要对教育体制有清晰的认知。国外有关学者在理论和实际上对教育体制进行了论证。教育体制由教育机构与教育制度两个基本要素组成。从理论上来看，迈耶、罗文所创立的机构理论论证了教育机构必须要与教育制度相结合；而塞尔所创立的机构现实的建构理论则论证了教育机构与教育制度为什么能够结合。从实际来看，任何一个学校教育机构的建立和运行，都必须要有相应的教育制度来规定它的培养目标及如何实现这些目标；而任何一个教育管理机构的建立和运行，也都需要规定相应的职责权限和落实这些职责权限的制度。其次，孙绵涛（2004）认为教育体制是教育机构与教育规范的结合体或统一体。教育机构是教育体制的载体，教育规范即教育制度是教育体制的核心。之所以教育制度是教育体制的核心，一方面是因为国家建立什么样的教育机构，以及这些教育机构如何运行，是由一个社会占统治地位的阶级或集团的意志决定的；另一方面，教育制度也要反映教育机构设置和教育机构运行的规律。学校教育机构与一定的规范相结合，就形成了各级各类学校教育体制；教育管理机构与一定的规范相结合，就形成了各级各类教育管理体制。其中，教育行政机构与一定的规范相结合，就形成了各级各类教育行政体制；学校内部的管理机构与一定的规范相结合，就形成了各级各类学校管理体制[1]。再者，教育体制改革与教育制度改革在理论上虽有所区别，但由于教育制度是教育体制的核心，所以对教育体制进行改革，必须涉及对教育制度的改革。这也是人们常说进行教育体制改革必须进行教育制度创新的原因。关于服务全民终身学习的教育实施体制的研究，学者们在体制创新和设计上进行了深入的探讨和研究。在制度方面，周德春（2012）认为，现代教育理念的转变深化了人们对终身教育与终身学习的必要性认识，随着当前社会人才竞争形势的日益激烈，加强终身教育体系建设，完善终身学习体制已成为现代教育改革和发展的必然趋向[2]。在机构方面，郝克明（2010）认为，培养具有高度学习自觉性和自主学习能力的新一代学习者，是建成学习型社会最重要的条件。良好的学校教育是学习者终身学习和建立终身学习体系

---

① 孙绵涛.教育体制理论的新诠释[J].教育研究,2004(12):17-22.
② 周德春.终身学习体制创新研究[J].长春理工大学学报,2012(2):111-112.

的基础①。丁红玲（2015）认为，由于人们终身学习需求是多元的，要求教育服务供给方必须提供与之相适应的多元化服务，以实现供求均衡。成人高等继续教育作为终身学习的理想田园和重要站点，必须行使其使命，发挥其功能，为人们终身学习提供帮助。要树立"用户为本"的理念，为学习者提供全方位、超市化、便利化的服务。立足于满足人们终身学习多元需求，成人高等继续教育必须革故鼎新，对其功能、办学模式、价值链的运行等进行机制再造②。因此可以说，服务全民终身学习的教育实施体制改革是教育实施机构和教育实施制度的有机结合。通过构建学习需要的组织机构和制度环境，将资源合理运用，以满足全社会各个成员的终身学习需求，实现各项资源的共同发展。

二、服务全民终身学习的探索期经验（1993—2002 年）

在 21 世纪初期，随着中国改革开放政策的不断深化，社会主义市场经济体制得到显著加强和完善。这为教育体系的改革创造了较为宽松的外部环境，有助于教育领域秩序的恢复和社会经济的快速发展。公众对教育改革的呼声日益高涨，教育改革在全国范围内广泛推行。改革开放带来的建设热潮和科技发展推动的经济进步让人们认识到传统学校教育的局限性和刻板性。过时的知识体系、落后的教学内容以及刚性的教育机制受到质疑。在现代社会快速进步的背景下，这些问题使得传统教育体系显得不再适应现实需求，这与终身教育所推崇的"教育应贯穿人一生"的理念相契合。因此，该时期的主要特点是加快传统教育制度的改革，并积极推进终身教育理念的政策化。对于终身学习的探索，主要从政策层面和实际操作层面两个维度来进行。

（一）推进服务全民终身学习的教育政策

由于构建终身教育体系与我国的改革开放以及经济快速发展紧密结合在一起，因此终身教育开始逐渐成为我国教育改革与发展的一项重要战略决策。国务院 1993 年颁布的《中国教育改革和发展纲要》提出，成人教育是传统学校教育向终生教育发展的一种新型教育制度，对不断提高全民族素质，促进经济和社会发展具有重要作用。这是中央政府第一次在文件中正式提出"终身教

---

① 郝克明.中国终身学习的进展与制度建设[J].教育研究,2010(11):36-38.
② 丁红玲.终身学习多元需求视阈下成人高等继续教育机制再造[J].中国成人教育,2015(1):9-12.

育"的概念,标志着终身教育理念在中国高层政策中的正式引入,终身教育由一种思潮理念上升到国家政策方针。《中国教育年鉴(1994)》收录了中国高等教育学会的一篇文章,文章中再次出现了"终身教育"的概念。在文章中,对于"关于教育、教学改革和学科建设问题"的表述如下:四是对学生的培养专业面要宽,基础要扎实,动手能力、运用工具的能力要加强。要培养他们能很快补充自己知识的能力。科技的发展要求这一代年轻人能接受终身教育,我们过去讲有自学的能力,将来不一定是自学,因为知识更新太快了,要利用继续教育。1999年国务院批转的教育部《面向 21 世纪教育振兴行动计划》中指出:"基本建立起终身学习体系,为国家知识创新体系以及现代化建设提供充足的人才支持和知识贡献。"一系列政策文件的出台,一系列强化终身学习政策的实施,都为终身学习在探索期的发展奠定了坚实的基础①。《中华人民共和国教育法》总则第十一条:"国家适应社会主义市场经济发展和社会进步的需要……健全终身教育体系。"第二十条:"国家鼓励发展多种形式的继续教育,使公民接受适当形式的政治、经济、文化、科学、技术、业务等方面的教育……推动全民终身学习。"第四十二条:"国家鼓励学校及其他教育机构、社会组织采取措施,为公民接受终身教育创造条件。"开展社区教育的实验工作,逐步建立和完善终身教育体系,努力提高全民素质。"到 2010 年,……基本建立起终身学习体系。"《中共中央国务院关于深化教育改革全面推进素质教育的决定》提出,逐渐完善终身学习体系以及运用现代远程教育网络为社会成员提供终身学习的机会。国家教委在其 1997 年印发的《关于当前积极推进中小学实施素质教育的若干意见》一文中对终身教育体系作了清晰的解读。在教育部颁发的这一政策文本中,"终身教育体系"作为人才培养的"立交桥"而提出,对推行各种教育改革起到了重要的推动作用。在这一阶段,终身教育正式被列入教育基本法,这一立法举措推动了终身教育政策化的深入发展。这一发展态势也使得与终身学习相关的概念相继出现,进而加速了终身学习理论研究的步伐。

(二)服务全民终身学习的教育实施机构

从整体来看,这一时期对终身学习的关注更多地与成人教育的发展结合在一起,各项与终身学习相关的政策也都与成人教育结合起来讨论。成人教育的

---

① 中国教育年鉴编辑部.中国教育年鉴(1993)[M].北京:人民教育出版社,1994.

发展为终身学习思想的形成和发展奠定了基础。正如保罗·郎格朗在《终身教育引论》中所指出的：正是由于人们在成人教育的理论与实践方面积累了丰富的经验，终身教育的理论才得以提出和制定，其实践过程也得以深入进行与发展。成人教育岗位培训和社会化培训逐步走向规范化、制度化；成人教育管理体制逐步理顺，从中央到县以上地方政府的教育行政部门普遍设立了成人教育管理机构，加强了对成人教育的管理和服务；教育部和各有关部门在全国各地组织实施了农村富余劳动力转移培训和实用技术培训。各地企业职工教育普遍开展了创建学习型企业、培养高技能人才等活动。社区教育实验得到进一步深化和提升[①]。普通高等学校成人教育也逐渐走向规范和完善，其为当时国家的各行各业培养了大量的专业人才，同时也极大地满足了社会对人才的需要。全国范围内的成人教育体系得到了建立和完善。除此之外，在这一时期，广播电视大学以及社区教育也得到了推进，带有强烈的本土特色，最大限度地满足了社区居民对终身学习的需求。

综上所述，在终身学习发展的探索期，终身学习的政策推进、理论研究和实践发展已经摆脱了成人教育视野的局限，转而专注于与各种教育资源相互衔接与融合的思考。社区教育、继续教育等各类教育方式也开始逐步兴起。

三、服务全民终身学习的初创期经验（2002—2009 年）

2003 年，党的十六届三中全会通过了《关于完善社会主义市场经济体制若干问题的决定》，正式提出了科学发展观的理念。随着社会主义市场经济体制的逐步完善和经济水平的不断提升，人民整体的生活水平得到了提高，民众的精神需求也日益旺盛，终身学习的意识不断增强。这一切都转化为发展的动力，促进了教育改革的深入发展，使这一时期的终身学习改革发展取得了重大突破。党的十六大报告指出：形成全民学习、终身学习的学习型社会。在党的重要报告和文献中，"学习型社会"这一概念的首次提出，无疑标志着学习理念的一次重大演进。这一新概念的提出，不仅超越了以往的"学习化社会"表述，更加凸显了学习的持续性和全民性，与时代发展的要求相契合。在党的十七大报告中，提到的"终身学习体系基本形成"以及"建设全民学习、终身学习的学习

---

① 朱新均.我国成人教育发展现状与展望[J].继续教育,2009(3):13-18.

身学习更加关注教育领域的均衡发展，同时服务全民终身学习政策也更加注重教育质量，为职业教育、社区教育等教育领域创造了新的发展契机。服务全民终身学习的政策得到了政府行政力量的实质性支持，服务全民终身学习和终身教育活动正逐步走向规范化和立法化。

（二）服务全民终身学习日益规范化

在这一时期，终身学习已经得到了明确的规定，并在政府的重大战略决策中占据了重要地位。终身学习的概念以越来越高的频率出现在党的历届代表大会会议报告或决议文件当中。2002 年 11 月，党的十六大报告指出，要努力"形成全民学习、终身学习的学习型社会，促进人的全面发展"。2003 年 10 月，《中共中央关于完善社会主义市场经济体制若干问题的决定》再次强调，要"深化教育体制改革。构建现代国民教育体系和终身教育体系，建设学习型社会，全面推进素质教育，增强国民的就业能力、创新能力、创业能力，努力把人口压力转变为人力资源优势。"2004 年 9 月颁布的《中共中央关于加强党的执政能力建设的决定》中，也明确要求"营造全民学习、终身学习的浓厚氛围，推动建立学习型社会。"2006 年的"十一五"规划虽然没有直接提及终身教育或终身学习，却从更高的层面提出了构建学习型社会的宏伟目标。2007 年 10 月，党的十七大报告强调要"发展远程教育和继续教育，建设全民学习、终身学习的学习型社会。"这一精神最终被写入 2010 年的《国家中长期教育改革和发展规划纲要（2010—2020 年）》。

实践终身教育的最终目标是构建终身学习体系，促进学习型社会的建设，实现一个人人皆学、处处有学、时时可学的社会环境。学习型社会的建设离不开终身学习体系的建立与不断推进。这一理念与国际社会倡导的终身学习理念基本一致，将终身学习提升到了一个新的高度，旨在不断促进人的全面发展。在这一时期，我国在政策层面明确了终身教育作为党和政府重大战略决策的地位。学习型社会的构建需要以终身教育的相关政策作为具体的指导方针或原则，而学习型社会的形成不仅是终身教育意义与价值的最终体现，也是终身教育实践的出发点与落脚点。这一时期终身教育的推进及政策的实施旨在实现和构建一个以促进个人人格完善与人性健全为目的的学习型社会。学习型社会建设的核心工作就是构建终身学习体系，具体可从以下三方面入手：第一，尽早设立终身教育实施机构，以协调构建终身教育体系的各项实际工作。第二，的研究不再局限于某一特定领域,研究范畴日益扩大。

表 2.1　2002—2009 年关于"终身学习"文献数量概况

硕、博士论文	期刊论文	文献总数
72	3 150	3 222

表 2.2　主要高频关键词出现频次

序号	关键字段	出现频次	序号	关键字段	出现频次
1	终身学习	1 638	11	继续教育	52
2	学习型社会	349	12	社区教育	39
3	终身教育	152	13	自主学习	38
4	成人教育	69	14	远程教育	38
5	全民学习	66	15	知识经济时代	36
6	终身教育体系	59	16	信息素养	35
7	学习化社会	58	17	知识经济	32
8	图书馆	58	18	学习型城市	28
9	全面建设小康社会	54	19	学习者	28
10	学习型组织	53	20	素质教育	27

四、服务全民终身学习的全面发展期经验(2010 年至今)

在全球可持续发展的时代背景下,终身学习在我国不仅从教育政策上升为国家发展战略,而且在这一时期还进入了我国地方立法的高峰期,国家层面的立法也在进行中。与此同时,开放大学、学分银行制度的建立以及社区教育等新型教育方式的兴起,都构成了这一阶段终身学习发展的新特征。

（一）服务全民终身学习的国家战略

2010 年，国务院颁布了《国家中长期教育改革和发展规划纲要（2010—2020 年）》。在其第一部分"总体战略"中，就明确提出我国要构建"体系完备的终身教育"；同时还指出，到 2020 年，终身教育体系要基本形成。2012 年 11 月，党的十八大报告再次强调要"完善终身教育体系，建设学习型社会"。2013 年 11 月，党中央在《关于全面深化改革若干重大问题的决定》重要文件中指出，"深化教育领域综合改革"，推进"继续教育"改革发展，"试行普通高校、高职院校、成人高校之间学分转换、拓宽终身学习通道"。2015 年 10 月，党的十八届五中全会通过了《中共中央关于制定国民经济和社会发展第十三个五年规划的建议》，继续强调"建立个人学习账号和学分累计制度，畅通继续教育、终身学习通道"。

终身学习强调个人在整个生命期间不断追求知识和技能的自我完善，并倡导培养公民持续自我教育的习惯和能力。作为公民享有的一项基本权利，即终身学习权，这一权利的有效行使是社会发展的重要基础。为此，需要通过立法手段来明确和保障这项权利，将公民的学习权益、相关主体的责任、财政投入以及保障措施等纳入法律框架之中，以便为终身学习的推广和实施提供坚实的法律支持。法律的制定，不仅是终身学习政策链的关键环节，也反映了我国政策的核心价值和文化传统的独特印记。经验表明，只有通过深入的本土化探索与实践，我们才能形成一个真正符合我国终身学习发展需求的终身学习法律框架。因此，终身学习立法需要适应社会、经济和终身学习发展的多样化需求。

为了切实保障公民能够积极参与终身学习，我们需要建立较为完善的终身学习法律体系。这需要我们根据经济和社会发展的需求，不断对其进行补充和完善，从而构建出连续统一的终身学习法律体系。这样，我们才能构建一个"人人皆学、处处能学、时时可学"的学习型社会，完善相关服务机制，为终身学习提供切实有效的保障。我们需要为学习者提供多元化的学习形式，使他们能够选择适合自己的手段和方法开展学习，并将学习贯穿一生。在制定终身学习法律法规时，我们应特别关注农民工、残疾人、下岗工人、少数民族和边远贫困地区的成人、妇女儿童等弱势群体，向他们倾斜资源，保障他们的学习权，使他们获得必要的基本知识和技能，提升人力资本。我们需要尽可能地避免空洞抽象的宣示性或概括性条款，增强法律条文的可操作性。例如，我们可以明确规定政府机关、教育机构和公民都是终身学习法律关系的主体，各相关主体应当享有的权利和必须履行的义务应当得到明晰。这样，我们才能更好地推动终身教育的发展，实现全民学习的愿景。

综上所述，一系列政策文件的出台和强调终身学习政策精神的传达，都为这一阶段终身学习的实施奠定了坚实基础，并为终身学习体系的构建注入了强大的生命活力。终身学习从政策层面上升到立法层面，表明了中国对终身学习政策和立法的研究更加重视。

（二）对服务全民终身学习实施途径的研究逐渐增多

在学习型社会创建方面，学习型社会与终身教育体系建设是我国当前和未来社会发展与教育改革的一项极其重要的任务。张兆芹等（2013）认为，创建学习型社区是一项长期且复杂的系统工程，其运行机制是系统的核心，同时也是规律的实践过程。学习型社区运行机制主要体现在实践操作系统的三个方面：教育模式操作系统、学习指导操作系统和效果评估操作系统；重点阐述了学习型社区运行机制的内涵构成和对策[①]。夏海鹰（2014）认为学习型社会建设的根本在于机制建设。明确了学习型社会建设的动力源，以社会生产力发展引起的社会流动、产业变化和个人发展需要的对立统一为逻辑起点，揭示了政府推动力、市场运作力、社会参与力、教育支撑力、社会民众主体力之间的内在联系，并进行有机整合以形成机制合力。进一步建构了以行政为机制基础、市场为机制杠杆、计划为机制骨架、实施为机制程序、监督为机制手段、激励约束为机制措施的一体化动力机制体系[②]。在学分银行制度的建立方面，李林曙等（2013）认为建设终身教育体系和学习型社会已成为人类历史发展的客观趋势和必然选择。他们指出，很多国家都将学分银行制度视为促进全民终身学习的有力工具。其主要目标是建立各级各类教育之间的衔接和沟通机制，拓宽学习和成才的途径与渠道，为学习者提供多次和多种选择机会，满足个人多样化的学习和发展需求，从而推动全民学习、终身学习的学习型社会建设[③]。黄欣等（2011）认为"学分银行"制度的创建不仅代表着未来教育改革与发展的方向，同时也是

---

① 张兆芹,胡娇艳.关于学习型社区运行机制研究现状的反思和展望[J].职教论坛,2013(30):56-59.
② 夏海鹰.学习型社会建设动力机制探究[J].教育研究,2014(6):48-52.
③ 李林曙,鄢小平,王立科.我国学分银行制度建设的模式、途径与策略[J].现代远程教育研究,2013(6):33-38+49.

创建学习型社会和构建终身教育"立交桥"的有效措施①。在老年大学、职业教育、社区教育和继续教育等方面,卢玉娟(2020)认为我国终身教育学分银行建设已初具成效,认定并存储课程学分的功能初步显现。她指出,当前的主要问题是已获学分的有效应用和转化。基于此,她建议老年教育机构通过明确各级老年教育办学机构的定位,建设"初、中、高"分级老年教育课程体系,并依据学分银行认证的课程学分引导学员有序入学,以达到构建老年教育分层教学体系的目的②。白云(2016)分析了终身学习与高职教育之间的关系,并从终身学习的视角提出了高职教学体系构建的原则。并从目标体系、内容体系、资源保障体系和评价体系四个方面对教学体系构成要素进行了解析,旨在为高职教学体系的构建与完善提供一定的帮助③。庞庆举等(2016)认为社区作为百姓共生、居民自治的社会组织,具有鲜明的治理优势,是学习型社会建设的草根式沟通平台。他们指出,在社区治理理念的视野中,社区活动具有多维教育影响力,体现在价值共识的聚合力、重心下移的发动力等方面。通过多方面的探索和积累,我国社区教育力的内涵与路径尚待有意识地深化和提升④。柳士彬等(2016)认为构建继续教育"立交桥"是我国继续教育体制机制创新的必然选择和当务之急。他们指出,构建继续教育"立交桥",必须建立资历架构体系,实施教育回流制度,以实现不同本质内涵的继续教育之间的有效沟通⑤。

在这一阶段,全面发展期终身学习的研究视野变得更为开阔,研究视角也更加全面。研究者们更加注重全民终身学习的途径研究,强调通过法律或立法形式来凸显终身学习的重要性,并更加关注教育的公平性和均衡性。

(三)服务全民终身学习的理论研究稳步推进

在中国知网数据库中搜集了2010—2020年关键词为"终身学习"的期刊论文和硕、博士论文,共计3 777篇。其中,期刊论文有3 607篇,硕、博士论文有170篇。具体数据如表2.3所示。

---

① 黄欣,吴遵民,蒋侯玲.论现代"学分银行"制度的建设[J].开放教育研究,2011(3):42-46.
② 卢玉娟.老年教育分层教学体系的实现路径探究:兼论终身教育学分银行学分的应用[J].成人教育,2020(12):52-55.
③ 白云.终身学习视域下高职教学体系构建研究[J].成人教育,2016(2):80-83.
④ 庞庆举.社会治理视野中的社区教育力及其提升研究[J].教育发展研究,2016(7):23-30.
⑤ 柳士彬.继续教育"立交桥":框架与行动[J].教育研究,2016(8):125-131.

表 2.3　2010—2020 年关于终身学习的文献数量概况

硕、博士论文	期刊论文	文献总数
170	3 607	3 777

　　该阶段文献总量增长幅度较小，总体数量保持相对稳定。每年的文献数量如图 2.1 所示，从中可以看出，从 2010 年到 2020 年，文献数量并未呈现总体增长趋势，甚至在某些具体年份还有所下降。从图中可以明显看出，该阶段中 2010 年是文献总量的高峰期，具体数量为 591 篇。自 2020 年以后，每年的文献数量都低于这一数值。

　　已有的学术研究，包括对终身学习的内涵、终身学习与成人学习、继续教育之间的关联，以及终身学习与学习型社会的研究等，都为本阶段的体系研究和立法研究奠定了坚实的基础。从最初阶段的终身教育思潮研究到如今的终身学习立法研究，这既是社会发展的必然趋势推动，也是学术界对终身学习持续深入研究并取得重大成果的体现。

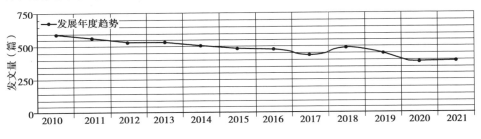

图 2.1　2010—2020 年关于终身学习的文献数量统计图

　　通过表 2.4 对 19 个关键词进行频次统计，我们得以呈现出我国终身学习研究领域的热点和趋势。统计结果表明，在这一阶段，我国终身学习的研究主要围绕终身学习、终身教育、学习型社会、终身学习体系和继续教育等主题展开。同时，终身学习的研究更加深入，研究成果也更加丰富和繁荣。

表 2.4 高频关键词统计

序号	关键字段	出现频次	序号	关键字段	出现频次
1	终身学习	487	11	社区教育	14
2	终身教育	62	12	全民终身学习	14
3	学习型社会	40	13	终身学习能力	14
4	终身学习体系	26	14	政策	13
5	继续教育	25	15	欧盟	13
6	学习化社会	22	16	成人教育	13
7	日本	17	17	启示	12
8	学习者	16	18	高等教育	11
9	学分银行	16	19	终身教育体系	11
10	终身学习政策	15			

五、发达国家终身学习的治理经验及启示

(一)法国终身学习的经验及启示

在法国,政府、企业和个人共同参与终身教育,通过立法建立保障机制,建立基于能力的认证机制,这有利于构建学习型社会[1]。法国早在 1919 年就立法确立了成人教育的地位。《阿斯蒂埃法》是法国通过立法促进成人教育的开端,法律的不断完善为法国成人教育的发展提供了制度保障。1938 年,根据劳动部的"工人培训"建议,开展了成人职业速成培训,推动了民众大学的快速发展,使大众教育进入了新阶段[2]。1971 年 7 月,法国政府正式颁布了《终身职业教育法》,这成为世界上第一部关于终身教育的成文法。该法设立了终身教育机构,

[1] 王晓辉.法国终身教育的发展与特色[J].比较教育研究,2007(12):80-84.
[2] 丁兆礼.法国成人教育行政管理及其特点[J].职教论坛,2002(15):57.

并随后兴办了第三年龄大学，为老年人提供学习机会，提高了整个社会的受教育程度①。《终身职业教育法》还详细规定了终身教育的具体实施措施，以保障公民接受终身教育的基本权利得以落实。其中，最典型的制度是"带薪教育休假"制度，即公民工作两年以上，可申请培训并享受带薪休假，且每年不低于 100 小时。法国将终身教育纳入职业教育范畴，并进行了立法，开创了"特殊教育"先行立法的先河。法国政府先后出台多部法律加以明确规范和推动实施，使终身教育由普通理念上升为法律政策。在法国，职业继续教育或培训是继续教育的主要形式，是初始教育的延续，旨在帮助受教育者学习知识、掌握技能，从而胜任某种职业②。法国的教育机构多元化，能满足不同层次的学习需求。法国成立最早的成人教育机构是国立工艺博物馆，又名巴黎国立高等工艺学校③。从 20 世纪中叶开始，法国各高等院校多数设立了继续教育机构，教学大纲体现了不同的特色和偏向，经过考核授予各种文凭和学位。中央政府设置了专门机构以监管终身学习的实施，地方设立了专门委员会管理终身教育事务，中央政府与地方联动推动终身教育的发展。虽然法国服务终身学习的教育机构多种多样，但是法国对于办学机构有严格的审核标准。只有通过考核的机构才能颁发证书，从而保证了办学的质量。在法国，老年人可以通过多种途径获取终身学习机会，如参加志愿者活动、增加社会交际、参加普通成人教育课程（如学习另一门外语、计算机技术）以及专业发展或在职培训等。法国政府还制定了强制性法规，要求雇主满足老年雇员的需求，包括满足培训需求和减少障碍。法国企业员工培训方式灵活，员工可以带薪参加技能评估或经验认证项目。符合条件的员工即使不参加常规学习培训也能获得职业资格的认证。1975 年经济危机后，政府开始强化企业培训，加强了教育机构和企业的联系，设立了专门的校企协作办公室，制订了校企协作宪章，以加强校企合作④。如果未能达到认证标准，申请人只能获取部分资格证书，但可以通过上课或专业实践等其他途径参加培训而获得完整学历。经验认证项目赋予了个人新的权利，成为获得学位的另一种途径。

① 范正辉.法国促进终身学习的做法及经验借鉴[J].当代继续教育,2021(1):74-80.
② 张为宇.法国继续教育概览[J].世界教育信息,2013(20):33-35.
③ 姬睿铭.法国成人教育的经验及其对我国的启示[J].继续教育研究,2007(4):89-91.
④ 任慧婷.我国高职培养目标问题的研究[D].天津:天津大学,2005.

法国是终身教育理论的发源地，其有关终身学习的理念和实践值得我们借鉴。在推动终身学习的过程中，我们应始终把学习者置于主体地位，政府、教育机构和教育者的角色是为学习者搭建一个灵活、能满足个性化需求的学习平台。终身学习的一个重要方面是继续教育的持续有效开展，因此有必要制定具体的相关法律政策，确保企业履行支持终身学习的相应责任。以正规学习教育机构为基础推动终身学习，规定正规教育机构在服务终身学习教育体系中的权利和义务，促使其参与学习型环境的创建，加强教育机构之间的互动和交流，促进学习资源的协同共建，并拓展学习认证的范围。建立第三年龄大学，为老年人终身学习提供平台，鼓励代际教育，充分运用老年群体的宝贵资源，为"老有所为"提供机会和平台。建设服务老年人终身学习的教育支持体系具有重要的现实意义。

（二）美国终身学习的经验及启示

美国十分重视终身学习方面的立法，为适应社会、经济和终身学习发展的多样化需要，建立了较为完善的终身学习法律体系，以此推动和规范终身学习实践。美国的终身学习立法并非一成不变，而是始终处于动态的调整过程中，根据经济和社会发展的需要不断进行补充和完善，从而形成连续统一的终身学习法体系[1]。美国在终身学习立法时注重相关服务机制的完善，为终身学习提供切实有效的保障。《终身学习法》明确规定：联邦政府、州和地区必须根据发展的特点，制订计划，有效地运用所有资源，以保证居民学习的需要[2]。自美国《终身学习法》实施以来，为进一步促进终身学习的普及和发展，美国政府陆续推出了多项配套政策。1993年，美国联邦政府成立了"终身学习者之国委员会"，该委员会主要负责识别终身学习领域面临的关键问题，并制定相应的政策和计划，以增强终身学习在美国社会中的影响力和应用。1997年8月，美国联邦政府推出了"终身学习税收减免计划"，该计划为参与终身学习的纳税人提供所得税减免优惠，以此激励更多公民投入终身学习的活动。此外，美国政府与民间机构设立的众多奖学金和助学金项目，也为支持和鼓励公民的学习热情提供了重要帮助。这些政策的实施，共同构成了美国终身学习体系的政策支撑，

---

① 李进.美国终身学习立法的经验及其启示[J].中国成人教育,2016(5):127-129.
② 项贤明.20世纪90年代以来的美国教育改革[J].比较教育研究,2003(5):23-28.

为美国公民提供了广泛的学习机会和经济激励,从而推动了终身学习文化在美国的发展。美国终身学习法注重为学习者提供多元化学习形式的法律支撑,使他们能够根据需要选择适合自己的手段和方法开展学习,并贯穿一生[1]。《终身学习法》规定终身学习的形式不局限于一种,而是包括了各种学习形式与方式的学习活动,如有正规和非正规教学形式,有公立和私立及其他教育研究机构的按计划执行的各种形式,还有自学的形式。《中学后继续教育法》对终身学习的形式做出明确规定,具体包括职业教育、培训与技术援助、法制教育、健康教育、继续教育、社区教育和中学后教育计划等。《美国 2000 年教育目标法》则对从儿童到成人学习群体的各种教育形式提出具体要求,即开展成人教育、提供补偿教育、加强职业培训、加大力度开放学校、置办企业内部教育机构、增加老年人接受教育的机会等,力图通过灵活多样的方式为公民提供终身学习的机会[2]。

美国的经验告诉我们,不同层次、不同类型教育机构之间的沟通与协作关系是发展终身教育的关键性因素。终身教育体系是由一系列教育机构组成的,它们应该是有机地联系在一起的,而不是一种简单的自然组合,否则就无法承担教育的系统功能[3]。在我国,服务全民终身学习立法应注重整合教育资源。学习场所也不一定限于家庭、学校、文化中心或企业等,需要为各类学习者提供多种多样的学习机会和机动灵活的学习形式,以适应学习者的各种不同情况和不同需要,使他们能够选择适合自身的形式学习,从而"诗意地栖息在终身学习中"。

(三)日本终身学习的经验及启示

日本政府极其重视终身教育的发展,视其为实现学习型社会的重要手段,积极建设、整合和利用各类社会教育设施来构建终身教育体系。日本采用各种手段普及和发展终身教育,使大多数日本民众接受并愿意参与其中,强调人应用一生的时间不断进行自我知识和技能的完善。在 1988 年,日本就在文部省设立了终身学习局,作为推动终身学习体系建设的组织机构。终身学习审议会

① 李进.美国终身学习立法的经验及其启示[J].中国成人教育,2016(5):127-129.
② 李进.美国终身学习立法的经验及其启示[J].中国成人教育,2016(5):127-129.
③ 王洪才.心灵的解放与重塑:个性哲学的终身教育论[M].北京:教育科学出版社,2011:203.

作为文部大臣的咨询机构，是制定终身学习政策的全国性机构①。在建立终身学习体系的过程中，终身学习审议会根据发展的状况和需要及时提出对全国具有指导性的政策、建议。各地政府不遗余力地加强了推进体制的建设，包括设立专门的行政机关，制定终身学习振兴计划，设立终身学习推进中心，以及制定地区振兴终身学习基本规划等。为了更好地制定促进终身学习的政策，日本于1990 年在文部省成立了终身学习审议会。文部省在采纳终身学习审议会建议的基础上，制定了相关的政策。日本发展终身学习体系特别强调"学社融合"，即在学校教育和社会教育各自承担其职能的前提下，把两者相重合的要素合成一体开展教育活动。学社融合的核心是使各种教育机构的活动相互协调。1996 年，日本文部省启动了《学社融合推进计划》，以促进学校、家庭和社区形成新型合作关系。日本主要通过建立对终身学习成果的多元评价体系来促进学习，即改变以往偏重正规学历教育的评价体系，对各种形式、各种类型学习活动的成果都给予适当评价和认可。21 世纪，日本的教育体制改革围绕终身学习体系建设进行，考虑最多的是如何通过改革整个学校制度和教育体系，为所有人提供更多的学习机会，并使其学习成果获得评价。日本文部省明确提出要扩大社会成员进入高等教育的通道，建立向社会开放的高等教育机构。为此进行的制度建设包括实行"社会人员特别选拔制度""夜间部和昼夜开讲制度""通信（函授）教育制度""大学公开讲座制度""大学入学资格检定制度"等。日本从终身学习的角度重新界定了中小学的职能。文部省认为，小学、初中和高中不仅是培养人的发展基础的场所，同时也是培养人的自我思考、判断和行动力，以及培养人具有终身进行连续学习的欲望和能力的场所。此外，日本还提出了科学技术创造立国和文化立国两个概念，明确了文化和技术在终身学习型社会建设中的重要性。目前，日本在所有类似我国省一级的都道府县政府都设立了专司终身学习的行政机构。同时，设立了协调行政部门和其他有关机构、团体工作的机构——终身学习推进会议，以及设立了与民间进行沟通联系的机构。日本从终身学习的角度重新界定了中小学的职能，强调在进行学校教育时，通过获得社区的各种支持，可以更加有效地发挥学校的教育机能。同时，学校的

---

① 吴忠魁.当今日本建设终身学习体系的经验与措施[J].比较教育研究,2000(5):48-53.

设施也要作为社区居民的学习活动场所，进一步向社区居民开放①。日本倡导"学社融合"，加强家庭、学校和社区的合作。

学社融合的核心在于实现不同教育实体之间的活动和资源的有效协调与整合。随着社会对高学历人才需求的不断增加，构建一个支持终身学习的发展体系变得尤为重要。显然，单个教育组织所能提供的资源和范围是有限的。因此，强调学社融合的视角，建立大学与地方社区中各种教育组织间的合作伙伴关系显得至关重要。此外，大学还需要与民间教育机构、教育产业以及职业教育机构等建立广泛的合作网络，以促进资源共享和教育质量的提升，共同构建一个全面、多元的终身学习环境。

六、关于服务全民终身学习的教育实施体制的经验

（一）法律政策保障是服务全民终身学习建设的核心

政府在构建终身学习体系中扮演着至关重要的领导角色。行政力量被认为是推动和发展终身教育最有力和最有效的手段，对终身教育的发展具有决定性的影响。为了确保终身学习体系的有效建设，各级政府必须高度重视终身教育工作，将其视为重点任务，并纳入重要议事日程中。首先，政府需要成立专门的终身教育管理机构，负责制定和实施相关的政策和规划。这些机构将负责建立全面的实施体系，制定发展规划，明确职责分工，并将终身学习体系建设纳入单位领导年度目标的考核范围内。这将确保各级政府在推进终身学习体系建设方面具有明确的责任和目标。其次，政府需要建立全面的组织保障体系，以确保终身学习体系的顺利建设。这包括制度、经费、人员等资源方面的保障。政府应提供足够的经费支持，吸引和培养专业人才，提供必要的设施和资源，以便全面协调终身学习体系的建设。

此外，政府还需调动和协调区域内的各种力量，支持和参与服务全民终身学习体系的建设。这包括与企业、社会组织、教育机构等各方合作，共同推动终身学习体系的建设。政府还需改革传统的教育体系结构，创造有利于终身学习教育实施的政策环境。这可能涉及调整教育体制、课程设置、教学方法等方面

① 吴忠魁.当今日本建设终身学习体系的经验与措施[J].比较教育研究,2000(5):48-53.

的改革，以适应终身学习的需求。同时，政府还需调整教育功能，推动各级各类教育之间的纵向衔接、横向沟通以及整体整合，实现教育资源的共享。这意味着政府需要促进不同教育层次和领域的相互衔接，打破传统教育的壁垒，实现资源的流动和共享，为终身学习提供更多的机会和选择。在这样的框架下，政府需要形成一套有效的管理体制和运行机制，以促进终身学习体系的健康发展。这包括建立健全的监督评估机制，及时了解终身学习体系的建设情况，发现问题并采取相应的措施进行改进。同时，政府还需加强宣传和推广工作，提高公众对终身学习的认识和参与度，形成全社会共同关注和支持终身学习的良好氛围。

　　立法在终身学习体制改革中扮演着至关重要的角色，它不仅是确保改革顺利进行的基石，还是国家对终身学习改革进行干预、管理和控制的关键工具。为了更好地服务于全民终身学习的实施体制建设，首先需要通过法律或政府文件的形式明确终身学习改革的核心地位。以福建省为例，2005 年该省出台了《福建省终身教育促进条例》，这是全国首个关于终身教育的地方立法，为其他地区树立了典范。《上海市终身教育促进条例》被列入上海市人大"十一五"立法规划，这显示了对该领域立法的重视。此外，上海、北京、重庆等城市也通过市委、市政府文件的形式发布了推进终身教育体系和学习型城市建设的决定，将加快建设终身教育体系作为市政府的重点工作之一。其次，为了构建服务全民终身学习的实施体制，需要进行顶层设计，根据终身学习的理念、要素、原则和特征来构建蓝图。例如，确定建设终身学习体系的目标，包括建设学习化社会等社会发展目标，实现教育民主化、现代化、个性化等教育发展目标，以及促进人主动、全面、创造性发展的个体目标。2010 年颁布实施的《国家中长期教育改革和发展规划纲要（2010—2020 年）》标志着我国进入了全面构建终身教育体系、建设学习型社会的新阶段。在《纲要》颁布实施后，为了加强教育体制改革的组织领导，我国加大了深化教育综合改革的力度。国务院成立了国家教育体制改革领导小组，其主要职责是审议教育改革发展的重大方针和政策措施，研究部署、指导实施教育体制改革工作，统筹协调教育改革发展中的重大问题。此外，还设立了国家教育咨询委员会，其主要职能是对重大教育政策、重大改革事项进行论证评议，提供咨询意见；开展调查研究，对解决教育改革和发展中的重大理论和现实问题提出政策建议；对国家教育体制改革试点以及重大项目实施情况进行评估①。为了加强对继续教育的宏观指导和统筹协调,教育部内新设了继续教育办公室,负责协调推动终身教育体系建设,宏观管理社区教育、职工教育、社会培训等各类非学历继续教育,指导并管理成人教育、网络和远程教育、自学考试等各类学历继续教育。

观察发达国家在推进学习型社会建设进程中的做法,我们可以发现它们都制定了严格的关于终身学习的法律和政策保障体制。这些法律和政策不仅为终身学习提供了明确的方向和标准,还为其提供了必要的资源和支持。更为重要的是,这些国家的立法和决策程序十分完善,法规和政策实施过程相互协调,确保了法律和政策的有效执行。同时,这些法规和政策的内容也十分丰富,涵盖了终身学习的各个方面,确保了其全面、均衡的发展②。

（二）民众参与是服务全民终身学习建设的基础

推进服务全民终身学习实施体制建设,绝不仅仅是政府一方或个人的单独行为,而是一项涉及社会各方的全面、系统、整体的工程。终身学习实施体制的改革,既是个人的事,又是全社会的事,涉及社会各个阶层的每个成员。这是一个庞大的体系,仅凭国家的力量是难以向前推进的,需要社会各方面的参与和协作③。只有当我们充分吸引和接纳社会各界的广泛参与,激发他们的积极性和主动性,明确他们的职责,并为全民终身学习的实施体制建设提供服务,我们才能建立一个坚实而广泛的社会基础。这个基础是我们实现全民终身学习的基石,也是我们构建学习型社会的根基。纵观全球,即使在公共教育经费投入较为充裕的发达国家,他们也非常注重除政府以外的其他社会力量的积极参与。在推进学习大国建设的过程中,西方发达国家高度重视调动社会各方力量参与的积极性和主动性。他们认识到,每个社会部门都有其独特的资源和优势,只有充分调动这些资源和优势,才能实现全民终身学习的目标。因此,他们积极推动社会各部门之间的通力合作,通过各种方式和手段,激发社会各方力量的积极参与和主动投入的热情。

改革开放以来,在经济建设取得重大成就的同时,民众的文化需求也在逐

---

①　韩民.我国终身学习体系形成发展的回顾与前瞻[J].终身教育研究,2019(1):11-18.

②　岳爱武,许荣.学习大国建设的推进机制:西方发达国家的经验及启示[J].江苏高教,2016(4):146-149.

③　白利娟.现代终身教育在日本的发展及其经验总结[J].文教资料,2012(8):128-129+137.

步提升，人们对教育有了更深刻的认识。于是，继续教育、社区教育、现代远程教育等一系列新的教育形式应运而生，推动了教育改革的深入发展。终身学习指导服务机构致力于精心策划舆论宣传工作计划，积极开展多样化的宣传活动。这些活动利用广播、电视、互联网、报纸等多种新闻媒体平台，加大了对终身学习体系建设的宣传力度。宣传旨在赢得广大民众的理解、支持和积极参与，为终身学习的发展营造一个积极的环境。在我国，连续多年举办的全民终身学习活动周已经产生了显著的社会影响，有效地提升了公众对终身学习重要性的认识。终身学习的理念逐渐渗透到社区居民的意识中，越来越多的市民开始认识到持续学习对于适应现代生活的必要性。这不仅促进了个人能力的提升，也推动了社会整体的进步和发展。例如，上海建立了《上海市创建学习型组织评价指标体系》，开展相关评估评价工作，推进全市学习型机关、学习型社区、学习型企事业单位、学习型家庭的创建①。民众对个人精神境界和生活品质的高度重视，充分体现在社区教育的繁荣之中。社区教育实验项目和示范区的逐年增多，使社区教育释放出巨大的活力，"人人有学、时时可学、处处皆学"的理想正逐渐转化为个人可以实现的行动。多样化的学习形式和学习内容，都为终身学习实践作出了贡献。中国成人教育、继续教育的繁荣发展，满足了人们对于学习和工作的热情和需求。

随着终身学习观念的普及和深入人心，学习的边界已不再受限于特定的时间和空间，也不再特定针对某些人群。这一趋势不仅丰富了公共服务领域，还使终身学习成为贯穿个人生活的一种常态。具体而言，这一趋势表现在以下两个方面：首先，学习场所变得更加多样化，不再局限于传统的教育机构，如大学和学院，而是扩展到包括社区大学、图书馆、博物馆、剧院、音乐厅等文化场所。这种多样化的学习场所为不同背景和需求的学习者提供了更加灵活多样的学习机会。例如，社区大学提供了面向公众的各种技能培训和生活教育课程，使学习者能够以非传统的方式利用各类教育资源，从而实现最佳的学习效果。其次，教育模式也变得更加开放和包容。除了常规的学校教育外，还包括社区举办的面向公众的各种技能培训和生活教育课程。这些多样化的教育形式为不同背景和需求的学习者提供了灵活多样的学习机会。例如，一些非营利机构和

---

① 何岸.关于加快天津终身教育体系建设的初步思考[J].广州广播电视大学学报,2011(4):6-8+107.

社会团体积极探索和扩展其在终身教育中的作用，通过提供各种形式的培训和课程来满足不同人群的需求。

总之，随着终身学习观念的普及和多元化参与的趋势，公共服务领域已经得到了极大的丰富。学习场所和教育模式的多样化，为不同背景和需求的学习者提供了灵活多样的学习机会，使他们能够以非传统的方式利用各类教育资源，进而实现最佳的学习效果。政府、民间组织和企业界都在积极推动终身学习体系的建设和发展，为人们提供更加全面、便捷、高效的学习环境和资源。

（三）理论研究是服务全民终身学习建设的先导

自改革开放以来，终身学习理论研究呈现出前所未有的繁荣景象。众多地方性的终身教育研究机构相继成立，专业队伍迅速壮大。科学研究与实践活动相互促进，理论研究为实践提供指导，而实践又验证并丰富了理论成果。在构建终身学习体系的过程中，科学理论的指导至关重要，它确保我们的行动正确有序，避免盲目和无效。只有深入理解终身学习体系的内涵和特点，才能在实践中找到正确的方向。大学作为优秀人才的聚集地，拥有科研、知识技术、设备等多重优势，在构建终身学习体系中扮演着重要角色。因此，大学有责任完善并推动终身教育体系的建设，引导其发展方向，建立学习的"立交桥"，推动社会向学习型社会的转型。这是高等教育机构的重要职责和使命。大学应充分利用其资源和优势，推动终身学习体系建设，培养更多优秀人才，为社会发展提供人才支持，为社会发展做出贡献。

在当前的阶段，学术研究的成果在数量和质量上都实现了显著的提升。这一进步与终身学习的快速发展以及学术界对此的积极反应和深入研究有着紧密的联系。事实上，这种发展也是终身学习经验的重要组成部分。在这个阶段，我们对终身学习的理解已经远远超越了成人教育的范畴，而是提升到了构建终身学习体系的整体层面。我们不再局限于单一的视角，而是采用了多学科、多元化的研究视角，以更全面、更深入地理解和推动终身学习的发展。一个鲜明的例子就是，越来越多的从事基础教育和高等教育的学者加入了终身学习的研究队伍。这表明，终身学习研究已经不再是某一特定领域的专属，而是日益成为一个庞大的研究范畴，作为指导整体教育改革的思想或理念。在这一过程中，学术界始终走在学术研究的前沿。研究者们不仅积极解读政策、及时传达民声，还通过他们的研究成果，为终身学习的发展提供了有力的支持和指导，从而确保了终身学习始终在健康的轨道上前行。

(四)激励学习是服务全民终身学习体系建设的动力

服务全民终身学习实施体制的建设,仅靠法律政策、经费投入这些外部保障,实难起到根本作用。唯有唤醒学习主体终身学习、全面学习的意识,提升学习主体内在的学习动力,才能持续推进学习型社会的建设。例如,芬兰政府主要通过提供学习指导、认可各种学习成果、鼓励弱势群体参与学习等激励方式来调动民众学习的积极性。丹麦则是通过经费支持计划和教育休假计划来实施学习大国建设策略。经费支持计划主要包括:丹麦国家教育补助和贷款计划、休假补助计划、对失业者和参加劳动力市场培训课程者的教育与培训津贴、失业补助以及社会补助金①。

建立学习激励机制是一项至关重要的任务,它不仅能够有效地帮助社会成员树立终身学习的意识,还能够积极地营造一个学习型社会的浓厚氛围。在发达国家,学习激励机制的建立具有注重资格认证激励、学习指导激励和个人得益激励等特点。首先,注重资格认证激励是一种重要的激励方式。这种激励方式确保了对以多种方式取得的终身学习成果的正式认可。通过资格认证,学习者能够获得对他们学习成果的正式肯定,这不仅提高了他们的学习动力,还增强了他们的自信心和自尊心。其次,注重学习指导激励也是一种有效的激励方式。这种激励方式关注学习者内在学习兴趣和学习潜能的有效开发。通过学习指导,学习者可以更好地理解学习的内容和目标,掌握学习的方法和技巧,从而更有效地提升学习效果。再次,注重个人得益激励也是一种关键的激励方式。这种激励方式旨在持续激发学习者的学习动力。通过个人得益激励,学习者能够直接看到他们学习的成果,这不仅增强了他们的学习动力,还提高了他们的学习满意度。通过这些及时、有效的激励措施,我们可以提高国民的学习意识,激发国民的学习热情。这样,我们不仅能够提升国民的学习能力,还能够提高国民的学习质量,从而为社会的发展做出更大的贡献。

根据国内外的经验和研究,我们可以看到,通过一系列的评估方式,如考试、测试、成绩和证书审查等,对非正规教育和非正式教育的学习成果进行评

---

① 岳爱武,许荣.学习大国建设的推进机制:西方发达国家的经验及启示[J].江苏高教,2016(4):146-149.

价,不仅能够提高这些学习成果在社会上的认可度,还能够激励更多人投身于终身学习的行列。非正规教育包括各种培训、进修等方式,而非正式教育则涵盖自学、社会实践等多种途径。这种评价方式的重要性在于,它能够帮助社会更好地认识和理解非正规教育和非正式教育的价值,进而提高这些学习成果在社会上的认可度。同时,这种评价方式也能激励更多人投身于终身学习,因为他们知道,自己的学习成果将会得到社会的认可和尊重。

为了适应这一趋势,我国应该不断完善各种资格考试制度,使其更加公正、公平、公开,同时也要积极探索以能力水平为主要依据的多样化学习成果认证方法。这样的认证体系将促进不同学习成果之间的互认与衔接,使学习者能够在不同的学习领域之间自由转换,从而提高学习的效率和效果。同时,这样的认证体系也将充分发挥学习成果认证在推动终身学习方面的积极作用。它将鼓励更多的人投身于终身学习,因为他们知道,自己的学习成果将会得到社会的认可和尊重,这将极大地激发他们的学习积极性和主动性。

七、服务全民终身学习的教育实施体制的未来展望

改革开放以来,我国终身学习的发展历程展现了一个从成人教育迈向终身学习,进而面向学习型社会的实践轨迹。在学习型社会的构建方面,我国更是践行了国际上的价值取向和目标基础。

(一)发挥政府主导作用

推进终身学习是一项多维度的系统工程,其复杂性和广泛性决定了无法仅依靠单一部门来实现。鉴于参与终身学习的人群具有多样化的背景和需求,这无疑对管理机构提出了更高的要求。因此,一方面,必须建立一个以政府为主导的多方参与协作机制,以促进终身学习体系的建立和完善。在这个机制中,教育部门和人力资源社会保障部门应扮演核心角色,明确各自职责并实现协同治理,同时有效整合和配置教育资源。各级政府在推动经济发展的同时,也应将优化城市管理、履行社会治理职责视为提升民众生活水平和促进经济发展的重要基础。

为了构建有效的终身学习公共管理体系和政策协调机构,政府需要发挥领导作用,促进不同机构和组织间形成合作伙伴关系,提高公共管理和服务的效

率,消除教育系统内部和外部的障碍。此外,通过积极推进学习型城市建设,地方政府可以借助各种社会教育和学习形式,加强关于社会治理结构转变的公众舆论引导,并通过培养良好的社会风尚来更好地指导居民和谐、有序地生活。这样的做法不仅有助于提升个人的学习动力,同时也为整个社会的持续进步和发展打下坚实的基础。在建立政府主导下的多方参与协作机制中,教育部门和人力资源社会保障部门应明确各自职责并实现协同治理,有效整合和配置教育资源。同时,政府还应继续推进学习型城市建设,借助多样化的社会教育和学习形式,加强关于社会治理结构转变的公众舆论引导,培养健康向上的社会风尚,以更好地指导居民和谐、有序地生活,进一步提升个人的学习动力和能力。

必须坚持以习近平新时代中国特色社会主义思想为指导,这是推进我国教育现代化、构建全民终身学习体系的根本遵循。《中国教育现代化 2035》提出了教育现代化的八大基本理念,即更加注重以德为先,更加注重全面发展,更加注重面向人人,更加注重终身学习,更加注重因材施教,更加注重知行合一,更加注重融合发展,更加注重共建共享。这是学习贯彻习近平新时代中国特色社会主义思想在教育领域的具体体现,为我们指明了必须坚持的教育理念、方向、原则以及教育治理的路径与目的。[①]

(二)推动多方教育主体融合发展

1.积极推动构建学习型城市

构建学习型城市是人类社会对城市发展环境的一种深刻期望,旨在通过个体、组织和社区的积极参与,形成一个协调发展的整体。这种城市模式不仅推动了创新和可持续发展,还提升了居民的生活品质。学习型城市已成为社会和谐与团结的显著标志,展现了社会各组成部分共同努力实现共同目标的能力。2013 年,教育部与联合国教科文组织和北京市政府在北京联合举办了首届国际学习型城市大会,2014 年 8 月,教育部、中央文明办等七部门发布了《关于推进学习型城市建设的意见》,提出了推进学习型城市建设的指导思想、总体目标、基本原则、主要任务和政策措施。可以说,学习型城市建设是人类社会调动一切社会要素融入人类文明的实践,是人类社会和谐统一的保障。学习型城市建设促进了终身学习体系的完善和城市的可持续发展,为推进学习型社会建设奠

---

① 陈乃林.两重视域下全民终身学习体系建设的思考与建议[J].当代职业教育,2020(1):12-20.

定了基础①。

目前的挑战在于构建和推行一个全面且多元的成人及青年教育愿景,这一愿景应致力于满足学习者在人生各阶段的需求与追求,为他们提供一系列丰富的学习资源和机会。这包括为不同的学习目标设立多样化的教育项目,无论是通过正规教育体系、非正规教育渠道,还是继续教育课程,都应涵盖在内。同时,更广泛地来看,非形式化的学习环境也应成为终身教育体系的重要组成部分。目前,用于支持终身学习的财政资金仍然不充足,这影响了终身学习的连续性和有效性。为此,寻找并利用多种资金来源成为推动终身学习发展的紧迫任务。政府层面,各级政府应在其财政预算中重视终身学习的需求,并通过购买服务等方式确保对终身学习的资金支持。同时,应激励包括企业、私人机构、社会团体和基金会在内的社会力量参与投入。为此,可以采取放宽办学政策、税收减免和捐赠激励等措施,吸引这些实体为终身学习提供支持,从而建立一个稳定的社会资助体系,促进个人和社会的持续发展。为了适应新时代的要求,我们必须不断完善终身学习体系,进而构建一个学习型社会。

2.从战略层面推动服务全民终身学习的教育体系建设

(1)推进学分银行制度建设

国家开放大学通过课题研究,借鉴国际经验,提出了适应国情的学分银行制度模式和技术路径,研制了国内首个对学习成果进行分级、分类的框架及工具与方法,形成了若干学分银行的应用和服务模式。目前,一些省份积极推进学分银行建设,已经走在全国前列。以广东省为例,广东省在全国率先初步建设了面向全体社会成员、服务终身学习的省级学分银行。这种新型学习制度,将非学历教育与学历教育较好地结合起来,突破了传统的专业限制和学习时段限制,延展了学习者的学习时间和空间,是推进终身学习体系建设的一项创新之举。2017年,广东省学分银行首发了国内第一个终身教育资历框架等级地方标准。下一步,广东终身教育学分银行管理中心将开展中职和开放大学专科、高职和开放大学本科的学分认定和转换工作,开展行业资历等级标准研制和对标工作,积极为学习者搭建终身学习"立交桥"。政府部门可以借鉴广东省经验,在国家开放大学和各省市区开大、电大成立学分银行业务指导机构,推动省

---

① 中国教育发展战略学会.中国学习型城市建设案例(第一辑)[M].北京:高等教育出版社,2013:6-7.

市区和重点行业开展实际工作；在社区、基层单位建立完善个人学习账号，推进学分累计、学习成果认定与转换制度建设；搞好地方和部门试点，摸索实践经验，推动改革前行。

（2）充分发挥信息技术效能

当今世界，正在经历一场更大范围、更深层次的科技革命和产业变革。互联网、大数据、人工智能等现代信息技术不断取得突破，数字经济蓬勃发展。面向 2035 年的现代化目标，关键在于充分认识并利用互联网、人工智能、大数据分析和区块链技术等现代信息技术在学习型社会建设中的巨大潜力。这些技术的有效开发和应用将成为推动全民学习和促进公民终身学习的重要手段，对于实现学习型社会建设的跨越式发展具有决定性的作用。通过运用这些技术，我们可以打破传统的学习壁垒，提供个性化和灵活的学习途径，促进教育资源的共享，提高学习效率，并最终构建一个知识流动自由、学习机会平等的社会环境。"5G"时代为学习者的个性化、定制化学习提供了精准服务。教育信息化不仅是教育现代化的核心组成部分，更是其发展的显著标志。它为教育现代化提供了坚实的基础和必要条件，是推动教育改革与发展的关键驱动力。随着科技的进步，利用教育信息化来推进教育的现代化已经得到了全球的共识，成为了教育改革的主流方向。为了实现这一目标，我们需要建立一个面向全民的终身学习平台。这个平台不仅要为用户提供丰富的学习资源，还要确保这些资源与用户的实际需求相匹配。为此，我们需要推动各类学习网站之间的互联互通和兼容性，确保学习者可以无缝地访问和使用各种资源。同时，为了满足不同人群的需求，我们需要整合和定制相关的课程内容，并以吸引人的方式呈现，确保学习者能够轻松地吸收和应用所学知识。这样的平台将极大地促进教育的普及化和个性化，为构建学习型社会奠定坚实基础。

此外，为了鼓励终身学习，我们需要逐步完善学分银行系统，为学习者提供一个平台，使他们能够积累、存储和转换学分，进而更好地规划和调整自己的学习路径。为了确保信息技术的普及和公平性，我们需要将信息技术渠道延伸到农村地区，为农民提供实用的信息技术培训，包括电子商务等，以帮助他们增加收入，实现小康生活。这也是为了缩小城乡之间的数字鸿沟，确保每个人都能享受到高质量的教育。最后，为了充分发挥现代信息技术的潜力，特别是网络教育和人工智能，我们需要进一步推动这些技术与教育学习的深度融合。通过创新教育模式，如"互联网+教育"和"人工智能+教育"，我们可以使教育更加个性化、高效且有效，从而为培养创造性人才创造更好的条件。

（3）促进社会参与，推动教育和学习资源共享

构建服务全民的终身学习体系，仅靠公共教育资源是远远不够的。我们必须充分调动全社会各种教育资源，包括社会教育、民办教育、合作办学以及家庭教育等，促进各种资源的共建共享与优势互补。根据《中国教育现代化2035》的要求，我们应支持和规范民办教育、合作办学，构建覆盖城乡的家庭教育指导服务体系。通过扶持和规范，我们应扬长避短，充分发挥民办教育资源的优势，特别是在学前教育、校外教育、继续教育、网络教育等方面的积极作用。同时，加强对家庭教育的指导与服务，以增强家庭教育能力。此外，我们还应充分挖掘社会教育资源，增强社会教育能力，更好地发挥博物馆、图书馆、科技馆、体育馆等的终身学习功能，为学习者的德育、智育、体育、美育和劳动教育提供更多支持。

（4）促进各类教育资源协调发展

为了积极推动终身学习框架下各个级别和类型的教育能够和谐发展，我们需要满足全民对终身学习的需求。为了实现这个目标，我们必须致力于整合教育资源，并确保它们能够在各个领域之间自由流通。首先，学校教育体系内部的资源整合至关重要。这意味着在普通学校和职业学校之间，我们需要建立一个既合理又有效的沟通和衔接机制。这样的机制可以确保学生在不同教育阶段或类型之间转换时，不会感到困惑或失落，从而确保他们的学习过程是连贯的。此外，学校教育体系与社会教育体系之间的联系也是不可忽视的。我们需要加强学校教育向社会各个角落的延伸和渗透，确保学校不仅仅是一个封闭的教育环境，而是与社会紧密相连的组成部分。为此，学校及公共教育文化设施应该更加开放，以实现教育资源的全面整合和有效利用。

为了进一步促进教育的连续性和一致性，建立和完善终身学习成果的评估认证体系是非常必要的。这样的体系不仅能够激励学习者持续学习，还能够为他们提供一条清晰的学习路径。这个评估认证体系将有助于构建终身学习的"立交桥"，理顺学历教育与非学历教育、职前教育与职后培训、学校教育与继续教育、学历资格与职业资格等多重关系。通过这种方式，我们可以促进正规教育和非正规教育之间的相互沟通和衔接，为每个人提供更加连贯和多元的学习

路径。这样，无论是在学校还是社会，无论是接受正规教育还是参与非正规教育，每个人都可以找到适合自己的学习方式和路径，从而实现真正的终身学习。

3.加大资金保障力度

终身教育各种设施的建设、教育资源的使用和维护，终身教育参与者的学习经费，以及学习期间产生的经济问题等，都需要大量资金的支持。首先，政府的财政投入是保障每个人接受终身教育的基础。教育具有很强的公共产品属性，政府投入不仅是保障教育发展的基石，也是确保教育公平的前提。政府应建立充足的资金储备，设立教育基金，设置奖学金，并鼓励社会人士的参与，同时鼓励各行业企业的参与。此外，应制定有效的资金再生制度，以推进和保障终身教育的持续发展[①]。其次，要拓宽建设终身教育体系的资金来源。应以社会需求为导向，降低民营资本投资终身学习建设的门槛，实行税收优惠或其他方面的优惠政策，积极鼓励民间资金参与在职人员职业培训、农村劳动力转移培训、转岗培训等各种职业培训，同时也鼓励民间资金支持社区教育和老年大学的发展[②]。

（三）加大法律支持力度

确立法律框架是确保政策有效性的关键措施。相关的法规、条款和程序应当有助于终身学习的全面实施，并强化对终身学习活动的治理与管理。法律的支持能够使社区学习中心网络转变为提供终身学习机会的平台，这些中心在传播知识、提供培训和学习支持方面将发挥实质性作用。当社区学习中心得到国家或区域网络的技术支援时，它们便成为消除贫困和提升生活质量不可或缺的教育和学习实体。政府机构、非政府组织、社区以及学术和研究机构需要通过社区学习中心携手合作，建立有效的伙伴关系，共同实现这些宏伟目标。《决定》提出的总体目标，与党的十九大提出的战略步骤高度吻合，指明了当代中国社会发展的目标走向。教育现代化则是国家社会现代化的一个重要组成部分。《中国教育现代化2035》提出，推进教育现代化的总体目标是：到2020年，教育现代化取得重要进展；到2035年，总体实现教育现代化，迈入教育强国行列，为到本世纪中叶建成富强民主文明和谐美丽的社会主义现代化强国奠定坚实基

①　张婷.国外终身教育经验及我国终身教育的未来发展道路[J].天津职业院校联合学报,2018(4):48-52.

②　刘伊莎,郭少东.发达国家终身教育建设的经验与启示[J].中国成人教育,2013(9):121-124.

础。《决定》明确要求"坚持和完善中国特色社会主义法治体系"，而教育立法则是国家法治体系的重要组成部分。在当前的社会发展阶段，我们可以看到，无论是基础教育、高等教育还是职业教育，各级各类学校的教育法律法规体系已经相当完善。这为我们的教育工作提供了坚实的法律保障。然而，与这种相对成熟的学校教育法规体系相比，终身学习体系的立法却显得相对薄弱，这是一个我们无法忽视的问题。终身学习作为一种全新的教育理念，强调的是人们在一生中不断学习、更新知识的过程。然而，目前我们的终身学习体系立法仍然是一个薄弱环节，这无疑对终身学习的推广和实施带来了一定的困扰。因此，我们必须尽快加强对终身学习立法的调研和起草工作，以便为终身学习的实施提供更为完善的法律保障。

同时，我们也应该鼓励和支持有条件的地方出台终身教育、社区教育、老年教育等单行性地方教育法规。这样，不仅可以更好地满足不同地区、不同人群的学习需求，还有利于我们构建一个更为完善的终身学习体系。教育行政部门在此过程中必须发挥积极的作用，他们需要主动配合、协助相关工作，为推进全民终身学习提供必要的法律保障和指导。此外，我们还需要在法律和政策框架上支持和鼓励建立社区学习中心这样的伙伴关系。因为，只有这样，社区学习中心才能真正成为我们构建学习型社会、实施终身学习的关键构件。

小　结

自改革开放以来，我国在服务全民终身学习方面积累了丰富的经验。这些经验不仅推动了教育事业的发展，也为国家的经济社会发展做出了重要贡献。首先，我国注重建立终身教育体系。通过制定相关法律法规和政策文件，明确了终身教育的指导思想、基本原则和主要任务。同时，加强了对终身教育的投入和支持，建立了多层次、多领域的终身教育服务体系。其次，我国注重提高教育质量。通过改革教育教学方式和方法，注重培养学生的实践能力和创新精神。此外，还加强了教育资源的整合和共享，提高了教育资源的利用效率。再次，我国注重促进教育公平和普惠性。通过加大财政投入，改善了教育基础设施条件，提高了教育资源的均衡配置。同时，实施了一系列教育扶贫政策，保障了贫困地区和贫困人口的受教育权利。

推荐阅读

1.闻志强.我国终身教育法治化问题与应对:借鉴日本发展历程的启示[J].中国电化教育,2020(10)。

文章首先提出对我国终身教育法治化历程的考察与问题审视,接着分析日本终身教育法治化的发展进程与特点。作者将该过程分为三个阶段:第一阶段是以被动向西方学习,革新教育理念并引入为主;第二阶段是从理念向制度体系转变,"内发式"推进终身教育;第三阶段则是健全终身教育法治体系,使终身教育走向法治化。基于这些分析,产生了对我国终身教育、终身学习的启示:首要的是树立法治理念;重要的是完善教育法治体系建设与体制机制配套;落实技术层面的法治举措。

2.徐新民、李艳莉.国际成人教育研究二十年:学术话语权、研究方法及热点领域:基于八种国际成人教育权威期刊的文献计量分析[J].成人教育,2023(8)。

文章运用文献计量分析、内容分析方法剖析国际成人教育研究的学术话语权、研究方法与热点领域以及发展趋势。研究表明,美、英等英语为母语的发达国家掌控国际成人教育研究的主要学术话语权;实证研究居于主导地位,研究方法呈现规范化与多元化趋势;国际成人教育研究热点领域包括终身学习、高等教育、质变学习及工作场所学习。展望未来,国际成人教育研究力量将走向多极化,跨领域、跨区域科研合作将成为主流,移民教育与老年教育将成为研究热点,量化研究将成为趋势。

3.兰岚.中国式终身教育法治现代化的实践难点与行动策略[J].现代远程教育研究,2023(3)。

文章认为,中国式现代化是教育先行的现代化,也是实现全面依法治国的现代化。推进终身教育法治现代化是新时代的必然要求。然而,在制度维度、操作维度和意识维度上,终身教育法治现代化都存在一些不足。目前,我国在终身教育的法治实践中遇到了一些困难。因此,作者提出了以科学立法体系为基础、以构建全民终身学习的现代教育体系为目标、以公民终身学习权利从"赋予"到"实现"为重心的行动策略,旨在实现中国式终身教育的法治现代化。

4.吴雪萍、李默妍.法国的终身教育推进机制及其启示[J].外国教育研究,

2021（11）。

文章首先详细阐述了法国终身教育的五大推进机制，分别是法律保障、经费筹措、技术支撑、社会参与以及学习激励。这些机制共同构成了其终身教育的发展体系。其次，文章从国家主导的终身教育组织模式、关注公民终身职业发展以及重视终身教育质量保障三个方面，简述了法国终身教育推进机制的特色。最后，文章提出，我国在构建终身教育的推进机制时，可以进一步参考法国等国的经验，从法律保障、经费筹措、技术支持、社会参与、学习激励、就业服务以及质量保障等多个维度来完善和优化。

5.任卓冉.终身学习趋势下高等教育微证书的逻辑理路与实施框架［J］.高校教育管理，2023（2）。

在高等教育领域，微证书具有快捷、灵活、实用等特点，能更好地联结学习者与劳动力市场，平衡各利益相关者的关系，帮助传统高等教育适应终身学习时代的整体趋势。文章首先阐述了高等教育微证书的概念、发展动因及潜在风险。其次，基于此论述了高等教育微证书发展的现实路径。最后，分析了我国高等教育微证书发展的现状，并提出了构建我国高等教育微证书实施框架的具体措施。

6.【英】迈克尔·奥斯本、【澳】彼得·凯恩斯.终身教育理论与新实践丛书：学习型城市——发展包容、繁荣和可持续的城市社区［M］.北京：教育科学出版社，2016年9月。

本书汇集了世界各地著名终身教育研究者撰写的文章，涵盖了亚洲、非洲、拉丁美洲、欧洲、中东和北非等地区的学习型城市建设工作，同时，本书也介绍了学习型城市的评价框架以及质量保障等问题，系统而全面地展示了学习型城市这一议题的各方面。本书旨在配合学习型城市国际平台的发展，动员各个城市交流如何有效利用各领域的资源，用以发展和丰富人类的潜能，进而促进个体的终身发展，推动公平与社会正义，保持和谐社会的凝聚力，并创立可持续繁荣的发展前景。

7.徐莉.中国终身教育体系构建改革试点研究（2010—2015）［M］.福州：福建教育出版社，2019年9月。

本书是关于中国终身教育改革的一项案例研究，研究的视点聚焦于2010—2015年，在中国大地上由国家首推的两个终身教育体系构建改革试点项目：学习型城市建设和开放大学建设。本研究系统梳理了国内外终身教育的研究背景及现状，创造性地运用了复杂适应系统理论，在新的理论解释框架内审视我国的终身教育改革案例。同时，从不同视角对试点改革路径进行了审视与反思，是对我国终身教育改革实践的一次系统的理论化梳理。

8.张东平.区域成人高校完善终身教育大平台的实践研究［M］.上海：复旦大学出版社，2019 年 12 月。

本书在阐明了终身教育大平台的理论基础上，从党建引领、学生职业能力提升、开放教育资源共享、社区教育办学网络建设支持服务、域内民非教育资源的整合、教学质量评价方法探究、云视课堂应用与推广以及新时期校园文化建设等八个方面，对区域成人高校完善终身教育大平台的理论和实践做了系统的研究。本书探讨了区域成人高校由学历教育机构向终身教育机构的转型，以及助力学习型城区建设的理论和实践。这是对终身教育体系建构的可贵探索，对于同类学校具有较高的借鉴价值。

9.陈丽.中国教育改革开放 40 年：终身教育卷［M］.北京：北京师范大学出版社，2019 年 2 月。

这套丛书对于梳理中国教育改革开放 40 年的成果，总结其经验与教训，探索中国教育发展之路，非常具有出版意义和学术价值。本套丛书从 12 个方面，义务教育、学前教育、高等教育、教师教育、课程与教学、政策与法律、关键数据与国际比较、教育技术、职业教育、民办教育、高中教育、终身教育来整体回顾中国教育改革开放 40 年的成果与经验，讲好中国故事，树立中国案例。

第三章 我国服务全民终身学习的教育实施机构：现状与问题

当前，全民终身学习服务机构的管理仍面临一些挑战。一方面，一些机构的服务质量差强人意；另一方面，服务范围相对受限，往往局限于特定人群或领域，未能广泛覆盖各类学习者的需求。同时，在服务方式上，部分机构过于依赖传统的面对面教学模式，忽视了在线学习等新型方式的优势。鉴于此，我们必须深入研究这些问题，并积极寻求改进之策，以期更好地服务于全民终身学习的宏伟目标。

一、正规教育实施机构存在的问题

（一）正规教育在服务全民终身学习教育体系中的功能定位

1.正规教育实施机构的概念及细分

教育机构是指进行各种教育工作的场所和教育机关。从狭义层面来看，它主要指各级各类学校；而从广义层面来说，它则包括各级各类学校机构、学前教育机构、校外教育机构、成人教育机构、教育行政机关以及教育研究机构等。

教育实施机构是指实施教育学习功能、提供教育学习服务的场所、机关和团体等，包括家庭教育机构、学校教育机构和社区教育机构。

正规教育实施机构是指经教育管理部门许可，其直接目标是影响入学者的身心发展，由专职人员承担的有目的、有组织、有计划的全面、系统训练和培养活动的教育机构。

正规教育实施机构主要包括学前教育（幼儿园、学前班），初等教育（公办小学、民办小学，成人初等学校<扫盲班>），中等教育（普通教育类：普通初中、完全中学<初中段>、职业初中、普通高中、完全中学<高中段>、职业高中、技工学校、中等专业学校；成人教育类：成人中等学校），高等教育［普通教育类：本专科大学、学院、开放大学、高等专科（高等职业）学校、研究生大学、大学外研究机构；成人教育类：广播电视大学（即开放大学）、职工学校、农民学校、（党政）管理干部学院、高等学校函授部、教育学院、独立函授学院］。

2.正规教育在服务全民终身学习教育体系中的功能定位分析

（1）正规教育是服务全民终身学习教育体系的重要组成部分

中国台湾地区成人及终身教育学会理事长黄富顺教授在《比较终身教育》一书中提出：终身教育是在正规、非正规及非正式的教育情境中发生的。所谓正规教育，是指在正规学校系统内的教育活动；非正规的教育活动是指正规学校系统外的各种有组织、有系统的教育活动；非正式的教育活动则是指在日常生活或环境中所产生的行为或态度的改变，是一种非经特殊安排的教育情境①。终身教育作为一个广泛的教育概念，涵盖了个人从出生到生命结束期间的连续学习和发展过程。它基于这样的理解，构建了一个综合的教育体系，这个体系不仅包含正规教育，也涵盖非正规和非正式教育形式，旨在推动不同级别和类型的教育之间的协调发展。在这个"三位一体"的教育模式中，正规教育系统作为核心组成部分，对终身教育体系的建设和完善至关重要。在分析和研究终身教育体系时，我们不应仅关注非正规和非正式教育方面，而应广泛观察、评估和深入探究该体系的每一个构成要素。这要求我们既要清晰地认识正规教育的作用，也要理解非正规和非正式教育如何与正规教育相互衔接和互补，共同构建一个全面支持个体终身学习和成长的教育架构。因此，我们研究终身教育体系时，不能只重视研究非正规与非正式教育，而忽视正规教育的研究，否则研究必然是"跛脚"的。2019年，《中国教育现代化2035》正式颁布，其中特别强调指出，要建成服务全民终身学习的现代教育体系。这既是终身教育发展到一定历史阶段的时代要求，也是未来社会对终身教育深化发展提出的新任务与新目标②。2022年，党的二十大报告指出要推进教育数字化，建设全民终身学习的学习型社会、学习型大国。因此，正规教育也是服务全民终身学习教育体系的重要组成部分。

---

① 黄富顺.比较终身教育［M］.台北：五南图书出版股份有限公司,2003.
② 吴遵民.服务全民终身学习教育体系构建的若干思考：基于服务与融合的视角［J］.中国远程教育,2020(7)：16-22,68.

（2）正规教育是服务全民终身学习教育体系的基础

正规教育，是以学校为核心且拥有丰富的教育资源和一个正规完善的教育体系与架构。高质量的学校教育为个人持续学习提供了坚实的基础，是终身学习旅程的重要起点。通常情况下，受教育水平越高，个人参与终身学习和教育的自觉性也越强。因此，只有在正规教育系统健全发展的基础上，构建服务于全民的终身学习教育体系才能成为可能。正规教育与服务于全民的终身学习教育体系并非孤立无关，而是存在着紧密的联系。构建终身学习体系并不意味着要废弃现有的正规教育系统，另起炉灶创建一个独立的结构。相反，终身教育体系应当是在正规教育坚实基础上的拓展和提升，旨在整合并优化现有的教育资源。

当前，有一种观点认为终身教育体系仅仅是学前教育、义务教育、高中教育、职业教育、高等教育以及继续教育的简单组合。这种观点认为，只要将正规教育体系与继续教育模块结合，便构成了终身教育体系。然而，这种看法过于简化了终身教育的概念，没有充分理解服务于全民的终身学习教育体系的深层含义。实际上，正规教育与终身学习教育体系是部分与整体的关系。整体并非简单的部分相加，而是一个有机的统一体。各组成部分通过特定的结构相互联系和作用，共同塑造出整体的新属性和规律。一个服务于全民的终身学习教育体系远不止是教育层次和类型的简单叠加，它是基于终身教育理念和原则，为了实现特定的社会及教育发展目标而建立的。这个体系面向全民，贯穿个体的一生，具有连续性和统一性。

我们应当运用终身教育的理念来整合各种教育和培训形式，促进正规教育与非正规、非正式教育之间，以及学历教育与职业培训等各类非学历教育之间的衔接与交流。我们的目标是建立一个纵向连接、横向互动的全民终身学习网络，从而推动不同级别和类型的教育协调发展，实现资源共享和优势互补。因此，在构建终身教育体系时，我们不应仅仅停留在简单地将各个教育阶段和类型叠加在一起。相反，我们应当深入挖掘终身教育理念的内涵，并将其充分运用到教育体系的构建中。只有这样，我们才能建立起一个真正服务于全民、贯穿个体一生、具有连续性和统一性的终身学习教育体系。

(二)正规教育实施机构的问题

1.正规教育实施机构设置的问题

(1)学前教育阶段

《中华人民共和国学前教育法(草案)》将学前教育置于终身教育的背景下,明确规定学前教育是学校教育制度的起始阶段,是国民教育体系的重要组成部分。

①农村幼儿园安全和教学设施不达标。

学前教育涵盖了从胎儿期到学龄前的整个阶段。这一阶段的教育对于一个人的一生具有至关重要的意义,因为它是个人终身教育旅程的起点。在这个阶段,一个人的基本品行、对生活的积极态度、广泛的兴趣以及大脑的功能和潜能都得到培养和发展。学前教育不仅仅是一个阶段,更是人生的一个重要里程碑。在这个阶段,孩子们开始接触到知识,开始启蒙,开始形成各种基本的技能和能力。通过知识的启迪、技能的培养、能力的提升,学前教育为个人的终身教育奠定了坚实的基础,为未来的学习和成长搭建了一个良好的平台。

然而,目前的情况并不乐观。特别是在农村地区,幼儿园的安全和教学设施往往难以达到标准,这导致许多儿童在学前教育阶段无法得到应有的教育和培养。这种情况不仅影响了儿童的个人发展,也对全民终身学习教育体系的构建造成了不利的影响。因此,我们需要高度重视学前教育,特别是在农村地区,需要投入更多的资源,提高幼儿园的安全和教学质量,确保每一个儿童都能在学前教育阶段得到良好的教育和培养,从而为他们的未来打下坚实的基础。

农村幼儿园的基础设置存在一定程度的安全隐患。部分幼儿园园舍建筑不达标,且安全措施未能得到有效落实,这使得农村幼儿园师生的人身安全以及教学活动的正常进行都面临严重威胁。据《中国教育年鉴》统计,2020年乡村幼儿园校舍建筑总面积为 80 180 521.93 平方米,其中危房面积仍有 123 759.41平方米。在当今社会,幼儿园作为孩子们的第二个家,其安全和教育质量受到广大家长和社会各界的高度关注。特别是在跨区域进行远距离招生的幼儿园中,校车接送问题成为一个不容忽视的焦点。一些校车存在质量问题,不仅可能威胁孩子们的安全,还可能因司机缺乏合法驾驶资格或超载情况,进一步加剧安全隐患。此外,农村地区的幼儿园在安全和健康保障方面也面临严峻挑战。许多幼儿园缺乏基本的保安人员、保健医生和医务室等设施,导致孩子们在突发情况下无法得到及时有效的处理。同时，日常的晨检工作往往流于形式，甚至是不执行，这无疑影响了对幼儿健康状况的监控和管理，也可能对孩子的健康构成潜在威胁。再者，保育员的职业门槛设置较低，他们很少接受专业的保育职业培训，对科学的保教方法缺乏了解。这不仅可能影响孩子们的日常学习和生活，还可能对他们的身心健康产生不良影响。

在教育资源方面，农村幼儿园普遍存在教具和玩具的短缺问题。多数教室仅配备简单的桌椅，墙面装饰匮乏，难以营造一个丰富多彩的学习环境。至于大型玩具，如蹦床和滑梯，它们通常陈旧且破损，但由于预算受限，农村幼儿园往往无法定期进行维护和检修。这些因素共同作用，可能会影响幼儿的成长和学习体验。从幼儿园教育质量的结构性指标来看，如生均园舍面积、生均图书册数、生均室外（内）活动面积的近五年基尼系数显示，尽管有逐渐减小的趋势，但差距仍然十分明显。而城乡生均园舍面积和室内（外）活动面积呈现先减后增趋势，生均图书册数则呈现逐渐递增趋势。然而，与城镇幼儿园相比，我国乡村地区的办园条件和幼儿学习生活条件依然相对落后。

②学前教育园所数量不足、师资短缺问题突出。

从学前教育入园幼儿数来看，中华人民共和国成立初期在园幼儿仅 14 万人，毛入园率为0.4%。而到了 2021 年，在园幼儿数已达 4 805 万人，毛入园率已提升至 88.1%，这意味着在园人数增长了 343 倍，入园率提高了 87.7%。这一方面表明，经过 70 年的建设与发展，人民生活水平显著提高，学前教育理念深入人心，普通家庭对学前教育的需求快速提升；但另一方面，也反映出幼儿园快速发展的规模仍无法满足幼儿入园的需求，当前学前教育整体呈现供不应求的局面。例如，目前国内幼儿园总数已达到 29.48 万所，但仍需承担总数为 5 454 万幼儿的庞大需求。此外，城乡发展不均衡问题尤为突出，截至 2017 年，城镇学前三年毛入园率已达 96.56%，而农村仅为 37.03%，两者相差约 60 个百分点①。

有学者预测，全国学前教育园所需求数将在 2022 年达到峰值 34.18 万所，到 2035 年下降至 24.29 万所；全国学前教育专任教师需求数在 2022 年将达到峰值 410.18 万人，到 2035 年下降至 291.53 万人。与 2018 年相比，国家在 2022

① 张玲，裴昌根，陈婷.我国学前教育城乡均衡发展程度的测评研究：基于基尼系数的实证分析[J].西南大学学报(社会科学版),2020(2):96-106,193.

年之前需增加幼儿园数 7.51 万所,增加配备学前教育专任教师 152.04 万人①。人才储备及优质师资队伍的建设,历来是学前教育的短板。截至 2021 年底,全国专任幼教老师仅为 308 万人。按每班"两教一保"的标准测算,尚缺 52 万人②。而农村地区的教育环境相对滞后,教师的工资和福利待遇较低,同时他们承受着较大的教学压力。加之社会对幼儿教育行业的尊重和认可不足,这些因素共同导致了一个现象:许多人不愿意选择学前教育作为职业道路。这种状况进一步加剧了农村幼儿园教师的短缺问题,普遍出现了大班额的情况。面对师资的紧缺,农村幼儿园往往不得不采用临时聘用教师的方式来应对,这进一步增加了教师队伍的不稳定性。此外,农村地区的幼儿教师普遍学历不高,大多数仅有专科或更低学历,而且不少教师尚未取得正式的教师资格证书。这样的教育背景和资质水平,严重影响了教师的专业能力,成为阻碍农村学前教育发展的关键因素③。

（2）基础教育阶段

就基础教育而言,培养具有高度学习自觉性和自主学习能力的新一代学习者,是建成学习型社会最重要的条件。良好的学校教育是学习者终身学习和构建终身学习体系的基础④。基础教育包括九年义务教育的普及和提升,被视为国家教育事业发展的根基,以及构建全民终身学习体系的战略核心。自 1978 年开始实施的经济改革和对外开放政策,为中国的教育事业带来前所未有的发展机遇。在此背景下,国内的义务教育经历了快速的发展,取得了举世瞩目的成就。在短短 25 年的时间里,中国全面实现了九年义务教育的普及,这一成就在人类的教育历史上都是罕见的奇迹。随着时代的发展,进入新时代的中国社会,对义务教育的期望已经发生了深刻的变化。人们不再仅仅满足于孩子能够上学,而是期待孩子们能够接受到高质量的教育,即"上好学"。这种转变反映了社会对教育质量的更高要求,也体现了人们对未来公民素质的期待。然而,尽管中国的义务教育取得了巨大的进步,但当我们深入考察当前的教育状况

① 周文龙,李玲,刘一波.学前教育现代化战略与路径研究:基于学龄人口预测[J].中国电化教育,2020（5）:80-87.
② 杨婷,吴遵民.终身教育背景下学前教育发展的路径与机制:读《中华人民共和国学前教育法（草案）》[J].现代远距离教育,2020(5):18-25.
③ 胡永红.当前农村学前教育发展状况及策略[J].核农学报,2020(11):2629.
④ 郝克明.中国终身学习的进展与制度建设[J].教育研究,2010(11):36-38.

时,不难发现,要满足人民群众对高质量教育的新需求,中国的义务教育体系仍有一段不小的距离要走。当前,中国义务教育面临着一些迫切需要解决的问题。例如,在城镇地区,随着人口的集中和教育资源的紧张,班级规模过大的问题变得尤为突出。这不仅影响了教学质量,也给教师的教学工作带来了巨大的压力。

目前,我国优质的教育资源主要汇聚在城镇地区,导致资源分布呈现集中化倾向。随着农村居民希望子女能够接受城市优质教育的愿望日益增强,受限于学校设施和教师数量的限制,许多城镇及县城的公立学校不得不扩大班级规模来应对学生数量的激增,从而出现了众多"大班额"的情况。所谓"大班额",即指班级中学生人数超过官方规定的上限,形成人数过多的班级。这种现象对学校、学生和老师都产生了直接或间接的不利影响。它不仅破坏了义务教育的公平性原则,还加剧了城乡间以及不同学校间的教育资源不均衡问题。在当前的教育背景下,学校之间资源分配的不平衡和学生在学习过程中面临的不公现象愈发突出,这不仅影响了教学质量,妨碍了学生的全面发展,也增加了教师的工作负担①。根据我国义务教育学校班额标准的要求,小学和初中班额应分别不超过45人和50人。然而,据中国教育统计年鉴显示,2018年小学班额情况统计中,在2 753 904个班级中,45人以上的班级还有939 899个,占据总数的34%左右;2018年初中班额情况统计中,在1 000 970个班级中,55人以上的班级还有99 152个,依然占据总数的10%左右。其中,城镇的大班额问题尤为突出。由此可见,解决城镇义务教育大班额问题仍然任重道远。

（3）中等职业教育阶段

我国社会发展已进入飞跃发展阶段,产业升级和经济结构调整不断加快,各行各业对技术技能人才的需求愈发紧迫,职业教育的重要地位和作用日益凸显。然而遗憾的是,在当今社会,中等职业教育依然面临一定程度的歧视和偏见。对许多家长而言,让孩子就读中等职业学校往往被视为一种"无奈的选择",而非积极主动的决定。社会中普遍存在着一种观念,即认为中等职业教育培养出的人才学历较低,容易受到歧视,且所从事的职业可能面临较快的淘汰风险。这种困境反映了一个更广泛的社会现象:尽管政策层面给予高度重视,

---

① 李琰,王献玲."大班额"视角下义务教育公平问题浅析[J].天津师范大学学报（基础教育版）,2010（3）:26-28.

但社会大众和家长们仍然倾向于重视普通高等教育文凭，而相对忽视职业技能的培养。这种上层政策热度与社会认可度之间的"上热下冷"差异，导致技能型人才的发展途径受限，晋升通道受阻。这不仅不利于终身教育体系的建设，也给中等职业教育与高等职业教育之间的衔接带来了障碍。

（4）高职教育阶段

自1999年以来，中国的高等职业教育经历了快速的发展，为高等教育体系注入了多样性和活力。然而，在这一进程中，也暴露出了一些问题和倾向。首先，一些高校在不考虑社会需求和自身条件的情况下，盲目追求更高层次和综合性的发展，试图将专科院校升级为本科院校，这导致了高等教育结构层次的不合理。其次，重点大学在追求规模和全面性的同时，可能会忽视对专科职业技术学院的合理布局，从而影响了多层次、多形式教育体系的健康发展。此外，受传统教育模式的影响，学制和学位制度方面仍存在单一化和不完善的问题。这些现象表明，尽管中国高等教育多样化发展迅速，但在追求发展的同时，也需要关注结构的合理性和制度的完善。

在理想状态下，两年制的高等职业教育是多元化高等教育体系中不可或缺的一部分，扮演着至关重要的角色。这种教育模式旨在为学生提供专业技能的培训，同时保持教育体系的多样性和灵活性。然而，实际情况却不尽如人意。在我国当前的高等教育体系中，由于过度的同质化趋势，高等职业教育这一环节的独特性和多样性并未得到应有的重视和发展。具体来说，大专层次的高等职业教育尚未建立起与学术性高等教育相匹配的学位制度。这在一定程度上限制了高职教育的发展空间，也影响了社会对高职教育的认可度。长期以来，我国的高等职业教育以三年制为主，而最高的学历层次通常停留在大专水平。这样的结构缺乏层次感，尚未形成完整的职业发展梯度。

对于那些希望继续深造的高职毕业生来说，他们常常面临一个尴尬的局面：若想追求更高层次的教育，就必须转入以学术研究为主的高等教育体系，这与他们原先接受的职业技能培训有着本质的区别。这种现象不仅对个人职业发展造成困扰，也对整个职业教育体系的连贯性和完整性构成了挑战。因此，在推进高职教育两年制改革的过程中，如何有效解决学生对于继续深造的需求，确保他们能够在职业教育体系内找到适合自己的发展路径，已成为影响职业教育发展的一个重要障碍。这不仅需要政策制定者、教育工作者和社会各界的共同努力，还需要对现有教育体系进行深入的反思和创新性的改革，以实现高等职业教育的多样化和高质量发展。

2.正规教育实施机构运行的问题

（1）学前教育阶段

鉴于幼儿身心发展的独特性，幼儿园教育以游戏为基本活动形式，注重保育与教育的有机结合。然而，出于多种考量，部分幼儿园过早地对幼儿进行"小学化"教育，甚至在幼儿园课程中加入了拼音等更倾向于小学教育的内容，抑或将特色课程作为幼儿园的全部课程。这种行为严重违背了幼儿园教育规定中强调的必须遵循儿童身心健康发展规律、实行科学保教、确保儿童健康成长的原则，对幼儿园教育儿童无忧无虑的童年生活造成了极大的破坏①。

近年来，幼儿园教育"小学化"的现象引起了社会各界的广泛关注。为了有效应对这一问题，国家和地方的教育主管部门纷纷采取了行动，制定并实施了一系列政策措施。这些政策旨在纠正幼儿园教育中存在的"小学化"倾向，确保幼儿教育回归到适合儿童发展的轨道上。在 2018 年，我国教育部针对幼儿园教育"小学化"的问题，发布了《关于开展幼儿园"小学化"专项治理工作的通知》。该通知明确提出了严格的规定，包括"严禁教授小学课程内容"，要求幼儿园不得提前教授小学阶段的课程内容。同时，通知还强调了"纠正'小学化'教育方式"的重要性，要求幼儿园采用符合幼儿身心发展规律的教学方法，避免将小学教育模式强加于幼儿教育之中。此外，"整治'小学化'教育环境"也是通知中提出的重要任务之一，要求幼儿园营造适合幼儿学习和成长的环境，而非模仿小学的教学环境。

为了进一步落实这些治理任务，教育部要求小学坚持"零起点教学"，即小学一年级的教学应从最基础的内容开始，不预设学生已经掌握了幼儿园阶段的学习内容，从而确保小学教育的合理起点。到了 2021 年，我国教育部再次发布了《关于大力推进幼儿园与小学科学衔接的指导意见》。这份指导意见进一步明确了幼儿园与小学之间的衔接问题。它指出，要改变过去过度重视知识准备，甚至出现超标教学、超前学习的状况。为此，需要规范学校和校外培训机构的教育教学行为，确保它们不会对幼儿进行不适合其发展阶段的教学。同时，

---

① 陈蓉.幼儿园教育"小学化"倾向的现状及解决策略研究：以江苏省 T 市为例[D].镇江：江苏大学，2020.

指导意见还强调了合理做好入学准备和入学适应工作的重要性，以促进幼儿园与小学之间的科学衔接。通过这些政策的实施，幼儿园教育"小学化"的问题得到了有效遏制，情况也有了阶段性的缓解。幼儿园和小学之间的衔接变得更加顺畅，幼儿教育的质量和效果也得到了提升，为孩子们的健康成长和全面发展奠定了坚实的基础。

（2）基础教育阶段

自20世纪50年代起，我国便开始着手制定中小学生减负政策，旨在减轻学生过重的课业负担，促进他们在德育、智育、体育、美育和劳动教育等方面的全面发展。这些政策涵盖了各种法律法规、规定、意见和措施，并颁布了多种指示报告、发展规划等。然而，到目前为止，中小学生课业负担过重的问题依然未能得到妥善解决。中小学校课业负担过重，导致素质教育难以全面实施，学习兴趣、学习习惯和创新能力等核心素养培养不足。这些问题进一步影响了学生在社会适应性和可持续发展能力方面的表现。因此，我们仍需继续努力，寻找更有效的解决方案，以切实减轻学生的课业负担，促进他们的全面发展。

（3）中学教育与高等教育阶段

长期以来，我国中学教育与大学教育存在脱节现象，普遍认为是差距较大的。主要体现在以下三个方面：一是中学与大学教育在办学理念上存在脱节，中学教育理念缺乏对大学教育的关照；二是未能建立起中学与大学教育有机衔接与融合的课程体系；三是我国大学招生考试制度使得中学与大学教育缺乏有机互动。这些问题难以满足新时期我国对拔尖创新型人才培养的现实需求，不利于中学与大学教育的有机互动与良性发展①。

在我国，中学教育与大学教育的脱节是一个长期存在的问题。中学对大学教育缺乏了解，而大学对中学教育则不够重视，这种情况普遍存在。这种脱节不仅使大学难以招收到数量和质量兼备的优秀学生，也让中学毕业生进入大学后难以迅速适应新的教育方式，从而面临学习上的挑战。中学教育往往对大学教育目标和方法知之甚少，而大学教育似乎对中学生的培养成果不甚关心。双方似乎只关注自身的一部分职责——中学致力于提高学生的升学率，大学则以

---

① 伍宸,朱雪莉.我国中学与大学教育衔接与融合的现实困境与突破:基于英国的经验与启示[J].河北师范大学学报(教育科学版),2021(1):87-95.

高水平一流大学为发展榜样,主要目标是吸引更多的尖子生①。高中教育与大学教育之间原本应有的系统化和生态化的教育链条,被人为地割裂了。高中只管输出学生,而大学只管接收学生。这种割裂状况导致大学和中学教育体系之间应有的紧密联系被削弱。在知识经济时代,随着对"人才资本"的竞争日益激烈,大学已从社会的边缘走向中心舞台。在高等教育机构之间的竞争中,优质学生资源的争夺尤为激烈。如果大学不积极寻求与中学教育的有效衔接,它们在这场激烈的竞争中将难以获得优势。然而,许多大学自视甚高,不愿与中学进行深入的交流和合作,这不仅违背了教育发展的根本原则,也不利于大学自身的长远发展。

(4)中高职教育专业设置与课程衔接问题

①中高职教育专业设置缺乏统一界定。

专业建设不仅是中高等职业学校建设和发展的关键组成部分,更是推动职业学校教育教学改革的重要载体。它居于全面提高教育教学质量的核心地位,对于提升职业教育的整体水平和质量具有核心作用,是形成办学特色的基础性工程,更是培养适应地方经济社会发展人才需求的重要条件。近几年,我国的中高等职业教育经历了快速发展,专业种类不断增加,规模也在持续扩大。然而,从整体来看,职业教育在专业的设置和布局、课程与教材的开发、教师队伍的数量和素质、实训基地的构建以及专业教学评价等方面,仍无法完全满足社会经济迅猛发展对高质量技术人才和技能型人才的迫切需求。目前,中等职业学校主要依据 2010 年修订的《中等职业学校专业目录》来设置专业,这主要反映了市场需求和职业化的特征,涉及的专业类别繁多而具体;而高等职业院校则是依据《普通高等学校高职高专教育指导性专业目录(试行)》以及 2011 年确定的《补充专业名单》来设置专业,这体现了高等教育的特点和学科化的倾向,其专业分类广泛而深入。这两个目录在专业的命名、分类以及内容设计上缺乏一致性。例如,《中职专业目录》中"继续学习专业举例"一栏列出的救援技术、城市监测与工程技术、计算机网络安全与管理、旅行社经营与管理等 16 个专业,并不包含在《高职专业目录》及其补充名单中,导致许多中职毕业生难以找到与之对应的高职专业,造成了中高职教育之间专业衔接上的断层。

① 陈国华.高中与大学衔接的现状反思与改进路径[J].当代教育科学,2016(6):3-6.

②中高职教育课程体系缺乏递进式衔接。

在我国的教育体系中，由于受到招生计划的限制，中高等职业教育的发展模式仍然以"分段式"衔接为主。这种教育模式的特点是，中等职业学校专注于培养学生的职业技能，以满足职场的直接需求。为此，中等职业学校建立了一套以具体工作岗位需求为中心的课程体系，强调实践操作和技能培训，以确保学生毕业后能够迅速融入工作环境。相比之下，高等职业院校则主要面向那些没有接受过职业技能教育的普通高中毕业生。这些院校在追求学科知识体系的完整性的同时，也会根据自身的培养目标来构建课程体系。然而，这种各自为政的课程设置方式往往导致文化课程与专业课程之间内容脱节，甚至在某些情况下出现重复现象，这对教育资源的有效利用和学生的学习效率都产生了不利影响。

尽管有一些试点院校尝试实行了"一体化贯通"模式，旨在打破中高职教育之间的界限，实现无缝对接，但这些院校在开发专业课程体系时，仍然是基于自身的条件和资源进行的。因此，这些院校的成功经验并不容易为其他院校所复制，因为每所院校的条件和资源都有所不同。这种自主开发的模式可能会导致劳动的重复和资源的浪费，因为它阻碍了教育经验和资源的共享。此外，中等职业学校在"双师型"教师队伍的建设、校本教材的开发以及实习实训设备的配备等方面，由于起步较早，相较于从高等教育体系转型而来的高职学校，拥有更为完善的职业教育资源。这种资源优势使得一些中等职业学校在专业技能实训课程方面表现出色，甚至出现了"倒挂"现象，即中等职业学校的实训水平超过了一些高等职业院校。这种现象不仅削弱了高等职业教育毕业生的职业竞争力，也降低了中高职教育衔接的吸引力和社会贡献度，对整个职业教育体系的协调发展产生了不利影响。

二、非正规教育实施机构存在的问题

（一）非正规教育实施机构在服务全民终身学习教育体系中的功能定位

1.非正规教育实施机构的概念及细分

在过去，人们普遍认为，真正的学问和知识只能通过传统的正规教育渠道获得，而非正规教育则被认为难以跻身教育的高雅殿堂。这种观念将非正规教育视为次等教育，不足以与正规教育相提并论。然而，随着时间的推移，特别是在终身教育理念的推动下，人们开始认识到非正规教育与正规教育同样重要，它们都是终身教育体系中不可或缺的组成部分，彼此之间不可替代。近几十年来，非正规教育在世界各地迅速崛起，成为一道靓丽的风景线。其发展势头之迅猛，以至于被许多人誉为教育领域的"第三次浪潮"。在我国，这个正处于快速现代化进程中的发展中国家，非正规教育的发展尤为显著。《面向 21 世纪教育振兴行动计划》明确提出了在 2010 年基本建立终身学习体系的目标，这标志着我国对终身教育的重视和承诺。

到了 2019 年，教育部办公厅发布的《关于服务全民终身学习 促进现代远程教育试点高校网络教育高质量发展有关工作的通知》进一步强调了现代远程教育试点高校在网络高等学历教育方面取得的显著成就。这些成就不仅推动了现代信息技术与教育教学的深度融合，还有效地服务于高等教育的大众化进程。同时，这些努力在构建服务全民终身学习的教育体系以及建设学习型社会等方面，发挥了至关重要的作用。由此可见，我们必须从思想上高度重视非正规教育的战略地位，将其置于教育改革和发展全局的核心位置。为了确保终身教育体系的顺利实现，我们需要采取切实有效的措施来保障非正规教育的发展。这包括政策支持和资金投入，以及加强对非正规教育质量的监管和提升，同时加强对公众的宣传教育，让人们充分认识到非正规教育的价值和重要性。只有这样，我们才能真正实现教育的全面普及和提升，为每个人提供终身学习的机会，共同迈向一个知识丰富、技能多样、充满活力的学习型社会。

非正规教育的实施机构是指在正规教育实施机构之外，有组织地进行的，为成人和儿童提供选择性的、以能力提升为主要目标的教育机构。这些机构涵盖了学前阶段教育、家庭教育、工作后的继续教育、培训教育以及老年教育等多个领域。

非正规教育机构主要包括学前教育（如学前早教机构），初等教育、中等教育（如青少年教育培训机构：中小学课外辅导机构、青少年校外培训机构；青少年文化教育机构：青少年文化活动中心、青少年校外研学基地、少年宫、少年之家、妇女儿童活动中心），成人继续教育（如成人教育与培训机构、普通高校继续教育学院、普通高校研究生院、成人教育学院、广播电视大学、职工学校、管理干部学院、教育学院），成人学习培训（如企业人力资源部门、行业教育系统培训部门、各类盈利性培训机构,如语言培训机构、资格证书培训机构、技术学习培训机构等),社会教育(如青少年社会教育机构,涵盖中等教育部分),社区教育(如社区街道、社区学院、社区内中小学或企业开设的教育项目),老年教育(如老年大学、社区学院提供的老年教育课程),以及学习型城市的建设(国家层面包括教育部、全国学习型城市建设联盟、中央文明办、中华全国总工会、国家发展改革委、民政部、文旅部等;地方层面包括各市委市政府下设的工作领导小组或促进委员会,地方开放大学等学校教育机构、学习型企业培训部门、社区学院或学习点等)。

2.非正规教育在服务全民终身学习教育体系中的功能定位

(1)非正规教育具有正规教育不可替代的特殊功能

非正规教育以其灵活性弥补了传统正规教育体系的不足,成为教育结构中不可或缺的一部分。首先,非正规教育在消除文盲和推广基础教育方面扮演着关键角色。它主要服务于那些错失传统学校教育机会的人群,尤其关注为处于不利地位的社区和弱势群体提供补充性教育。虽然这种教育方式可能不提供全面和系统的学术知识,但它满足了特定人群的教育需求。众多国家的经验表明,尤其是发展中国家,仅依靠正规教育系统来实现文盲消除和基础教育普及面临巨大挑战。在一些国家,多达三分之一的适龄儿童无法入学。正规教育系统中还存在辍学和不合格问题,这些问题往往导致新的文盲产生。对于未能进入学校或中途退学的孩子来说,由于正规教育在入学要求、年龄限制、学习时间、课程内容和学生管理等方面有严格规定,重返学校的难度很大。而非正规教育提供了补救机会,方便他们接受适宜的教育,确保教育的民主性和平等性。其次,在职业技能培训和继续教育方面,传统的正规学校教育往往侧重于基础知识,着重为学生的将来生活做准备,而不足以满足现实工作市场的需求。职业技术类课程常常被边缘化,甚至形同虚设,导致学生毕业后难以直接投入工作。而非正规教育则能更加灵活地适应市场需求,提供职业技能培训和继续教育,帮助学生更好地适应现实工作环境。

非正规教育,作为一种灵活且多元化的教育形式,采取"按需施教"的策略,即根据学生在技能和知识上的空缺,有针对性地进行补充和培训。这种教育方式不仅能够为学生提供实用的技能训练,确保他们顺利融入生产劳动过程,还能够增强他们的职业灵活性,使他们能够轻松地在不同的工作岗位之间转换,或在不同的生产部门之间迁移。非正规教育的一个显著特点是服务于特定群体的特殊需求，它以受教育者的实际需求为核心，因此，它更加注重实际经验的传授，而不是抽象理论的讲解。这种教育模式强调对事业和技术的培养，使人们能够学习到具体、必需的职业技能，从而更好地参与生产、生活和创造活动，提升个人的社会地位和生存价值。非正规教育的这种直接目的，对许多人来说，具有极大的吸引力。在当今社会，科学技术的发展日新月异，传统的正规学校教育已无法一次性提供人们终身所需的全部知识。对于那些已具备丰富科学文化知识和专业技能的人来说，他们构成了一个庞大的群体。对于这部分人群，非正规教育成为他们继续接受教育、不断更新知识和增长才能的重要平台，就像一个加油站，为他们提供持续学习和发展的机会。此外，随着社会经济的进步，劳动生产率的持续增长导致了社会必要劳动时间的减少，这一变化不仅提高了人们的生活水平，还延长了平均寿命并增加了闲暇时间。对于逐渐摆脱贫困、步入小康乃至富裕生活的人群而言，非正规教育中的闲暇教育变得尤为重要。它使人们能够学习生活技能和技巧，享受人类的精神文明成果，丰富文化生活，追求更高的生活质量，并提升个人的生活品位。

（2）非正规教育具有大众化与灵活性的特点

非正规教育已经在实际中超越了传统教育体系的界限，它挑战了正规教育将学习限制在固定时间和地点、以应试教育和选拔淘汰为核心的模式，并弥补了贫困、文盲和失业人群的需求。非正规教育批判了这种体系导致的高辍学率和社会不平等现象。凭借其适应社会多元化需求的能力，非正规教育打破了传统教育的局限，有效扩大了社会成员接受教育的机会，促进了人力资源的开发。它更注重学习者的兴趣和内在动力，是一种以学习者为中心的更民主的教育形式。非正规教育旨在提升劳动者素质，增强教育的功能和活力。它根据社会发展和人的多样化、终身性需求来设计和实施，不受年龄或资历的限制，教育人员可以是专职或兼职，甚至包括志愿者。在教学内容和方法上，非正规教育更加灵活多变。

非正规教育作为一种教育模式，在全球范围内的兴起和发展，不仅揭示了国际教育发展的重要趋势，也在不同经济发展水平的国家中展现出了广泛而迫切的需求。这一现象的出现，源于非正规教育所具备的多重优势及其在社会进步中的重要作用。首先，非正规教育为那些由于各种原因未能获得传统学校教育的人群提供了一个获取基础教育的途径。这包括基本的读写算能力教育，以及为青少年和成年人提供的后续扫盲教育。通过这种方式，非正规教育有效地填补了正规教育体系留下的空白，使更多的人能够获得文化知识和基本技能，从而提高了他们的生活质量和社会参与度。其次，非正规教育在个人、集体和社区层面提供了关于营养、计划生育、保健和儿童保育等方面的教育。这些内容直接关系到人们的生活质量和社区的健康发展，是非正规教育对提升公众福祉的重要贡献。

此外，非正规教育还针对农业、渔业、林业管理、建筑、本地手工艺、计算机和本地企业发展等领域，提供新知识和新技能的培训。这种具有针对性的教育和培训，不仅帮助个人提升职业技能，也为社区经济的持续发展注入了新的活力。非正规教育还包括在职培训和专业培训，这使得已经就业的人员能够通过继续教育来增强自己的专业能力和适应不断变化的工作需求。在面对自然灾害、战争等危机时，非正规教育能够发挥其灵活性和及时性的优势，为社会的快速恢复和重建提供有力支持。

（二）非正规教育实施机构的问题

1.非正规教育实施机构设置的问题

（1）各非正规教育实施机构之间难以有效整合

当前的家校协作体系在规范化方面存在不足，家庭与学校之间的互动常常缺乏统一的组织和规划。虽然部分学校已经建立了家长学校和家长委员会等机构，但这些机构在全国高校中的普及程度不高，且多数尚处于发展的初期阶段，未能充分发挥其作用。这些机构的功能有时仅限于传递学校信息和推广学校形象，而缺乏明确的使命、指导原则和具体的活动内容。此外，大多数高等教育机构并未设立专门负责家校合作事宜的部门，导致相关工作难以有效执行，并可能出现责任推诿的情况，这影响了活动组织的科学性和规范性。

在当前的教育实践中，我国在家校互动方面面临一些挑战。不同地区家校之间的联系程度存在显著差异，有些地方家校联系并不普及，甚至在某些情况下，家校之间的沟通几乎处于盲区状态，缺乏有效的交流与协作。此外，即使在一些学校中，家校联系的维护也显得不够积极。过去常见的家访活动，曾经是家校沟通的重要方式，但现在已经逐渐减少，甚至在很多地方已经消失。这种变化在一定程度上削弱了家长与学校之间的联系，影响了双方的合作与理解。

同时,现存的家校联系观念和方法相对陈旧,未能跟上时代的步伐。这种落后的沟通模式在一定程度上导致了教师与家长之间的关系出现扭曲。特别是在"以学校为中心"的教育观念影响下,传统的"师道尊严"观念仍然根深蒂固,这影响了家长与教师之间的互动,使双方在无形中形成了类似领导者与被领导者的关系模式。

这种不平等的关系模式导致家长在与教师互动时,往往采取一种被动、等待的态度,这不仅限制了家长的主动性,也可能造成心理沟通障碍。家长们通常不太愿意主动与教师进行交流,即便在交流时,也常常显得过于谨慎,甚至畏惧,不能坦率、自信地表达自己的意见和看法。更令人担忧的是,有些家长为了与教师建立良好的关系,甚至采取了一些不恰当的手段,如送礼请客,以此来讨好教师。这种行为不仅破坏了教育行业的良好风气,也降低了家长自身的人格尊严。这种做法并非真正意义上的与教师建立良好关系,而是扭曲了本应基于自然、真诚的合作关系。这样的互动不仅无法形成有效的合力,反而可能对孩子的成长和发展产生消极的影响。

学校与企业间的自发合作动力较弱。由于双方看待问题的角度存在差异,他们在产学研结合方面的热情并不高涨,缺乏主动探索的精神。企业往往对高校的科研成果的实用性表示怀疑,认为这些成果难以直接应用于实际生产,转化周期长且盈利能力不确定,市场风险大;而高校则认为企业过于追求短期利益,缺乏对技术的深入理解和长远投入,难以在技术价值和发展潜力上形成共识。因此,双方往往倾向于将产学研合作视为形式上的短期行为。在缺乏长期合作框架的情况下,双方难以真正构建稳固的利益共享体。在成果应用、技术转让等关键环节上,由于缺乏约束性机制,双方未能建立全面的契约性合作关系,导致合作无法深入开展和持久维系。

（2）社区教育资源供给不足

社区教育在满足居民日益增长的文化与教育需求、推动个人终身成长方面发挥着重要作用,同时也是打造学习型社会,特别是对建设学习型城市至关重要的渠道。此外,社区教育是构建和谐社会过程中不可或缺的一环。然而,在现实中,社区教育资源的利用和开发尚不全面,资源共享机制也仅处于初步阶段。许多社区在推行教育项目时往往孤立无援,缺乏相互之间的联系与交流,这阻碍了教育资源的有效共享。更为严峻的是,由于资金投入不足以及管理效率低下,社区文化建设面临着资源浪费和使用不足的问题。

社区教育资源的主体主要包括社区内的组织机构和社区成员。各类组织机构能够为社区教育活动提供设施、场地和必要的师资,而社区内的专家学者、业界人士、教师和志愿者等则是社区教育的重要人力资源。引人注目的是,在社区教育中,拥有各类资源的主体参与程度存在显著不同。这种差异的根源在于社区内组织和机构的性质各异。社区包括政府机构、行政单位,以及学校、研究院、图书馆、博物馆等教育和科研机构,还包括私营教育机构和企业等。这些实体中,一些由政府资助的机构具有明显的公共利益和服务特征,而其他则采取市场化的运作方式。对于市场化的组织来说,他们需要在政策引导下承担更多社会责任,积极将资源向社区教育开放,以便通过从活动中获得利益来确保资源的持续可用性。社区中的个人资源提供者,如专家、技术人员、退休者等,作为高质量的人力资源,通常对社区教育有较高的参与热情。然而,这些市场化机构在社区教育活动中并未扮演重要角色,导致他们的资源未能得到充分利用,最终可能降低他们参与社区教育的意愿。随着市场机制对社区教育的影响日益增强且不可避免,社区教育的发展必须打破公益性与营利性之间的对立观念。政府应吸引私人资本参与,共同加强基础设施和公共服务的建设,为教育服务提供方向性的指引。社区教育的持续发展应依靠购买服务、项目承包、共建共享等多种方式,利用市场竞争的优势来推动供给侧结构性改革,从而提供更加符合需求的教育服务。

（3）老年教育机构发展问题

一是社会对老年教育的认识不足。中国长久以来主要实行居家养老模式,老年人往往未能充分认识到老年教育对于其健康生活、服务社会和实现自我价值的重要性,从而导致他们在社会参与上的积极性不足。同时,社会普遍未能充分认识和重视老年教育在构建学习型社会中的关键作用,尤其是在应对不断加剧的人口老龄化问题时,解决老年教育发展缓慢的问题显得尤为紧迫。当前的状况在一定程度上限制了老年教育的快速发展,因此,为了促进老年教育更好更快地发展,国家和政府需要加大对非正规老年教育的支持力度。

在中国,老年教育的发展主要得益于政府的积极推动。这种由政府主导的自上而下模式,确保了老年教育在较短时间内取得了显著的成效。政府的政策支持和资源投入,为老年人提供了更多的学习机会,使他们能够在退休后继续充实自己，提高生活质量。然而，尽管政府的努力值得肯定，目前老年教育领域仍然存在一些问题和挑战。特别是对于非正规老年教育的关注不足，这导致了老年教育资源在不同地区之间的分布不均，老年人接受教育的公平性和可及性存在较大差异。同时，教育资源的整合和机构之间的协调工作也面临着诸多困难。

为了解决这些问题，国家和政府的扶持和投入需要进一步加强。首先，应当更加细致地完善相关的法律制度，明确国家和政府在推动非正规老年教育发展中的责任和角色，确保这一领域的健康发展能够逐步走向制度化和规范化。这不仅有助于为非正规老年教育提供更清晰的发展方向，也能够为相关政策的实施提供法律保障。其次，政府应当将非正规老年教育的发展纳入整体的经济和社会发展规划中，明确不同政府部门的职责，并提供必要的经费支持以及实施考核评估机制，以加大推进力度。这样可以确保非正规老年教育的发展得到持续的关注和支持，同时也能够促进资源的合理分配和有效利用。最后，建立各种激励机制，鼓励社会机构、组织和个人多层次、多渠道参与非正规老年教育的发展。通过整合教育资源，可以更好地满足老年人多样化的学习需求，同时也能够激发社会各界对老年教育的关注和支持。

此外，为了激发老年人的参与热情，课程内容应当具有强烈的吸引力，让老年人能够自主、自觉地参与进来。这就要求不断提升非正规老年教育的服务和教学水平，使其成为支撑老年人积极参与社会生活的重要基础。具体措施包括：不断更新和扩展教学内容，如增加网络知识、法律知识、理财知识等，以及开设交往课程、社会服务、职业培训等，以培养老年人的社会参与能力；更新教学形式，如开发适合老年人的网络学习界面，根据老年人的特长和兴趣组织学习小组；同时，规范化和系统化课程设计、教材编写、教学成果考核评估和师资培训等各个环节。

二是城乡老年教育发展极不平衡。我国老年教育目前迎来了前所未有的发展机遇，形成了具有中国特色的多元化老年教育体系。这个体系涵盖了多种类型、层次、形式和手段，为老年人提供了多样化的选择。在国家应对人口老龄化的战略中，老年教育发挥着至关重要的作用。尽管如此，老年教育发展的不平衡性问题逐渐显现，尤其是城乡差异明显，成为制约其均衡发展的关键问题。随着社会进入新时代，我国的主要社会矛盾已经转化为人民日益增长的美好生活需要和不平衡不充分的发展之间的矛盾，这一点在教育领域表现得尤为突出。人民群众对于高质量教育资源的需求不断提升，这要求我们必须努力解决教育发展的不平衡问题，扩大优质教育资源的供给。

合理配置教育资源是实现教育公平的关键，也是促进教育均衡发展的基础。因此，解决老年教育发展中的不平衡问题，尤其是缩小城乡之间的差距，已经成为一项紧迫的任务。当前，我国的老年教育发展主要集中在大中型城市和经济较发达地区的老年大学，参与者主要是退休公务员、教师和国有企业员工，而广大的农村老年人参与度很低。这就意味着大多数老年人，特别是农村老年人的受教育权利没有得到充分的保障，这与教育公平的原则相违背。为了推动老年教育的均衡发展，需要从政策层面加大支持力度，优化资源配置，创新教育模式，拓宽服务范围，确保每一位老年人都能享有平等的教育机会。这样才能真正实现教育公平，让老年教育成为提升老年人生活质量和实现自我价值的重要途径。

三是老年教育机构教学内容有欠缺。在当今社会，老年大学作为一种特殊的教育机构，旨在为老年人提供学习与交流的平台。目前，这些机构所提供的课程内容主要集中在促进健康和休闲娱乐方面，涵盖了书法、烹饪、体操、绘画、歌唱、舞蹈以及时事新闻等多个领域。这些课程的设计初衷在于提高老年人的日常生活技能，使他们在退休后的生活中保持活跃和自我提升。然而，尽管这些课程在帮助老年人保持身心活力方面发挥了积极作用，但在覆盖老年人心理和健康状况的维护与指导方面却显得不足。特别是在帮助老年人适应社会变化、处理与老龄化相关的心理和社会问题方面，当前的课程设置存在明显的缺陷。例如，老年教育中缺乏关于"死亡教育"的内容，以及对即将退休人群的退休前教育和心理准备方面的课程。为了进一步完善老年大学的教育体系，应当增加更多与老年人心理和社会需求相关的课程，以帮助他们更好地适应退休生活，维护身心健康。

老年教育的核心宗旨应当是促进老年人以及即将步入老年阶段的群体的心理健康，帮助他们顺利地过渡到老年期，并更好地适应这一生活阶段。这不仅包括提供生活技能的学习，还应该涵盖心理健康的维护、社会适应能力的提升，以及对退休后生活的积极规划。在我国当前的老年教育体系中，对于心理健康方面的教育内容尚未得到足够的重视。这种疏忽可能导致不少新退休人员难以适应退休后的悠闲生活,甚至可能出现适应不良的情况。适应不良不仅会引发一系列生理和心理问题,严重的话甚至可能导致精神疾病的出现。因此,我们应当加强对老年教育中心理健康内容的重视,帮助老年人更好地适应退休生活,提高他们的生活质量。

因此,加强老年教育,特别是心理健康方面的教育,对于提高城乡老年人的生活质量具有至关重要的影响。它确保老年人在物质上得到满足,在精神上感到轻松,在心理上保持均衡。这不仅对社会的稳定和谐发展以及全民幸福指数的提升有着积极作用,而且对于构建完善的老年教育系统具有重要的现实意义。此外,这种教育模式的推广和完善,在丰富和完善教育公平理论方面也具有极高的学术价值。

2.非正规教育实施机构运行的问题

(1)非正规教育办学模式单一落后

普通高校的非学历教育项目通常由其下属的成人教育学院负责管理和执行。这些项目在很大程度上受到普通高校管理体制和专业设置的影响。在当前的教育体系中,教育模式主要侧重于追求学历教育,而相对忽视了以岗位技能培训为核心的非学历教育。普遍存在的观念是,学历教育更为正规,更易于组织管理,并且能够带来更为明显的经济效益。然而,这种偏重学历教育的做法并未能形成一个系统、覆盖终身学习的教育体系。特别是在青年教育领域,目前尚未真正实施一种将不同年龄层次的人群融合在一起进行教育的模式,这种模式的潜力还有待于进一步开发。青年领域的非正规教育可以与成人教育相结合,借鉴成人教育中将不同年龄阶段的人群组合在一起进行教学的实践方法。这种结合可以包括基于交流的教学方式,如互动、对话和调解;基于活动的教学方式,如体验、练习和实验;关注社会的教学方式,如伙伴关系、团队协作和构建网络;以及以自我发展为目的的教学方式,如培养创造力、发现能力和责任感。因此,面对不同层面的教育需求,非正规教育需要选择与目标群体相适应的教学方式,这是决定非正规教育是否有效的关键因素。此外,现有的专业设置往往过于僵硬,很多时候只是简单地模仿普通高等教育的专业设置,没有充分考虑到当地经济社会发展的实际需求和成人学习者的真实需求。成人教育的教学计划往往只是普通教育的简化版,难以提高专业水平,也未能提供实用技能,因此缺乏对成人学生的吸引力。

在学员评估方面，非正规教育也存在不足，需要建立有效的测试和评估体系。非正规教育与正规教育的最大区别在于后者拥有一套传统的学生测试和评估体系。非正规教育的各种教学方法应当有相应的测评和认证来增强其效率和可信度。欧洲委员会青年中心在对非正规教育的定义中明确提出，非正规教育应有系统监管和评估，其教育经历应得到相关证明，并与青年人的就业和终身学习需求挂钩。这表明一些机构和非正规教育实践者已经认识到这一问题，并开始探索具体的解决方案，这是一个积极的趋势。此外，长期沿用的面授和函授等传统教学方式缺乏现代教学手段的应用，过于注重理论知识的传授，而忽视了实用技能的培养，评价模式单一，考试形式僵化。为了改善这种情况，可以考虑建立一个包含非正规教育相关信息、资源、研究成果和实践案例的数据库和网络平台。这样的平台将促进非正规教育领域的全面讨论和探讨，有助于教育工作者、学者和政策制定者共享信息、交流经验，从而推动非正规教育的发展和创新。

（2）非正规教育机构的市场管理有待完善

在当今的教育培训市场中，各类机构在追求业务扩张和市场份额的过程中，普遍采取了两种主要的运营模式："直营"模式和"加盟"模式。直营模式强调对教育过程中各个环节的严格控制，包括人员配置的优化、教学管理的规范化以及质量监控的严密性。这种模式下，教育机构往往能够确保服务的一致性和高标准，但同时也需要较大的管理成本和资源投入。相比之下，加盟模式则因其管理上的分散性，监管难度相对较大，常常成为服务质量投诉的焦点。在这种模式下，虽然品牌影响力和市场覆盖能够迅速扩大，但由于缺乏统一的管理和监督机制，导致服务质量参差不齐，甚至出现严重的教学问题。此外，一些教育机构在追求发展的过程中，过分重视普通高等教育领域，而忽视了对成人教育和学历与非学历教育的管理。这些机构往往将这些领域的教育服务仅视为增加收入的手段，而非作为提升整体教育质量和满足社会需求的重要组成部分。这种做法不仅忽视了成人教育和继续教育的重要性，也可能导致这些领域的教育服务缺乏创新和发展。

同时，办学市场的混乱和标准的不统一是普遍存在的问题。例如，有些学校为了迎合市场需求，不顾自身条件和资源配置，随意开设热门专业，这既造成了资源的浪费，也导致了某些领域的人才过剩。从教学管理的角度来看，明确质量标准、建立科学的工作流程、维护稳定的教学秩序以及不断提升教学质量的重要性是显而易见的。然而，许多教育机构仍然沿用传统的本科教育模式进行运作，这种模式难以满足多样化的市场需求，尤其是未能充分展现成人教育的独特性和灵活性。因此，教育机构需要不断创新和调整教学模式，以更好地适应市场变化，满足不同学习者的需求。

（3）非正规教育缺乏专门的师资队伍，培训质量难以保证

随着教育与培训市场需求的不断增长，较低的进入门槛导致教育培训机构的质量参差不齐。这种差异性主要体现在机构的资金实力、教师团队、办学条件、服务质量以及管理能力上。在这个市场中，一些机构拥有雄厚的资本、遍布全国的规模，甚至能够成功在海外上市；而另一些则是规模较小、以较为基础的方式运作的中小机构。大型机构通常能提供较为优越的办学条件和良好的运营效益；相比之下，中小机构虽然也包含一些合法认证的实体，但更多的是一些不够规范的机构。这些机构往往难以满足必要的办学标准，其提供的教育和服务质量也可能难以保证。

首先，我们必须认识到师资匮乏是一个不容忽视的关键问题。在教育培训机构中，教师资源作为其核心竞争力的一部分，却存在着显著的差异。这些差异主要体现在教师资格的准入门槛、教学管理的质量以及教师专业能力提升的培训机会上。更为严重的是，课程的设计和教材的选择往往缺乏统一的标准，呈现出一种令人担忧的随意性。在普通高校的成人教育学院以及针对青少年的各种培训班中，教师通常是由相关专业院系的教师兼任，而那些真正投身于非学历教育领域的专职教师数量却十分有限。其次，我们不得不面对的一个现实是，许多教育工作者持有的观念已经过时。这种陈旧的观念在以下几个方面表现得尤为明显：①课堂教学过于依赖教材，缺乏针对性和实用性。教师们往往没有培养出足够的应变能力来应对教学中的各种情况。成人学习者通常带着明确的目标和需求来到课堂，他们期望能够学到实用的、有针对性的知识和技能，而不是单纯地重复教科书上的内容。因此，非学历教育的教师需要具备强大的教材处理能力，能够灵活地根据学生的需求调整教学内容。②教育方法落后，缺乏以学习者为中心的教学理念。许多从事成人教育的教师仍然习惯于采用传统的学校教学模式和方法，他们试图将针对青少年的教学经验直接应用于成人学习者，这种做法忽视了成人学习者带来的丰富生活经验和知识背景。

③教师队伍的学历结构远未达到理想状态，未能满足《中华人民共和国教师法》对高校教师所规定的学历要求。当前，教师队伍普遍存在学历层次偏低、数量不足、教学质量不高以及结构不合理的问题。

（4）非正规教育学习成果认证困难

非正规和非正式学习已经被一些国家以立法的形式确立了。泰国的《国家教育法案》（1996年）以及《修订案》（2002年）具体指出，正规教育、非正规教育和非正式学习的交融形成了终身教育，并且从本国实际情况出发，对这几类教育或者学习进行了很明确的界定。2002年，欧盟也强调终身学习是正规学习、非正规学习和非正式学习的总和。2004年，欧盟通过了对非正规学习和非正式学习的核定和认证的基本原则。在更多的国家，尽管还没有认可非正规学习和非正式学习成果的立法和公共政策，但已经在提供非正规和非正式学习机会、认可其成果方面采取了确切的做法，如菲律宾、立陶宛等国家。经过近些年的发展，我国非正规学习成果认证体系的建设已取得显著成效，特别是学分银行的不断完善，有效推动了该认证制度的发展。然而，我们仍需清醒地认识到，在非正规教育学习成果认证建设中仍存在一些问题。首先，我国关于非正规学习成果认证的相关政策尚不完善。自《国家中长期教育改革和发展规划纲要（2010—2020年）》提出建立学分银行以来，某些省市也出台了相关的制度条例。然而，相较于国外先进国家，我国目前在非正规学习成果认证方面仍缺乏专门的法律法规进行规范与保障，导致非正规学习成果认证存在区域冲突。美国学者柯伯恩认为，一个国家的基本教育改革与发展教育政策可以从课程、教师、学生、管理和经费五个方面来划分。基于此，我国学者孙绵涛从教育目标、教育途径以及教育条件这三个层面，横向地对教育政策进行了细致的分解。其中，教育目标政策主要涉及制定教育培养人的质量标准的相关政策；教育途径政策是指实现质量标准的政策；教育条件政策旨在确保教育途径能够充分发挥其育人功能，为教育的顺利实施提供必要的条件和保障。非正规学习成果认证目标政策体系的结构可借鉴此种结构划分方式来进行讨论。非正规学习成果认证体系立法需要关注以下问题：第一，立法的基本内容应以完善终身教育、构建学习型社会、沟通不同类型教育为基本原则。第二，立法应加强"立交桥"功能，即对非正规学习成果认证作为正规教育与非正规教育之间沟通桥梁的功能实施确切的规定。第三，立法应强调建立管理体制，因为非正规学习成果在认证过程中关联的部门众多，不仅涉及教育部门，还涉及财政、人力资源、社会保障、宣传等机构，立法过程中应明确规定各方职责。其次，非正规学习成果认证的社会影响力有待提高，目前社会对非正规学习成果的认同性较低。由于不同机构有不同的认证标准，且机构间联系不密切，导致学生获得的技能或学习成果难以得到广泛认可。为了解决这个问题，建立统一且权威的认证标准至关重要，这也是解决认证过程中所面临的困难和挑战的关键所在。为了实现非正规学习成果的认证，需要建立这样的标准，以确保学生的非正规学习成果能够得到公正评价并实现转换。

在制定学习成果认证标准时，我们应当关注以下几个关键方面，以确保认证过程的科学性、公正性和有效性。首先，建立明确的评价体系是至关重要的。该体系应能够清晰区分不同层次的学习成果，为每个层级的学习者提供明确的定位。这意味着我们需要根据知识掌握程度、技能熟练度和综合能力三个维度，设定具体、可操作的评价标准。这些标准不仅要界定各个学习成果的等级，还需全面覆盖不同学科和领域的需求。其次，对于非正规学习成果的认证，我们必须确保其标准与正规教育体系中相同水平的标准相匹配。这是为了保障非正规学习成果在认证过程中的公正性，同时也是维护教育质量的基础。尽管国际研究表明非正规学习成果难以与正规教育成果完全等同，但我们仍应努力提升非正规学习的质量，使其尽可能接近正规教育的水平。再次，基于学习结果的通用认证标准在文本描述上必须遵循学术规范。这包括对内容、名称和质量的严格要求，以确保认证标准的专业性和权威性。鉴于中国公众对学历教育等级划分的高认同感以及对非正规学习成果等级划分的相对模糊性，我们需要根据中国的学历教育体系和国家职业分类及资格标准，设计出一套全面的认证标准。这不仅要涵盖传统的学术教育，还应包括职业教育和培训。最后，诚信管理平台的建设是确保认证体系有效运行的关键。这既涉及学习者自身的诚信，也关乎认证机构的诚信。学习者需真诚对待非正规学习成果，以建立社会对这些成果的信任和认可。同时，认证机构的诚信直接关系到学习者的努力能否得到正当回报，这包括认证过程的透明度、第三方监督的存在以及认证机构能否履行对学习者的承诺等方面。

三、非正式教育实施机构存在的问题

伴随着科技的飞速发展、世界的广泛融合以及知识的多元呈现,随着人们对终身学习需求的日益增长,传统的正规学校教育以及以提升能力为主要目标的非正规教育形式已逐渐显得力不从心。正如罗杰·博什尔所言,人们的一生中应该有选择进出各种学习和教育机构的机会,学校只是这个大学习画面中的一个组成部分……人一生的学习,大部分是通过非正规和非正式学习进行的①。也就是说,在知识经济时代,人们的学习需求呈现出了多元化、个性化、实时化等多重特征,学习不再有"够用"的时间上限②。一个人必须在一生中持续学习,才能适应不断发展的时代要求。

(一)非正式教育实施机构在服务全民终身学习中的功能定位

1.非正式教育实施机构的概念及其细分

关于非正式学习的概念存在多种解读,其定义可谓众说纷纭。目前,学界普遍认同并经常引用的观点来自国外学者比肖夫(Bischoff)。他认为,非正式学习是相对于正规学校教育或继续教育而言的,它发生在工作、生活、社交等非正式的学习时间和地点,主要形式包括"做中学、玩中学、游中学"等,如参与沙龙、读书会、聚会、打球等团体活动。这些活动为人们提供了学习新知识的机会和平台。非正式学习通常在与正式学习的对比中被界定,以突显其特点。研究者们常通过比较两者来描述非正式学习。例如,尽管比肖夫的定义未直接涉及正式学习,但他所提及的学校和继续教育属于结构化的学习方式,这反映了正式学习的特征。相反,日常生活中的工作、生活和社交活动则呈现出与正式教育形式的差异,凸显了非正式学习的独特属性。

要探究非正式学习的起源,首先需要梳理非正式学习思想的源头。学界倾向于将非正式学习思想的起源追溯到约翰·杜威(John Dewey),认为其教育思想和教育实践都蕴含着非正式学习的思想。而非正式学习的概念则源于联合国教科文组织在 1947 年提出的"非正式教育(Informal Education)"这一概念。

---

① 中国教育发展战略学会学术部.终身学习的进展、发展趋势和制度建设:上海国际终身学习论坛综述[J].教育研究,2010(10):107-111.

② 郝克明.让学习伴随终身[M].北京:高等教育出版社,2017.

在非正式学习的发展历程中,起着关键作用的当属被誉为"美国成人教育之父"的马尔科姆·诺尔斯(Malcolm S.Knowles)。他在 1950 年出版了《成人的非正式教育:管理者、领导和教师的指南》一书,该书的第一部分以"非正式教育"为主题,深入阐述了非正式学习的理念,并详细列举了成人正式学习之外的各种非正式学习方式。随着全球对非正式学习的重视程度增加,特别是在西方国家,学术领域已经开始对其进行大规模的研究。科技进步,尤其是信息技术的飞速发展,为非正式学习带来了更多样化的形式。互联网和信息化设备的广泛普及使得人们在日常生活中参与了更多的非正式学习活动,这极大地促进了非正式学习的普及。学术界对这一现象的关注也随之升温,研究者开始更加深入地探讨非正式学习的各个方面。

一般认为,"非正式学习"这一概念最早是由被誉为"成人教育学之父"的马尔科姆·诺尔斯提出。我国研究者陈乃林、孙孔懿认为,非正式学习即完全意义上的个别自学,指学习者为实现自己的理想目标或满足工作、生活、兴趣等需要而自觉进行的学习活动……完全的自主性是非正式学习的主要特点。实际上,非正式学习是包含了正式学习以外的其他形式的学习,是学习者在内驱力的作用下自主决定、自主掌控的学习,是一种真正个人化、真实的学习,具有情境性、自主性、可持续性及超时空等特点。

在国外,自 20 世纪 50 年代至今,非正式学习一直是学者探究的热点问题。在教育领域,学者们不仅在探究非正式学习的价值,还在探讨其在各类管理中的应用价值,如非正式学习在自我管理中的应用以及其在教师管理中的探讨等。此外,非正式学习也应用于学校管理体系建设方面,奥斯瓦尔德·库什胡德(Oswald Koussihoued)研究了学校组织体系与教师专业学习的关系管理。可见,在国外,非正式学习不仅广泛应用于管理之中,其在管理中所体现的价值也得到了学者的广泛肯定。从 2008 年起,国内学术界开始关注非正式学习,并且近年来,它已逐渐演变为学术界的热点议题。我国的学者们主要从多个维度深入探讨了非正式学习的价值。从个体层面来看,非正式学习促进人的终身学习、个体的完整性与持续发展;从国家、社会层面来看,非正式学习促进学习型社会的构建等。在管理层面上,非正式学习被广泛应用于项目管理和人力资源管理之中。具体而言,在学校管理层面,一些学者借助非正式学习解决现实问题,如新工科人才管理路径的探究等。显然,学者们对非正式学习的教育价值给予了高度的关注和肯定，并积极地将其应用于各类管理实践中。同时，非正式学习也完全能够融入高校思政教育管理体系之中，发挥其独特的作用。

诚然，当前学界对"非正式学习"的研究热情空前高涨，这充分展现了从需求侧角度出发，遵循人本主义价值取向的研究趋势。反观供给侧，为了构建终身学习的现代教育体系，国家、社会以及人们生产生活的各个空间，都应该为满足非正式学习需求提供优质的教育服务。这也是构建学习型社会和终身学习的现代教育体系的必经之路。因此，"非正式学习"与"非正式教育"并非二元对立，而是从个人和社会两个不同角度，对"学习教育活动"提出了与以往不同的认识。要理解"非正式教育实施机构"的具体定义，还需从"非正式学习"这一概念出发。

我国自古以来便蕴含非正式学习的思想，如"三人行，必有我师焉""见贤思齐焉，见不贤而内自省也"等古训，均体现了非正式学习的智慧。同时，随着现代社会对非正式学习理解的加深，这种学习形式逐渐受到更多的关注和重视。无论是哪种表述，都凸显了非正式学习的重要性及其在个人成长中的积极作用。1950 年，诺尔斯在《成人的非正式教育：管理者、领导和教师的指南》中首次明确界定了非正式学习的概念。此后，诸多研究者也纷纷尝试给出自己的定义。

联合国教科文组织将"非正式学习"界定为个人通过日常生活经验或环境影响，获取知识、技能、思想、信仰和道德观念的过程。这一过程涵盖了从家庭、邻里、市场、工作娱乐场所、图书馆以及大众宣传媒介等多个方面。与传统的正规学习不同，非正式学习是一种与日常生活紧密联系、灵活性和随意性极强的学习行为，它可以发生在任何时间和地点，既可以是目的明确的显性学习，也可以是无意识的隐性学习。本研究聚焦于服务全民终身学习的教育体制，其子课题则深入探究与该体制相关的教育实施机构问题，即从供给侧角度出发，探讨如何有效满足人们的非正式学习需求。因此，我们关注的重点是非正式学习中的显性学习部分。我们应深入探讨哪些角度与方式适合提供教育学习服务，从而为构建学习型社会及全民终身学习体系贡献力量。

与显性的非正式学习相对应，本研究界定的"非正式教育"是指一切日常生活经验和生活环境（家庭、工作单位、社会）中有目的地影响人的身心发展的社会实践活动。非正式教育是正规教育和非正规教育的延伸，通过非教学性质的社会实践活动来组织和传播知识、技能、价值观等。其基本特征是：时间空间非固定性，知识来源渠道多元化，非制度化和强制性。"非正式教育实施机构"是指为学习者个体提供从日常生活经验和生活环境中学习和积累形成知识技能的实体机构与虚拟机构。这包括实体的各类公益性机构，如图书馆、科技馆、博物馆、体育馆、文化馆等；虚拟的网络服务平台，如自主学习服务平台、虚实融合的技术平台 APP 等。非正式教育实施机构具有以下几个方面的基本特征：

（1）公益性

在非正式教育中，履行教育职能的组织机构大多具有公益性，即非营利性质。博物馆作为征集、保存、展示和研究自然及人类文化遗产的机构，在这些实体场所中，物品根据其科学性、历史性或艺术价值进行分类，并向公众提供知识传播、教育以及艺术欣赏等服务。这些文化教育机构通常以建筑物或特定地点的形式存在，作为社会公共机构对所有人开放。作为一个非营利性质的永久性机构，博物馆致力于为社会发展提供服务，并以促进学习、教育和娱乐为目的。除了传统的博物馆，网络上还涌现出许多"无形"的服务平台。这些平台既提供公益性质的教育学习内容，也提供付费服务，以满足不同用户的需求，使他们能够根据自己的喜好和需求进行选择。这种模式拓宽了教育资源的获取途径，使得学习和文化的享受不再局限于传统的物理空间。

（2）多样性

多样性是指非正式教育实施机构在种类上的丰富性。要实现全民终身学习，纵向上涵盖了个体从婴儿到老年各个不同人生发展阶段所需接受的多样化教育；横向上则包括了个体在学校、家庭、社会等各个不同领域所受到的教育。这些纵向和横向的交叉，共同构成了一个庞大的教育学习网络。除了正规学校教育，从"有形"的各类公益性机构（如图书馆、博物馆、科技馆等）到"无形"的网络服务平台（如自主学习网站、在线课程平台等），各类非正式教育实施机构所提供的教育学习服务在个体生命的各个阶段都发挥着重要作用，对个人成长和全面发展产生了深远的影响。

未来学家埃托尔·热尔比提出，在制定未来的教育政策时，应注重实现教育时间和教育网点的多样化。这一理念在终身教育中得到了深刻的体现，它打破了传统教育体系在时间、空间、方法和内容上的界限，呈现出更大的灵活性和广泛性。终身教育的特点包括时间的弹性、场所的多元、内容的广泛、类型的多样、对象的全面以及形式的多变。它涵盖了从青少年到老年人的各个年龄层，可在校内校外不同场合进行。教育内容包括专业理论和实用技能等，形式多样，如研讨型、座谈型、专题型等。此外，终身教育还包容了岗位培训、职业转换教育和学历教育等多种教育形式。配合多样化的学习方式和方法，终身教育能够满足所有人在任何时间和地点基于需求的学习机会，这体现了其高度的灵活性和适应性。

（3）资源共享性

资源共享性是指非正式教育实施机构的所有资源，包括有形和无形的知识、文化、设施等，均对全体学习者开放，以无偿或有偿的方式提供服务。例如，文化馆或群众艺术馆向公众开放，成为市民学习的场所；各类博物馆、科技馆、歌舞剧院等走进学校、走进社区，举办各种文化教育活动；各种网络教育服务平台开放学习资源，供学习者随时随地使用。非正式学习的资源共享性蕴含着深厚的意义，主要体现在两个核心方面：教育社会化和社会教育化。教育社会化意味着学校教育的边界向社会扩展。这要求学校必须紧跟社会发展步伐，根据劳动市场对人才素质和技能要求的转变，及时更新学科专业结构和教学内容。同时，教育不应仅局限于儿童和青少年，而应向所有成年人开放，包括那些已经进入劳动力市场或已退休的老年人，为他们提供重新接受学校教育的机会，确保所有求知者享有平等的教育机会。社会教育化则强调教育体系的连贯性和普遍性。从基础教育到成人教育和社区教育，不同的教育类型应当相互配合和交流，通过多样化的途径使每一位公民都能参与到各个层次的学习与进修中。终身学习并不局限于传统的学校教室，而是延伸到了包括图书馆、科技馆、广播电视、电影以及报刊在内的文化设施和大众传媒。这些渠道对人们从青少年到成年阶段的教育都产生着积极的影响。

根据以上的论述，非正式教育实施机构可以分为以下两类：实体平台，如图书馆、博物馆、纪念馆、科技馆、文化馆、电影院、青少年研学旅行教育实践基地等；虚拟平台，如线上网络教育学习平台——知乎、腾讯课堂、十点读书、网易公开课等。

2.非正式教育在服务全民终身学习中的功能定位分析

在当今社会，非正式教育在服务全民终身学习中扮演着至关重要的角色。它除了为个人提供灵活多样的学习机会外，更在社会中营造了一个充满活力与创新的学习环境。非正式教育的功能定位主要体现在为个人提供了随时随地学习的机会，使得学习不再受时间和空间的限制。这有助于满足不同年龄、职业和兴趣的学习者的需求，促进全民终身学习的普及和推广。其次，非正式教育以其丰富多样的学习内容和形式，使学习变得更加引人入胜且充满挑战。这有助于激发学习者的学习兴趣和积极性，促使他们更加主动地投入到学习过程中，从而提高学习效果。此外，非正式教育还有助于培养学习者的自主学习能力和团队合作精神。通过参与各种非正式教育活动，学习者可以学会如何自主寻找和利用资源，如何与他人合作解决问题，从而提高自身的综合素质。

（1）构建服务终身学习体系的重要组成部分

构建全民终身学习体系是国家致力于为人民提供更优质教育服务、满足群众多元化学习需求的重要体现，同时也是完善全民终身教育推进机制、实现教育价值目标的必要举措。终身学习体系是一个由正规学习体系、非正规学习体系和非正式学习体系相互联结形成的有机整体。通过合理的衔接方式，这三种不同层次、类型及形式的学习体系被有效统合起来，以最大程度地发挥其教育功能。非正式教育在推动学习型社会的形成、终身学习的普及、组织绩效的提升以及学习个体的全面发展方面发挥着重要作用。在学习化社会逐渐形成的今天，非正式教育已经日益成为终身学习体系中不可或缺的重要组成部分，与正规教育和非正规教育并驾齐驱，共同推动着教育事业的发展。

（2）超越正规教育与非正规教育的新型教育形式

从终身学习的角度来看，个体若想不断成长与完善，在其一生之中必然存在着多样化的教育需求，且这些需求在不同阶段会展现出个性化特点。显然，正规教育与非正规教育阶段无法完全满足这些需求。非正式教育以其灵活多样、直接与学习者的需要和兴趣相联系的优势，能够随时随地向学习者提供教育服务。非正式学习所获取的知识，直接影响着正规教育与非正规教育的学习结果，有时甚至能提供更新、更社会化、更有意义的知识。

（3）终身学习时代新的教育增长点

诚然，正规教育的重要性无可置疑，但随着非正式教育研究的不断深化，人们逐渐认识到，教室外的学习对学习者知识积累和能力提升同样至关重要。甚至从某些角度来看，非正式教育更具优势。相关研究表明，个体在工作中获取的知识高达 80% 源于非正式学习途径。郝克明也曾指出,终身学习理念最根本的启示在于,人们在整个一生中所需的知识,从学校教育中获得的只是冰山一角,大部分知识、能力和技能都需要在社会实践中通过不断的学习才能获得。终身学习体系应覆盖所有社会成员,大力推进社会成员的持续学习应成为教育事业发展和构建终身学习体系的重要组成部分和新的增长点。①

(二)非正式教育实施机构的问题

1.资源整合不够,学习方式和内容陈旧

随着个体学习需求日益多元化和个性化,构建完善的终身学习体系变得尤为重要。这要求从教学设施的现代化、教师队伍的强化培训,到教学内容的实时更新与多样化,各方面教育资源都需优化整合以适应这一变化。同时,丰富非正式教育的形式也是关键步骤,以满足人们在不同生活阶段的学习需求,确保学习途径的广泛性和灵活性。当前,我国非正式教育实施机构由于缺乏上级相关部门的统一规划与协调,仍处于各自为战的状态,无法共享各级各类学校独特的教育资源,难以协调社会资源的有效配置,无法充分发挥自身的文化组织优势和人力资源优势。部分地区尚未开发数字化及本土化的学习资源,导致非正式教育学习服务无法真正满足学习者的多元化、个性化需求。因此,需要相关部门加强统一规划与协调,促进非正式教育资源的整合和优化,以满足学习者日益增长的学习需求。我国的终身教育体系在资源配置方面仍有待提升。首先,政策导向的一致性有待加强。尽管"科教兴国"战略已深入人心,终身教育的重要性也日益受到关注,但在各地的终身教育法规和政策中,我们仍可见到协调性和统一性的不足,这无疑对终身教育体系的全面建立构成了阻碍。其次,提升法律层级是必要的。自 2002 年以来,《终身教育法》已在立法研究中,但多年过去,相关政策仍未能顺利出台。这使得各地在推行相关措施时缺乏明确的指导方向。同时,已出台的政策法规多由学者或民间组织倡导,政府的参与度相对较低,导致终身教育体系的建设未能得到政府层面的有力支持。在深入分析和探讨我国终身教育政策的实施过程中,我们观察到一个显著现象:尽管各个部门和机构都在积极履行自身职责,努力推动终身教育进程,但这种"各

---

① 中国教育发展战略学会学术部.终身学习的进展、发展趋势和制度建设:上海国际终身学习论坛综述[J].教育研究,2010(10):107-111.

自为政"的工作方式在一定程度上导致了职能的重叠、冲突和分裂。更为严重的是，这种现象甚至引发了利益竞争，不仅浪费了宝贵的教育资源，还严重影响了教育体系的整体效率。

在我国的教育体系中，基础教育、高等教育、成人教育和职业教育之间尚未形成有效的沟通与衔接机制。这导致成人教育的学分难以被正规高校认可，进一步加剧了教育体系的割裂。同时，学校教育、社会教育和家庭教育之间的互动也缺乏合理的规划和指导，这无疑增加了终身教育体系整合的难度。教育机构设置复杂，政府职能部门间的职责划分不够清晰，多头管理和重复建设的现象也客观存在。这些问题和不足，无疑在一定程度上阻碍了我国终身教育资源的整合和高效利用。在老年教育资源建设的领域内，众多参与单位如老干部局、民政局、教育局、广播电视大学(包括社区学院/社区学校)、高校、文化局以及社会组织等，都在网络体系搭建、课程资源开发、活动场所提供及师资团队建设等方面贡献力量。然而，如何将这些力量从独立运作的"单兵作战"模式转变为集体合作的"多兵团作战"模式，以及如何在资源建设中实现统筹管理和协同发展，以解决存在的问题，已成为我省终身教育发展的紧迫挑战。

调查研究表明，在选择学习场所时，三类学习者的需求呈现多样性(多项选择)，这反映出参与社区教育资源建设的主体具有广泛的多元性。这种多元化的参与虽然丰富了资源类型，但也带来了资源整合的挑战。有效地整合这些分散的资源，不仅可以减少资源浪费，还能避免重复建设，从而提升资源的利用效率。因此，我们需要探索一种有效的方式，将各个部门和机构的力量整合起来，形成合力，共同推动终身教育的发展。这不仅需要政府部门的积极参与，也需要社会各界的支持和配合。只有这样，我们才能真正实现终身教育的目标，让每一个人都有机会接受适合自己的教育，不断提升自我，实现自我价值。

2.学习型组织建设不完善

学习型组织建设在推动全民终身学习方面具有重要意义。首先，它能够持续提供学习和知识更新的机会，使成员能够不断提升自身能力和素质。这种组织不仅能够助力个人不断提升自己的能力和技能，还能为员工提供培训和发展计划，促进他们的职业成长和个人发展。其次，学习型组织能够鼓励成员之间的知识共享和合作，通过建立开放的学习环境和文化，使员工能够相互学习和交流,分享经验和最佳实践。这种合作和共享有助于提高整个组织的绩效和创新能力。然而,学习型组织建设在现实中确实存在一些挑战。首先,部分组织可能尚未设定清晰的学习目标和战略,导致学习活动缺乏明确的方向和重点。其次,一些组织可能缺乏必要的资源和支持,无法为员工提供足够的培训和发展机会。此外,一些组织可能存在学习氛围不浓厚、成员参与度低等问题,这些因素都可能阻碍学习型组织的建设和发展。在我国教育发展的历史进程中,长期面临教育经费总量不足的挑战,这一状况使得"穷国办大教育"的现象持续存在。无论是约占 GDP 4%的教育经费,还是人均 14.77 美元的教育支出,都明显低于美国、韩国、新加坡等发达国家的水平,甚至未达到联合国建议的 6% GDP标准。因此,加大教育投入是一项亟待解决的任务。同时,教育资金分配也存在不均衡的问题。在整个教育体系中,尤其是基础教育领域,受管理不善等因素影响,教育经费紧张,通常仅能覆盖教师工资,而教学设施的更新和维护则难以得到保障。此外,教育资源尚未得到有效整合。终身教育资源在我国东部与中西部地区的分布差异显著。东部地区虽然教育资源丰富,但在支持中西部地区终身教育发展方面,这些资源尚未充分发挥作用,这限制了终身教育体系在全国范围内的系统化建立和发展。

在 2012 年,中国教育部针对终身教育体系的建设和发展,采取了一系列及时的调整和改革措施。这些措施包括在职业教育与成人教育司下设立继续教育办公室,这一新机构负责全面统筹和推动终身教育的全面发展。此外,教育部还启动了将部分电视大学转型为开放大学的试点改革项目,这是对现有教育体系进行现代化改造的重要尝试。这些改革举措的实施,显著推动了终身教育在组织机构建立和推进机制完善方面的发展。以浙江省为例,该省在终身教育领域的进步尤为显著。从社区教育指导中心的成立,到社区教育系统的逐步完善,再到浙江老年开放大学在市县两级的挂牌运作,以及浙江广播电视大学在省市县三级系统建设的逐步推进,这些举措都充分体现了浙江省在服务终身教育发展方面的顶层设计和系统规划。

然而,尽管取得了一定进展,但要实现从组织网络体系构建到服务能力提升、从"大而全"到"小而精"的办学机构发展,以及从供给侧结构性改革到需求侧满足的转变,仍需要对办学目标和功能定位进行深入的梳理、明确并坚持。目前,全省市级社区大学、县级社区学院和街镇社区学校的功能定位尚不明确,系统内部缺乏有效的运行机制和业务指导,课程建设和教材研发也缺少统一的规划和标准,这些问题依然十分突出。此外,面对经济社会的快速发展,高校继续教育办学机构的定位和发展也需进一步明确。如何在学历继续教育和非学历教育之间取得平衡、为非学历继续教育制定合理的市场定价、建立继续教育的社会合作机制以及实施绩效考核以激发管理人员和教师的积极性,这些都是当前亟待解决的问题。

3.非正式学习成果的相互认定较为困难

《国家中长期教育改革和发展规划纲要(2010—2020年)》中明确提出要"建立继续教育学分积累与转换制度,实现不同类型学习成果的互认和衔接""建立学习成果认证体系,建立'学分银行'制度"。显而易见,国家政策文本中早已勾勒出各类学习成果互认的宏伟蓝图,而构建学习成果认证体系则是构建终身学习体系不可或缺的关键环节。此举不仅有利于学历教育与非学历教育的沟通和衔接,还有助于转变固有观念,进一步推动全民参与终身学习实践活动的深入开展。同时,它也有利于搭建终身学习的"立交桥",为学习者提供开放、灵活的终身学习需求支持。然而,现实中作为非正式学习的主体,他们的学习动机各不相同。有的学习源于纯粹的兴趣,有的是在无意识状态下发生的隐性学习,还有的则是为了寻求更好的工作、生活和职业发展。这些不同的动机导致学习成果呈现出多样化的形式,如个体知识、经验、能力的进一步提升,以及各类培训证书、资格证书的获得等。因此,如何对学习个体在日常生活经验和生活环境中获得的知识、经验、能力等不同类型的非正式学习成果进行认定,成为一个亟待解决的问题。这需要一种科学合理且具有较强操作性的评价和认定方式。但目前,这样的评价和认定方式尚未见端倪。

4.非正式教育实施机构在教育职能上存在缺失

目前,众多非正式教育实施机构,如博物馆、科技馆等,作为公共文化服务体系的重要组成部分,各自承担着不同的文化服务职能。这些职能包括传承保护历史文化遗产、促进对外文化交流等。近年来,这些机构在推动文化繁荣、丰富公众精神文化生活等方面发挥了重要作用。然而,在这些非正式教育实施机构的众多职能中,由于设备条件、互动组织、人员素质等现实因素的制约,教育职能并未得到足够重视,处于相对次要的位置。要推动这一职能的变革,尚需一个外力作用的过程。

四、我国服务全民终身学习的教育实施机构问题的成因分析

（一）制度因素

1.终身学习相关法律制度建设存在欠缺

终身学习方面的立法可以进一步宣传和普及终身学习理念,有助于确立并全面保障我国公民的"受教育权",进而为公民"学习权"的进一步发展奠定坚实基础,有利于从根本上促进终身学习与教育公平、提升国民素质,最终为我国教育事业的可持续发展和教育法治的现代化提供动力。美国早在 1976 年就颁布了《终身学习法》,日本则于 1990 年颁布了《终身学习振兴法》。然而,目前中国仅在《中华人民共和国教育法》中简要提及终身学习及终身教育,尚未对终身学习进行专门立法。不得不强调的是,在中国特色社会主义新时代的伟大征程中,党和国家高层审时度势,将服务全民终身学习确立为现代教育体系的核心要义。这一决策标志着我国长期以来以学校教育为主导的改革思路和发展模式实现了重大突破和质的飞跃,凸显了党和国家勇立时代潮头、建设教育强国的坚定决心和责任担当。当前,终身学习立法相关工作已被提上议事日程,这不仅是推进教育现代化发展的必然要求,更是保障教育现代化健康运行的基础。

2.我国服务全民终身学习的教育机制有待进一步完善

构建服务全民的终身学习体系,形成人人皆学、处处可学、时时能学的学习型社会,并完善全民终身学习推进机制,这是提升全民素质、推进继续教育以及提升国家发展能力和水平的必然要求。面对前进道路上的挑战和人民对美好生活的迫切需求,这样的体系构建和机制完善既是时代的必然选择,也是目标的合理要求,同时更是基于现实的实际情况。为了实现这一宏伟目标,我们必须确保每个人都能在任何时候都有学习的机会,无论身处何地,都能方便地接触到学习资源。这意味着我们需要构建一个全面覆盖的学习网络,使学习无处不在,无时不有。同时,我们还需要确保这个学习网络能够普惠所有人群,不论年龄、性别、职业或社会地位,都能在这个体系中找到适合自己的学习路径。2020 年 9 月 22 日,习近平总书记在教育文化卫生体育领域专家代表座谈会上特别谈到要创新先进理念、强化干部带头,构建"人人皆学"的动力机制;丰富内

容方式、优化资源供给，构建"处处能学"的组织机制；培育多元主体、满足多样需求，构建"时时可学"的服务机制。我们致力于建立和强化一个面向全体公民的终身教育系统。该系统的构建目标是向国家提供更高质量的教育服务，并确保能够满足人民广泛而多变的学习需求。这不仅是完善国民终身学习体系的关键环节，也是其核心价值所在。在当今社会不断进步、科技日新月异的时代背景下，只有通过持续学习和知识更新，我们才能保持观念的先进性，实现知识结构的升级，以适应社会发展的新要求。这样，我们能够不断激发个人潜力，增强自身与时代发展同步前进的能力和实力。

3.缺少专门推动服务全民终身学习的机构

如果法律赋予政府推动终身学习的职责，那么必须建立相应的执行机构以确保这一政策得以有效实施。例如，亚洲的日本等国家已经先行一步，它们通过设立专门的组织机构，有意识地将文化团体、社区团体、行业协会以及公私部门的企业纳入到一个统一的终身学习网络中。这些国家利用社会上所有可用的教育资源和设施，构建了一个开放且灵活的教育体系结构，旨在促进并实现全民终身教育的目标。为了有效构建终身教育体系，我们需要精心策划并结合国情，吸纳国外成功做法，打造切实可行的方案。各级政府应发挥领导作用，确保部门间高效协作，广泛吸纳社会参与，共同构筑学习型社会。通过政策支持、资源整合与创新教育模式，提升国民终身学习意识，促进知识更新与技能提升，以适应时代发展需求。然而，受计划经济的影响，我国教育管理体制长期处于"条块分割、多头管理"的混乱状态。这需要一个高层次的专门的国家领导机构来协调统领，以凝聚各种社会力量，为终身教育体系的构建创造有利的环境。

（二）经济因素

1.服务全民终身学习的经济资源不均衡

我国城市和农村以及不同地区在经济和文化发展上的差异，对教育领域产生了深远的影响。这种不平衡导致教育资源分配不均，具体体现在区域、城乡、学校之间的教育资金投入、教师资源、教育设施以及教学质量等各个方面。这种差距不仅存在于不同地区之间，即便是同一区域内的学校，其办学条件和水平也往往存在明显的差距。教育经费投入与各级教育协调发展需求仍然不相适应。以学前教育为例，根据2021年的统计数据，学前教育财政性经费投入无论在总量还是生均上，相比其他各级教育都存在不小的差距。学前教育领域面临的普惠性资源供给不足、教师收入总体偏低、师资队伍稳定性差等问题都与此有关。由此可见,经费投入不足是长期以来制约各类教育健康发展的关键问题。

2.配合服务全民终身学习的市场机制不健全

我们必须坚持需求导向,根据民众的不同需求提供多样化的教育服务。坚持特色发展的方向,紧密结合当地的历史文化资源,根据当地实际情况和具体需求,开展富有地方特色的教育活动,确保教育内容和方法与地方文化、经济发展相契合。通过统筹城乡教育资源,实现教育均衡发展,以城市教育资源带动农村教育提升,重点解决农村教育发展中的不足。坚持创新导向,利用我国制度能够集中资源办大事的优势,激发政府、学校、企业和社会力量等多方参与教育的积极性,形成多元化的教育发展主体。建立和完善协同发展的长效机制,为全民终身学习提供坚实的基础和充分的条件,确保每个人都有机会获得持续学习和成长的可能。

（三）教育因素

1.服务全民终身学习的教育体系建构与国民教育体系

国民教育体系是由主权国家通过相应的制度和法律构建的,向其公民提供的多层次、多样形态和类型的教育服务网络。与此相对应的终身学习体系,则是基于人生各阶段的发展需求以及社会政治与经济的变化而形成的教育服务体系,它贯穿于个人的整个生命过程,并面向所有社会成员。在这个框架内,国民教育体系扮演着基石的角色,为终身学习奠定了基础。缺乏现代化的国民教育体系,终身学习体系的建立将会面临挑战。因此,可以认为国民教育体系是终身学习体系中不可或缺的关键部分。

当前,中国社会各界对终身学习的改革与发展表现出日益浓厚的兴趣。然而,要使对终身学习的认识更加正确、深刻和全面,从思想观念上进行深入的理解,并实际推动其发展、为其创造有利的环境,仍需经历一个持久的阶段。

2.现有的教育体系缺乏灵活性与开放性

传统的正规教育体系长期受到"升学"与"就业"两大目标的制约和束缚,这本身就有违教育教学规律。学校教育在服务功能与范围方面的拓展尚显不足,尚未实现有效拓宽,仍然延续旧有职能,并未成为人们满足知识需求的学习中心。在现阶段,终身学习的实现主要依靠政府的领导、社区的参与,以及由开放大学、广播电视大学、成人高校、社区学院和成人学习中心等构成的教育网络。这一结构确保了不同形式的学习机会能够广泛覆盖到各个层面和年龄段的学习者。随着时代的发展和对知识更新速度需求的增加，这一格局正在经历变革。非政府组织，包括一些企事业单位和行业协会，开始从传统的合作伙伴角色转变为终身学习领域的执行者。这些机构正逐步担负起实施终身学习计划的职责，并致力于将自身建设成为支持员工和成员持续学习和成长的学习型组织。这种转变标志着社会对终身学习重要性的认识加深，以及更多主体愿意参与到构建学习型社会的进程中。

3.终身教育立交桥的构想面临着教育资源供需矛盾的问题

就目前我国终身教育发展的状况来看，市场供给对于终身教育需求的满足相对单调，尚不能满足人民群众对美好精神生活的追求。例如，继续教育的重心多聚焦于学历文凭的供给，而非人们精神生活品质的提升。众多大城市中，图书馆周末座位难求、付费自习室在一线城市广受欢迎，以及老年大学报名竞争激烈等现象频频成为新闻焦点。这些情况实际上揭示了教育供给的不足和单一性，表明了终身教育资源的供给与需求之间存在显著矛盾。为了解决这一问题，教育系统正开始从数量扩张转向质量提升，致力于满足不同学习者群体或个体的多样化学习需求。

在构建终身教育立交桥的过程中，应鼓励各级、各类学校向社会学习活动开放场地设施、课程资源、师资以及教学实训设备等，以提高各类公共设施面向社区居民的开放水平。同时，还应创新学习形式和载体，充分利用 5G 技术，结合公共场所或社区公共服务综合信息平台建设，建立覆盖城乡、开放便捷的数字化学习公共服务平台，并培育一批优质学习项目品牌①。

小 结

我国服务全民终身学习的教育机构在推动教育普及和提高国民素质方面发挥着重要作用。但教育内容与方式的滞后同样不容忽视。随着社会与科技的迅猛发展，人们对知识的渴求也在不断变化。然而，部分教育机构仍固守传统的教学手法与内容，难以满足人们多样化、个性化的学习需求。教师队伍的

---

① 周世祥.全民终身学习从理念倡导到实体落地[N].光明日报,2020-11-17.

建设同样是一个亟待解决的难题。在某些地区，特别是农村地区，教师的数量和素质都未能跟上教育发展的步伐。这已对教学质量产生了不良影响，也制约了教育公平的实现。

推荐阅读

1.吴陈兵，陈晓峰.终身教育数字化转型的生成机制与实践逻辑[J].成人教育，2023（3）。

文章首先分析了终身教育数字化转型的根本原因。其次，简述了终身教育数字化转型的生成机制，它是在进化论、蝶变论、超越论以及智能论的协同催生下进行的整体性推动与发展的过程。其实践逻辑包括先导逻辑、过程逻辑与方法逻辑三个方面。最后，文章分析了终身教育数字化转型面临的现实挑战，如体系不够健全、共享机制不够完善以及学历认证困难等问题。在此基础上，提出了需要政府、社会、学校等多方协同发展，以推动我国终身教育数字化转型不断升级与完善，助力学习型社会、学习型大国的建设。

2.唐玉溪.文化视域下的深度学习：推动全民终身学习的新视角[J].成人教育，2023（4）。

文章首先从学习方式、学习结果、学习目标和学习过程四个方面阐述了当代深度学习理论的进展，并基于此分析了当代深度学习理论的发展困惑。其次，简述了从文化视角下看，深度学习的概念内涵与应然取向。最后，提出推动全民终身深度学习的路径可以从以下三方面展开：探索引领全民终身学习的本土化深度学习理念，完善支撑全民终身深度学习的体制机制，以及通过多种形式培育全民终身深度学习能力。

3.高志敏，朱敏，傅蕾，等.中国学习型社会与终身教育体系建设：“知”与“行”的重温与再探[J].开放教育研究，2017（4）。

文章首先以论述终身教育、终身学习与学习型社会的内涵为起点，分析终身教育体系建设的内涵认知和实践推进。其次，从基于教育“外部”和“内部”的考察，阐述终身教育体系建设所面临的机遇与挑战。最后，以全景视野顺应时代趋势，提出发展思路与对策。

4.侯怀银，宋美霞.终身教育视野下的社区教育发展：价值意蕴、现实困境与突破路径[J].现代教育管理，2022（12）。

文章认为，终身教育视野下社区教育发展的价值意蕴有四：一是有利于构建服务全民终身学习的教育体系；二是促进"终身学习型社区"的建设；三是推动"终身学习文化"的形成；四是推进个体生命整全性的实现。然而，社区教育发展存在一定的现实困境，主要体现在对"终身教育"和"终身学习"的理解掠影浮光，"自上而下"与"自下而上"的对接并轨亟待实现，以及社区教育课程与师资的特色性、专业性与稳定性欠缺等方面。针对相关问题，文章提出了在终身教育视野下追寻促进社区教育高质量发展的可行路径。

5.徐莉,肖斌.新时代终身教育的理性遵循与价值诉求［J］.中国电化教育，2022（3）。

文章从百年变局之势出发，对新历史方位下的教育进行反思与谋新。文章认为，教育理性离不开人性思考，而人性思考又需关联社会理性。教育自始至终都围绕人与社会的关系问题展开，其理性也终究指向人类理性与社会理性的辩证统一。终身教育理念则以重新审视人与社会、人与自然的关系问题为逻辑起点，反思和批判传统教育之弊，旨在重构教育新形态。其理性与价值始终辩证地指向人的全面发展与终身发展。

6.杜越,王力.全民教育理念下的农村社区学习中心［M］.北京：高等教育出版社,2011。

本书在"全民教育"的理念下，将农村社区学习中心作为推动和促进全民教育的一种机制进行全面论述。本书总结了亚太地区部分国家农村社区学习中心的实践，并系统介绍和分析了中国农村社区学习中心的构建，以及中国"农村成人文化技术学校"的实践。最后，通过比较研究，本书对农村社区学习中心的各方面机制进行了更深入的分析与探讨。

7.联合国教科文组织国际教育局.教育展望/177——确保高质量的教育与学习：全民教育的启示［M］.上海：华东师范大学出版社,2018。

本书围绕"确保高质量的教育与学习：全民教育的启示"这一主题进行了具体展开，包括"与发展相关的高质量教育和学习""幼儿保育和教育政策规划：2000—2004 年""迁徙族儿童的教育：演变中的方法""成人读写教育中的语言：全民教育运动及其他背景下的政策与实践""针对校园性别暴力政策施行的演变""应对教育中性别平等的障碍——童婚与少女怀孕""分权改革的流行及其对教育质量的影响""韩国、挪威、越南成人教育的跨国参与模式和政策趋势"

"印度和巴基斯坦残疾儿童的教育：近 15 年来发展的批判性分析"等议题。

8.吴德刚.中国全民教育研究——兼论教育机会平等问题[M].北京：教育科学出版社,2011。

本书以历史唯物论的观点为指导,对当今世界教育改革共同关心的重大课题——全民教育和教育机会平等问题进行了较为系统的研究。本书概括地论述了世界上主要发达国家普及义务教育的经验和教训;简要地介绍了马克思、列宁、毛泽东、邓小平等人有关教育的重要论述;客观地论述了中国在全民教育和促进教育机会平等方面所取得的成就。同时,本书有力地驳斥了少数西方国家利用人权问题,特别是儿童学习状况等对中国进行的诬蔑。此外,本书还对当前实施九年义务教育过程中所存在的现实困难以及改革的原则进行了严肃而认真的思考。

9.孙绵涛,等.中国教育政策前瞻性研究——基于教育政策内容、过程、环境和价值的分析[M].北京：科学出版社,2018。

本书阐释了专业化教育政策分析理论与教育政策未来展望研究理论。从内容、过程、环境、价值四个方面,深入分析了我国"十二五"期间教育政策的现状、经验与问题,并为"十三五"期间我国教育政策改革提供了具体建议。同时,本书还探讨了"十三五"期间乃至到 2030 年我国教育事业的发展趋势,并分别从内容、过程、环境、价值四个方面对教育政策的未来发展进行了展望。

第四章 我国服务全民终身学习的
教育实施制度:现状与问题

我国服务全民终身学习的教育实施制度是一项全面、系统且具有深远意义的政策体系。它旨在通过提供多样化的学习途径和资源,满足不同年龄、职业和兴趣人群的学习需求,促进个人全面发展和社会进步。这一制度强调教育的持续性和灵活性,为各类教育实施机构在履行其教育和学习功能、提供教育服务时提供了行动指南和制度框架。其内涵包括为这些教育机构定制的操作程序和一套完整的规则。该制度的覆盖范围广泛,既涉及影响这些机构运作的外部因素,也包括机构自身制定的各项制度、政策、规章和措施。

一方面,该实施制度涵盖了正规教育、非正规教育和非正式教育等多个层面,形成了一个立体交叉的学习网络。正规教育包括学前教育、基础教育、职业教育和高等教育等阶段,为人们提供了系统的知识和技能培训;非正规教育则通过社区教育、成人教育等形式,满足人们在工作、生活中遇到的特定学习需求;非正式教育则更多地依赖于个人的自主学习和实践探索。另一方面,这一制度的实施对于提高国民素质、促进社会公平具有重要意义。首先,它打破了传统教育的时空限制,使得学习不再局限于学校和教室,而是渗透到生活的各个角落。其次,通过提供多样化的学习选择,满足了不同人群的个性化需求,有助于激发人们的学习兴趣和潜能。最后,这一制度还促进了教育资源的均衡分配,缩小了城乡、区域之间的教育差距。然而,在实施过程中也存在一些挑战和问题。例如,如何确保教育质量的稳定性和可持续性、如何平衡不同地区和群体之间的教育资源分配、如何激发人们的学习动力等。针对这些问题,需要政府、社会和个人共同努力,不断完善制度设计、加强监管和评估、提高教育服务水平。

基于本研究,教育实施制度从层面上看包含宏观和微观两部分。宏观层面制度主要指国家、政府、教育管理部门等主体对教育实施机构施加的影响和规范，涵盖法律、政策、规章等；微观层面制度则主要指教育实施机构主体本身为教育功能施加、提供学习服务而设定的一系列制度、规则、措施、办法等。从制度形式上看，它包含正式制度和非正式制度两部分。正式制度是由国家、政府、教育管理部门等主体颁布和执行的制度；非正式制度则是教育实施机构内部以及社会上集体行动中的个体所普遍认可的一种规范性功能。从两者的关系来看，宏观层面的服务全民终身学习的教育实施制度具有方向性和目的性；而微观层面的服务全民终身学习的教育实施制度对各种教育工作的要求则更加明晰和具体，具有更强、更直接的约束力①。

一、正规教育机构实施制度存在的问题

所谓正规教育，主要是指学校教育，即学生在有组织的教育体系中接受的教育形式。在此过程中，教师们会按照预定目标、计划和组织方式对学生进行教育。学生完成学业后，会获得相应的学历证明，因此也可以称之为学历教育。正规教育实施机构是指获得教育管理部门授权的教育机构，它们以促进学生的身心发展为直接目标，由专业教职员工提供有目的、有组织、有计划的系统化教学和培养活动。在这项研究中，我们主要关注的正规教育实施机构包括各级各类学校，这些学校提供从幼儿园到高等教育各个阶段的学历教育。从以上分析可以看出，正规教育，即学校教育，不仅是服务全民终身学习的重要组成部分，更是其坚实的基础。在推进服务全民终身学习的宏观背景下，我们不禁要问：当前正规教育的实施制度究竟状况如何？这无疑是学术界当前面临的一个较为棘手的问题。总体而言，正规教育实施制度应重点关注其学历功能是否得到有效实现，以及如何在思想和行动上推进终身学习的制度改革。

（一）正规教育机构设置的实施制度问题

从教育资源规模与结构增长和变化的视角出发，我们探讨如何为学习者创造更多学习机会和丰富资源。重点分析的问题包括各级各类教育学校的重复设置、学制交叉重叠、层次和类别区分不明显、结构不合理等现象，以及城乡教

---

① 服务全民终身学习的教育实施制度的界定的依据由孙绵涛在《教育管理原理》(广东高等教育出版社，2004 年版)一书中对教育制度的定义推演而来。

育一体化问题。在"十四五"规划期间，中国对终身教育的重视程度显著提升，发展重点已从建立终身教育体系转变为构建服务全民终身学习的教育体系。这一转变标志着终身教育理念在中国的进一步深化与实践，旨在更好地满足人民群众日益增长的学习需求，促进知识更新，提高国民整体素质，以适应经济社会发展和个人全面发展的要求。终身教育要保障每一位公民的终身学习权利，支持个性化教育。服务全民终身学习的教育体系关键在于处理好"服务"与"融合"的关系，其中"融合"是先决条件。本研究以"服务"为核心导向，在探讨全民终身学习背景下正规教育机构设置实施制度的问题时，特别提出了几点独到的见解。学科建设是正规教育机构学校建设的核心，是提升学校教学、科研及社会服务能力和水平的重要基石。在教育资源优化配置系统中，学科资源的优化占据着举足轻重的地位。然而，目前在学科资源整合利用方面仍存在诸多问题。

第一，资源配置重复，导致效益低下。各级各类教育学校的结构体系过于庞大，造成了有限的教育资源重复配置，进而导致效益偏低，学科优势常常受到限制。尤其在当前倡导地方高校院系合并学科的背景下，许多学校在进行院系合并时多采取简单的拼盘方式，只是表层组合。这种做法使得原来学科知识单纯的结构体系进一步扩大，却并未在资源整合后凸显出学校传统的学科优势，未能实现 1+1>2 的效果。

第二，专业设置存在重复，导致资源浪费。以高等学校为例，多数地方高校选择合并学科，然而合并后的二级学院中，各个院系之间缺乏经常性的联系和及时沟通，未能意识到专业课程设置上存在的重复问题。尤其是语文、数学、外语、物理、化学、思政等基础教育学科，每个学院都设有自己的教研室，并由本院教师承担本学院相关课程的教育辅导工作。这种现象割裂了学院之间的整体联系，造成了严重的资源浪费。

第三，学科水平参差不齐，弱势学科发展困难。各级各类学校所设置的学科繁多，各个学科所处的环境各有差异，其发展状况也参差不齐，学科的强弱差异尤为显著。以高等学校为例，有些学校作为理工科院校，更注重工科专业的发展，导致文史类学科配备的教师资源和教学资源相对较弱。学校的弱势学科在提升教学质量和学术水平方面面临挑战，其竞争力的不足在一定程度上制约了强势学科的进一步发展。

第四，"条块分割"严重，资源整合不足。以偏远地区的初等教育为例，在偏远的城镇地区，由于地理位置的不利因素，导致教师资源尤为稀缺。很多教师不愿前往这些地区执教。为了缓解这一局面，国家这些年给予考入偏远地区的教师诸多优厚待遇，同时也降低了教师的准入门槛。尽管教师资源稀缺的问题仍未得到根本解决，但部分学校仍尝试通过设置"大而全"或"小而全"的课程，以小集体为单位进行教学。然而，这种做法没有充分考虑到教师的专业方向和研究方向，更忽视了学校课程设置的整体性。

第五，学科资源库的使用率低。学科资源库的构建与维护是一项长期且充满挑战的任务。这项工作不仅需要与时俱进，紧跟教育改革的步伐，还要适应学校的持续发展以及信息技术的快速变化。为了确保资源库能够持续提供最优质的教育资源，满足教育和教学的不断演进的需求，它必须不断地进行更新和升级，甚至在必要时进行彻底的革新。在过去几年中，学校资源库已在多个方面发挥了积极作用。它不仅提高了整体效益，还显著提升了教学质量，并全面增强了学生的各项能力。教师们也从资源共享中受益匪浅，这种互利的经验激发了他们更积极地参与到学科资源库的建设和维护中来。学科资源管理系统通过利用资源库实施网络教学，为希望开展高效、便捷网络教学的学校和教师提供了极为关键的支持。通过网络教学，教师可以更加灵活地安排教学内容，而学生也可以在任何时间和地点访问所需的学习资源，这无疑极大地提高了教学效率，并优化了学生的学习体验。然而，尽管学科资源库在很多方面取得了显著成效，但目前在数据分布式存储和统一管理方面仍存在不足。这些不足限制了资源库在资源共享和交互操作方面的潜力。因此，为进一步提升学科资源库的功能以满足现代教育的需求，有必要对现有学科资源库进行技术上的改进和创新。这可能包括采用更先进的分布式存储技术以实现资源的高效管理和快速检索，以及开发更友好的用户界面，使教师和学生能更轻松地访问和使用资源库中的内容。通过这些措施，学科资源库将能更好地服务于教育教学，为提高教育质量和学生学习效果做出更大贡献。

（二）正规教育机构运行的实施制度存在问题

在探讨关于服务全民终身学习的正规教育机构运行实施制度的问题时，一个核心议题聚焦于教育实施机构在纵向层面上的割裂现象。具体来说，体制内各正规教育实施机构之间在教育观念、教育内容、教学方法和教学条件等方面，与"服务全民终身学习"这一终极目标之间的统一性与衔接性尚显不足。这包括教育结构体系缺乏必要的衔接和沟通，以及学习成果认定转换制度不健全等横向阻断问题。在"十四五"期间，我国进入了高质量发展的阶段，服务全民终身教育现在有了更高的要求。然而，目前我国终身教育的发展还存在较多问题，例如理念的普及、资源的配置、制度机制等方面仍有待完善。

1.教育机构实施制度易形式化，缺乏必要的制度执行力

教育教学制度及相应改革方面，主要集中在以下几点：在教育内容设定上，是否强调培养学生的学习能力、实践能力和创新精神；在课程设置上，是否加强了课程的综合性、多样性和开放性；在教学方法改革上，是否注重扩展教学方式、改进课堂教学和教学组织，倡导启发式教学和探究性教学，并加强自主学习环境建设；是否重视教育质量评价、教育效果评价，并同步进行相关考试制度改革；此外，是否全面推行学分制与弹性学习制度，是否在高中以上教育阶段全面推行学分制，以增强高等学校的学制弹性，为学生提供多样化、可选择的深造与技能培训途径。

根据本研究的问卷调查结果，可以得出在教育教学制度及相关改革中，多数学校已经进行了相关的教学改革。然而，调查还显示，约三分之一的人员对于自己学校是否实施过教育教学制度改革并不明确。这可能反映出部分学校在推行教学改革制度时行动力稍显不足。在测试中，有45%的人员认为，在他们曾经就读的学校中，教育评价制度上需要建立更加完善的教育质量评价和教育效果评价机制，并进一步深化考试制度改革。此外，在推进普通高中多样化办学方面，这些人员在教育评价制度、教育质量评价、教育效果评价等方面也发现了明显的欠缺。

第一，当我们审视教育机构在教学制度的实施情况时，不难发现一个显著问题，即在教学主体行为规范的制定和执行上存在不足。这种不足主要体现在缺乏有效的行为导向机制，导致教学系统中的各个参与者，包括管理人员、教师和学生，这些不同群体和个体在行为规范上缺乏明确的指导。这些群体和个体都是高校这一内部组织不可或缺的部分。一个有效的教学制度应当能够清晰地规定出各方的职责、权利和义务，从而引导他们在明确且有序的框架内行动，这对于维护良好的教学秩序至关重要。

第二，教育机构在实施制度时，还存在着在宏观与微观层面对教育系统持

续运行的整合与协调不足的问题。从宏观层面来看,教学制度的设计和实施应当确保教学目标的设定与整个高等教育体系乃至更广泛的社会、政治、经济、文化系统相融合。这要求教学制度能够与外部环境形成有效的互动和适应。而从微观层面来看,在专业教学的实施过程中,教学制度的作用尤为关键。它不仅动员了涉及的人力、物力和信息资源,而且优化了这些资源的配置,形成了一个高效的微型教育生态系统,为教学活动的顺利进行提供了坚实的支持。

第三,教育机构在实施制度时,需要更加注重对传统教学制度精华的继承与发扬,同时也要不断吸收现代教育实践与理念。历史上的教学制度蕴含了丰富的价值观念,如教学相长、平等教育和尊师重教等,而现代教育科学实践和先进理念则强调因材施教、以人为本和德育先行等原则。这些传统与创新的理念和实践需要不断融合,并通过制度化的方式传递给后代。这样不仅能够为当前的教育实践提供指导,还能为全民终身学习的科学性延续奠定坚实的基础。这样的制度设计,既尊重了历史,又面向了未来,为教育的持续发展提供了动力。

2.教育实施制度的改革较为被动,缺乏主动性的推动力

据本研究的问卷调查结果显示,多数受访者认为自己曾经就读的学校在弹性学习上都实施过相应的教育教学制度,采取过一定的教育措施,但是效果并不显著。例如:在问卷中我们询问"您正在或曾就读的学校在弹性学习上做到了什么?"大多数人选择的是在学习的方式上具有选择性,可以选择学习必修课和选修课;少数人选择在学习时间上具有伸缩性,可以提前毕业或滞后毕业;还有的选择在学习过程上具有实践性,可以选择半工半读、工学交替,分阶段完成学业。然而,高校开设选修课的制度已有近10年的历史,但当前在教育机构实施制度中还是沿用原有的实施方式,这显然是落后的。目前,就服务全民终身学习的教育实施制度而言,学分互认制度的完善与推广对于有效协调和激发学习者的积极性,扩大学习者对教育资源的选择机会尤为重要。其中,以普通教育阶段的高校学分认证与职业教育阶段的高职学分认证两部分最为突出。

就高校学分认证制度而言,学分互认制度上缺乏推动力。学分互认制度涉及若干高校或高校联盟内相近专业的学分互认,或可考虑对学制进行改革,尝试在高中教育与高等教育之间增设一级教育层次,从而为高中阶段的学生在升学与就业之间创造更多的选择机会。要全面实施学分制,关键在于实现不同教育机构间的学分互认。这不仅是学分制推行的必然结果,而且,如果恰当执行,

学分互认能有效促进教育资源的优化利用,减少重复修读现象,并充分利用高等院校的优质资源,从而提高成人高等教育的整体质量。尽管一些成人高校正在尝试学分互认制度,但普遍面临严格的限制条件,往往只对那些排名靠前或声誉较高的学校的学分予以认可,而不认同排名较低的学校学分。问题的根本在于各校对于学分标准的理解与设定存在差异。鉴于成人教育领域中不同类型的学校、不同层次和教育形式众多且参差不齐,实行学分制的核心挑战是如何科学地对成人高校进行分类与分级管理。只有在合理分类和分级的基础上,同一类别和级别的学校间才能形成统一的学分标准,进而探讨学分制和学分互认制度的可行性。学分认证标准的统一性对于学分银行体系的建立至关重要,它直接关系到学分银行的科学规范运作和权威性。统一标准是实现学习成果认证与转换的基础,既能保障教育质量,又方便学习者跨院校、跨地区、跨专业进行学习成果的互认与转换。尽管我国高职教育在学分银行建设进程中已取得一定进展,但学分认证标准的不统一问题仍然凸显,这在一定程度上阻碍了教育互通性与灵活性的提升,进而限制了终身教育体系的深入发展。因此,当前学分银行建设的当务之急是建立和完善全国统一的学分认证标准,以破解这一难题。

首先,学分认证标准制定的主体不明确。学分认证标准的制定是实现高职学分银行科学化、规范化和权威化的关键。在当前的高职教育体系中,虽然高职院校通常是学分标准制定的主体,但为了保证学分银行的公信力和避免利益冲突,有必要重新考虑标准制定的主体问题。理想情况下,教育行政部门应牵头,充分发挥其在政策制定和监管方面的优势;同时联合专业研究机构、行业协会等独立第三方,共同参与标准的制定过程,以确保标准的客观性和公正性。最终目标是形成一个广泛认可的、全国统一的学分认证体系,从而促进高职教育资源的整合与优化,为学习者提供更加灵活多样的学习途径。

其次,学分认证标准缺乏系统性。在学分认证标准体系中,系统性是统一性的重要体现,它要求标准在全国范围内保持一致性和连贯性。教育部虽已为我国高职教育的学分认证标准框架设定了基调,但各高职院校在实际操作中仍需结合国家课程标准及自身特色来制定具体的执行标准,这导致了内容和细则上的不统一。这种局面造成了标准的随意化和碎片化,与构建统一、规范的学分银行体系的目标存在较大差距。为实现学分互认互通、提高教育质量和效率,需要进一步推动学分认证标准的统一化和标准化。

最后,学分认证标准的适用性明显不足。当前,在高等职业教育领域,学分认证标准的分散化现象普遍存在。不同高职院校之间由于缺乏统一的认证标准,导致校际间的学分互认和转换并不常见。尽管东南沿海的一些省市已经尝试推行跨校选课和学分互认机制,但这些努力通常仅限于特定专业领域,并且仅在建立了合作关系的学校间适用,这限制了其在更广泛社会和行业中获得认可的潜力。在这种背景下,构建一个全面、系统的高职学分银行体系显得尤为重要,但这一进程才刚刚起步,面临着诸多挑战和漫长的道路。要想赢得各类教育机构的支持、吸引高职学生的主动参与,还需不断探索创新,跨越重重难关,以期最终实现学分认证的广泛互认和高效运用。

就高职院校学分认证制度而言,其制度改革较为被动,学分认定方法较为落后。鼓励高校之间、高校和其他高等教育机构之间建立课程和学分互认的联盟,并构建一个有效的学分互认协作机制至关重要。这一机制能够使学习者在不同层次和类型的高等教育机构中获得的学分得以互相认定和转换,是建立全民终身教育体系的基石。考虑到涉及的对象范围广泛、教育参与者类型多样以及覆盖的空间范围广阔,建设高职学分银行需要依靠一个科学、庞大且精细的制度框架来进行有效管理。然而,我国在高职学分银行的制度建设方面尚存在许多不完善之处,这限制了其正常运作。因此,为了支持学分银行的顺畅运行,并进一步促进终身教育体系的发展,迫切需要对现行制度进行审视和完善。

首先,学分获取的制度安排尚不充分。在当前的教育体系中,1+X 证书制度被设计为一种激励措施,旨在鼓励高等职业教育的学生在追求学历的同时,积极投身于职业技能的培训,并通过获取各种职业技能等级证书来丰富自己的技能和知识。这一制度的实施,不仅为高职学生提供了多样化的学习成果展示平台,而且有力地推动了学生技能的全面发展,使学生能够在不同的领域内获得必要的技能,以适应多变的职业市场。在这个制度框架下,学分银行发挥着至关重要的作用。其基本职能是作为一个存储和积累学分的中心,为学生的学习成果提供一个记录和认证的平台。对于传统的学历教育部分,学分的累积已经有了一套成熟的模式、标准和途径,这包括课程学习、考试评估和学分认定等环节,这些环节的流程已经相对成熟和稳定,能够有效地记录学生的学习进度和成就。然而,当我们将视角转向与"X"证书相关的职业培训领域时,就会发现存在一些不足之处。目前,职业培训领域的学习成果主要通过颁发职业资格证书和职业技能等级证书来证明,但这些证书并没有一个明确和统一的学分累积和认定机制。这意味着高职学生在通过非传统教育和培训途径获得的技能和知识,很难被有效地转化为学分银行中的学分,从而影响了学生将这些成果转化为学术认可的可能性。

其次,学分积累的制度安排尚不完善。高职学分银行的一个显著优势在于其积累学分的能力,这使得它比1+X证书制度具有更高的灵活性、普适性和包容性。为了实现学分的积累功能,首先需要明确哪些类型的学分可以被纳入并累积到学分银行中。在我国当前的高等职业教育领域,存在大量的通过非正式教育和非传统学习途径取得的学习成果,尤其是那些形式多样、数量庞大的职业培训成果。对于这些多样化的学习成果,学分银行面临着如何进行认证以及如何存储和积累这些学分的挑战。目前,对这些非正规学习成果的处理还缺乏明确的制度安排。为了充分发挥学分银行的作用,需要制定一套包括认定、评估和转换在内的全面机制,以确保所有形式的学习成果都能得到公正的评价,并被适当地转换为学分银行中的学分。这样不仅能够鼓励和支持学习者通过多种途径获取知识和技能,还能够促进终身学习体系的建立和发展。

最后,我们需要关注的是学分转换制度安排的明显不足。在构建高等职业教育学分银行的过程中,确保学分能够在不同教育形态之间顺畅转换是一项核心挑战。这包括实现高等职业院校与职业培训机构之间的学分转换,以及传统学历教育与非学历教育之间的转换,即"1"与"X"证书制度间的学分互认。尽管在我国东南沿海部分省市,在学分银行概念提出之前,已经开始尝试跨校选课和学分互认的实践探索,但由于受到严格的入学考试和学籍管理制度的限制,这些实践并未取得预期的成效,学生的流动性受到了限制。在1+X证书制度下建立高职学分银行时,也遭遇了同样的问题,而解决这些问题的方法目前尚未形成一套明确的制度安排。

3.微观教育机构实施的制度具有依附性,同时第三方监督也存在不力的情况

我国服务全民终身学习的教育实施质量评级机制尚未健全。当前对终身教育实施质量的评价主要侧重于结果性评价,而专门的第三方评价机构尚未建立来负责终身教育的实施质量评价,这在一定程度上忽视了发展性评价的重要性。各级各类终身教育实施机构和规范的发展状况、实施效果、社会效益、学习

质量和学习效果等评价机制仍需进一步创新和完善。在教师队伍建设方面，我们主要应关注是否在制度建设上强调了教师学习和培训的质量监测与评估体系，并在此基础上形成有利于服务终身学习的教育评价制度。教育评价体系的改革将是高校办学导向的一次重大变革。当前，高校在服务全民终身学习方面，还存在定位不准、动力不足、供需不匹配等问题。为了解决这些问题，我们应充分发挥教育评价的"指挥棒"功能，引导高校重视继续教育的办学规范、教学质量和服务水平，全面推动高校继续教育实现高质量发展。高校继续教育应实现从"学历教育主导型"到"社会需求服务型"的转变，在坚守学历继续教育作为核心阵地的同时，不断满足社会的多元化需求。面向行业企业，高校应大力开展职业教育培训；面向社会，高校应积极开展社会生活教育，以满足学习者多样化的终身学习需求。高校应建立和完善"多层次、多规格、多形式、多渠道"的继续教育培训服务体系，并探索建立高校与行业组织、企业及政府深度合作的新模式，实现优质资源的统筹共享，形成开放、灵活、有序的继续教育办学新格局。

在学校开放性建设方面，即从制度建设上是否鼓励正规教育机构面向社会进行专业认证、服务社区教育建设、满足网络学习需求、支持学习型社会建设等一系列开放性措施，最终实现正规教育机构在服务全民终身学习中的基础性作用。具体问题如下：

第一，缺乏社区教育办学网络建设。应健全省、市、县（区）、乡镇（街道）、村（社区）五级社区教育办学网络。建立并办好省、市两级社区教育指导服务中心。同时，应发挥国家级、省级社区教育实验区、示范区的引领作用，加强社区学院、社区学校及教学点的建设。以开放大学体系为依托，搭建服务全民终身学习的公共服务平台。鼓励高等院校积极开展社区教育和老年教育，提供丰富优质的教育资源，以满足广大城乡居民多样化的学习需求。拓展县域职教中心、成人文化技术学校、科普文体机构、社区综合服务中心的功能，探索建立社区教育资源共建共享机制，推动社区教育向基层特别是乡村延伸，以便居民就近学习，服务我省乡村振兴。此外，应发挥现有老年教育机构的示范作用，鼓励职业院校举办老年大学。依托社区教育办学网络，优化并拓展覆盖城乡的老年教育办学服务体系，确保该体系更加完善。

第二，目前尚缺乏充分利用现代信息技术来赋能终身学习体系的建设。我们应当积极努力,不断探索并构建适应"互联网+"时代的教育新生态,顺应互联网+、大数据、人工智能、5G 等发展趋势,打造智慧学习环境,实现线上线下、课内课外、远程现场、虚拟现实等多场景学习。此外,应建设服务山东全民终身学习的公共服务平台,该平台应集教育机构办学信息权威发布、办学过程监管、教育数据统计等功能于一体。为建立现代化的继续教育管理与监测体系,我们应积极组织各级各类学校开展省级继续教育、社区教育和老年教育的网络课程建设工作,推进学习资源的共建共享,逐步建成覆盖全省的数字化资源公共服务体系,推动资源共享、服务联动。同时,我们应充分利用大数据、人工智能、云计算等信息技术,加强对教与学过程的跟踪、评价与反馈,不断提升继续教育的"智慧"水平与教学、管理质量。

在资历框架和学分银行制度方面,认证标准不统一,导致学分积累以及兑换缺乏明确依据。高职学分银行的建设关键在于构建有效的平台载体,以促进学习成果的记录和转换。在基于 1+X 证书制度构建的高职学分银行体系中,开发一个针对高职学生的学分信息平台是核心环节。该平台能够为学生提供学分累积、转换和认证的服务,对于展示学习成果至关重要。尽管在学分信息平台的建设上已经取得了一定的进展,并产生了正面的社会和经济效益,但总体来看,这方面的建设还不够完善。平台建设的滞后限制了学分银行发展的步伐。因此,需要加大力度改善和提升平台的功能和服务,以满足高职学分银行的需求,推动高职教育的创新和发展。

①是否建立国家学历资历框架专家委员会,建立职业技能等级与学历文凭的沟通转换机制,搭建非学历教育与学历教育沟通平台,推动职业技能培训等非学历教育学习成果转换为学历教育学分②是否建立国家学分银行体系和个人学习账号制度。搭建教育学分认定、存储和转换的国家公共服务平台,构建分级认证服务网络,对学习者不同形式学习成果及学分进行记录、认证,以实现普通教育与职业教育、学历教育与非学历教育、正规教育与非正规教育的衔接与融合。③当前的学分信息平台在功能上还不够完善。在实施学分银行制度的背景下,一个全面的学分信息平台的作用不仅限于记录学生在不同教育阶段和不同类型课程中取得的学习成果所对应的学分。更为重要的是,这样的平台应当提供一系列综合性的服务,包括但不限于学分的认证、查询、兑换,以及与人力资源相关的信息服务等,以满足学习者对于多样化学分信息的需求,同时

也为雇主提供便利。

第三,学分信息平台功能尚不健全。尽管我国已经建立并不断完善多个类似的学分信息平台,但这些平台在功能实现上仍存在局限性。目前,这些平台的服务主要集中在学分的记录和基本的管理功能上,而在学习成果的认证、学分的转换以及终身学习档案的管理服务等方面,尚显不够成熟和完善。特别是缺乏系统的学习路径指导,这使得这些平台更多地被看作存储学分信息的"数据库",而非真正意义上的综合性学习信息服务平台。在高等职业教育领域,这些问题同样显著。现有的高职学分信息平台功能不全面、服务能力有限,导致无论是高等职业教育的学生还是参与高等职业教育培训的社会人士,都对这些平台的使用持有保留态度。他们往往不愿主动使用高职学分银行,因为这些平台无法满足他们的多元化需求,从而缺乏足够的吸引力。

第四,我们需要关注的是目前学分信息平台的覆盖面较为狭窄的问题。在学分银行制度下,学分信息平台是学习成果交易的关键角色,它不仅是连接学习者与用人单位的桥梁,也是确保学分流动性和互认性的基石。因此,这样的平台必须具备广泛的覆盖性和包容性,以服务于不同教育层次、不同类型的学习成果,覆盖更广泛的地理区域,进而促进学分的有效积累和灵活转换。理想情况下,学分信息平台应当能够无缝对接各种教育形式,包括普通教育、成人教育以及职业培训,确保学习者在不同教育阶段或类型之间转换时,其学习成果能够得到认可和累积。这不仅有助于激活学分的流通,还能吸引更多的学习者和教育机构参与进来,共同构建一个多元化、开放性的学习生态系统,推动该系统的持续健康发展。

然而,在我国的实际情况中,学分信息平台的发展仍面临一些挑战。首先,现有的高等职业教育学分信息平台主要局限于职业教育领域,尚未实现与普通高等教育、成人教育以及各类职业培训等其他教育形式的有效整合。这种局面导致了在连接不同教育类型时出现了断层,影响了学习者的连续性学习和成果的互认。其次,这些学分信息平台的运作往往受到地域限制的影响。多数院校的学分银行系统仅在与其建立了合作关系的教育机构之间得到认可。这就意味着当学习者跨越原有的教育体系或院校所在地时,他们所积累的学分很难被其他机构所认可,从而大大降低了学分信息平台的有效性和适用性,限制了学分银行的潜在功能及其在教育体系中的影响力。

（三）教育资源不充分，获取不同类型的学习成果存在困难

一是高职学分银行建设与教育资源联接不紧密。在审视不同地区高职学分银行的建设情况时，我们发现教育资源在整个学分银行平台中往往不占主导地位，这反映出在学分银行构建过程中对教育资源建设的关注度不足。这种状况在某种程度上导致了高职学分银行与相关教育资源的脱节。高职学分银行的建设与教育资源的关联不够紧密，引发了一系列负面影响。首先，从学习者的角度来看，他们使用高职学分银行的体验通常不尽如人意。除了进行必要的学分信息查询和转换之外，学习者往往缺乏足够的动机登录学分银行平台。其次，与其他教育平台相比，高职学分银行在市场上缺乏竞争力。很多社会性教育培训机构对于参与学分银行建设的兴趣不高，这也削弱了学分银行系统的整体吸引力和实用性。二是高职学分银行教育资源种类有限，且质量有待提升。为了增强高职学分银行的吸引力和功能，近年来一些高职院校和职业教育集团开始关注到学分银行在教育资源方面的不足，并努力改善这一状况。然而，目前的高职学分银行在教育资源方面仍面临分散性和质量提升的问题。一方面，教育资源主要集中于学历教育，缺乏针对职业培训的资源，尤其对于某些传统行业和产业的专业培训资源更为匮乏。另一方面，现有高职学分银行平台中的教育资源制作水平尚需提高，大部分内容直接来源于高职院校和职业培训机构，并未根据学习者对灵活、碎片化学习的需求进行相应的调整和优化，因此这些课程资源往往不能完全满足用户的学习需求。

二、非正规教育机构实施制度存在的问题

非正规教育是指在正规教育制度之外，为成人和儿童有选择性地提供学习形式的一种有组织、有系统的活动。非正规教育的实施方式主要指的是不通过传统学校系统进行的教育活动和学习渠道，这些方式构成了教育体系的重要组成部分，如在线教育、工作场所培训、社区教育、个人自我学习等。这些方式在推动全民终身学习方面展现了灵活且广泛的特性，能够给予不同年龄、职业及背景的人群丰富多样的学习机会。这类教育是在学历教育范畴之外进行的，具有明确的教育者和受教育者的教育活动，如成人继续教育、社会培训以及岗位培训等。它们的共同点在于接受教育并非为了获得学历，而是为了提升能力。

从这个层面看,非正规教育是实现终身学习的重要支柱。非正规教育实施制度应重点关注其教育类别、形式、内容和培养模式等多样化功能的正常实现,以及为支持自身可持续发展并间接助力终身学习教育体系构建的各类制度改革。然而,要促使非正规教育实施制度在全民终身学习方面发挥更高效的作用,以下几个方面可能需要调整和改进:①政策支持与监管:政府需要制定明确的政策框架来支持非正规教育的发展,同时确保教育质量和学习成果的认可。②教育内容与方法的创新:非正规教育机构应不断更新和创新其教育内容和方法,以适应不断变化的市场需求和技术进步。③合作伙伴关系的建立:非正规教育机构应与正规教育体系、企业、非政府组织等建立合作伙伴关系,以提供更为全面和连贯的学习体验。④市场机制的完善:市场在非正规教育领域应发挥更大的作用,通过竞争和创新来提高服务质量和效率。⑤技术的应用:非正规教育机构应充分利用现代信息技术,如互联网、移动设备和人工智能,来提高教育的可访问性和个性化水平等。

(一)非正规教育机构设置的实施制度问题

这主要涉及横向阻断的问题。部分非正规教育实施机构因为各自的归属不同、行政管辖机构不同而呈现难以有效整合的困境。例如,家校合作、校企合作、产学研一体化等方面存在问题;同时,家庭教育指导服务体系缺失、社区教育资源供给不足、老年教育机构设置不足等问题也亟待解决。

社区教育在我国教育事业中占据重要地位,是社区建设不可或缺的一环。近年来,我国社区教育蓬勃发展,探索出了符合中国国情的社区教育发展模式与路径,形成了东部沿海发达地区广泛开展、中西部地区逐步推进的发展格局。我国建设了一大批全国和省级社区教育实验区、示范区,社区教育的参与率和满意度逐步提高。在推动全民终身学习的过程中,非正规教育机构在实施制度方面面临的问题主要有以下几点:

第一,社区教育网络的建立尚未完善。为了实现这一目标,我们需要整合各种资源,构建一个覆盖城乡的、统一的社区教育体系,该体系应涵盖县(市、区)、乡镇(街道)、村(社区)三个层级。在这个体系中,各级行政单位应充分利用现有的教育机构,如开放大学、广播电视大学、农业广播电视学校、职业学院和社区科普学校等,来设立社区教育指导中心。这些指导中心将负责统筹规划和指导各自区域内的社区教育工作。同时,我们还需要研究和制定一套针对社区教育办学机构的指导性要求。在建立这样的社区教育网络时，关键是要确保资源的合理配置和有效利用。这意味着不同级别的教育机构需要相互协作，共享资源，以确保社区教育的质量和效率。例如，开放大学和广播电视大学可以利用其远程教育的优势，为偏远地区的社区提供教育服务；农业广播电视学校则可以为农村地区提供针对性的教育资源和支持；职业学院可以提供职业技能培训，帮助社区居民提升就业能力；而社区科普学校则可以普及科学知识，提高公众的科学素养。

此外，社区教育指导机构的作用也不可或缺。它们不仅要负责统筹本区域的社区教育工作，还要确保教育活动的质量和效果。为此，需要制定一系列指导性要求，对社区教育办学机构进行规范和指导。这些要求应涵盖教学内容、教学方法、师资队伍的建设以及教学设施的配置等方面，以确保社区教育的标准化和专业化。

第二，社区教育机构的职责和定位尚未明确界定。为了提升社区教育的效果，需要对不同级别的社区教育机构所承担的职责进行明确划分。在这一体系中，县（市、区）级别的社区教育学院（中心）应当肩负起课程开发、教育示范、业务指导以及理论研究等关键职责。这些机构需要设计和开发适合本地社区需求的教育课程，同时还要作为教育示范的引领者，提供专业的业务指导，并进行社区教育相关的理论研究，以不断优化和提高教育质量。在乡镇（街道）层面，社区学校应负责组织实施各类社区教育活动。这些学校需要根据社区居民的需求，规划和执行各种教育项目和活动，确保教育资源的有效分配和利用。此外，乡镇（街道）社区学校还应负责对村（社区）级别的教学站（点）进行工作指导，帮助这些更低一级的教育点提高管理和教学水平。

第三，我国尚未充分推动包括学习型乡镇（街道）、学习型社区和学习型家庭在内的各类学习型组织与学习共同体的建设。为了促进教育事业的发展，有必要广泛开展创建这些学习型组织的活动，将其作为推进学习型城市建设的重要途径。在这个过程中，应鼓励和引导社区居民自发组建多样化的学习团队和活动小组。这样的学习共同体对于实现居民的自我组织、自我教育、自我管理和自我服务至关重要。这种方式不仅可以增强社区内部各类组织的凝聚力，还能够激发创新力，进而提高整个社区的学习和创新能力。为了有效推进学习型组织和学习共同体的建设，需要从政策和资源上给予支持。政府可以提供必要的资金支持、场地资源和政策指导，帮助这些组织和共同体建立和完善。同时，也可以通过表彰优秀组织和团队，激励更多的社区居民参与到学习活动中来。

第四，我国的社区教育发展面临学校资源开放共享不足以及社区资源共享不充分的问题。为了解决这一问题，我们应积极鼓励各级各类学校充分利用自身的场地设施、课程资源、教师队伍和教学实训设备等，主动参与社区教育的筹办和运营。这样的举措能为社区教育注入更多活力和专业支持。在此基础上，县级职业教育中心、开放大学、广播电视学校和科普学校等应发挥其在农村社区教育中的引领作用，提供多样化的教育资源和专业指导，帮助推动农村地区的教育进步。同时，应加速乡镇成人文化技术学校的转型与发展，鼓励它们成为农村社区教育的重要平台，为成人提供继续教育和技能培训的机会。此外，普通中小学也应被鼓励和引导，以有序的方式向社区居民提供适宜的教育服务，从而扩大社区教育的受众群体和影响力。在统筹共享社区资源方面，我们应当注重社区教育机构与城乡社区综合服务中心（站）、社区文化中心等机构的资源共享与合作。这意味着要拓展社区综合服务中心（站）的社区教育功能，推动社区教育机构与社区综合服务中心（站）在设施使用、信息获取和服务提供方面的协同合作。通过这种方式，可以充分利用社区内的文化、科学普及、体育健身等资源，开展丰富多样的社区教育活动，实现资源的多重利用和公共服务效益的最大化。

第五，在充分利用社会资源方面存在不足。应提高图书馆、科技馆、文化馆、博物馆和体育场馆等公共资源面向社区居民的开放程度。同时，我们积极倡导并支持相关行业企业积极参与社区教育，共同推动社区教育的发展。此外，还应引导一批培训质量高、社会效益好的社会培训机构参与社区教育。我们需要探索开放、可持续发展的资源共享模式，以不断扩大社区学习资源的供给。

第六，在推进社区教育信息化方面存在不足。为了有效应对这一挑战，我们采取了多项措施。其中，包括实施"宽带中国"战略，以及推动"互联网+城市"和"互联网+科普"计划。这些举措的核心目标是通过整合现代远程教育体系资源，利用或依托于社区公共服务综合信息平台的建设，构建一个全面覆盖城乡地区、开放且便捷的社区数字化学习公共服务平台及其体系。这样的平台和体系旨在充分满足居民们日益增长的多样化学习需求。在具备条件的地区，我们特别鼓励形成网上学习圈，以促进学习者之间的互动与交流，增强学习体验。同时，我们也鼓励各级学校和各类社会教育培训机构，积极向社区居民开放他们的数字化学习资源和服务。这不仅能够丰富社区居民的学习资源，还能够促进各地网上学习平台之间的互联互通，从而形成一个更加紧密、高效的数字化学习网络。

（二）非正规教育机构在运行过程中存在着实施制度方面的问题

在关注非正规教育机构的发展时，我们需重视以下问题：专业化队伍建设存在缺失、对非正规教育对象的特殊性要求提供的专业化服务不到位、以及非正规教育学习成果认定困难等。这些问题均需要得到妥善解决，以确保非正规教育的质量和效果。

1.一些教育机构在实施制度时仅停留在表面层面，缺乏深入且规范化的制度设计

如何通过政策法规来充分发挥各种教育资源的作用，统筹促进各类教育与文化资源的整合与衔接，保障公民终身学习的平等权益与机会，提供多元与多样的满足公民学习需求的各种教育课程或学习活动，以及确保稳定的终身学习经费来源等方面，目前都缺乏明确的规范。此外，对于各种扎根社区的终身学习活动（包括文化休闲乃至娱乐身心的活动），以及如何将各级各类正规学校教育融入服务终身学习的教育体系，当前也缺乏必要的法律基础来支撑其有效实施。成人继续教育培养模式的改革确实应当以社会和学习者的需求为导向，以提高适应能力和创新能力为重点。这涉及专业设置的调整、课程内容的更新、教学方法的创新以及建立科学的学习效果评估与反馈机制。同时，继续教育的运行和激励体系也需完善。例如，对持有职业资格证书的专业技术人员设立继续教育的要求，并构建一个将学习成果与工作业绩、职务晋升和岗位选拔紧密关联的考核和激励系统。这些措施共同确保成人继续教育能够有效满足个体发展和社会经济需求的双重目标。此外，应建立健全现代企业教育培训制度，落实从业人员持证上岗和带薪教育制度。同时，应加大对流动从业人员、下岗失业人员、低学历者、低技能者以及年长劳动者的培训力度，形成政府购买相关教育培训服务的制度，以进一步促进这些群体的职业技能提升和终身学习。

2.微观教育机构在实施制度时,涉及的主体间沟通不畅,缺乏政府等部门之间的协调沟通机制

我国服务全民终身学习的政府主导机制尚不成熟。政府在统筹地区终身学习体系构建的顶层设计、整体部署、宏观决策以及推进终身学习项目及活动开展等方面有待进一步完善。当前,我国正面临社会协同和公众参与机制不完善的挑战,在终身学习领域尤为明显。公众自发投身于终身学习的积极性和创造力尚显不足,而政府牵头的相关决策和项目构建也未能充分吸引公众的广泛参与。这导致终身教育发展的动力未能得到社会各界的积极投入,难以形成推动教育进步的集体力量。同时,我国全民终身学习的资源开发还缺乏开放性、共享性和协作性,资源建设分散,且在教育机构、行业及企业间缺少有效的合作与共享机制。这不仅限制了高质量资源的可获取性,也导致了资源的重复建设问题。此外,学校与校外教育的资源有效"整合"不够,婴幼儿、老年教育满足差异化学习需求的教育资源供给不足等问题也亟待解决。学校、企业、社会、政府部门、行业以及社会组织、社区之间应建立健全教育协调与沟通机制。我们应加强各级各类学校、教育机构和行业企业在继续教育、教育培训领域的合作与参与程度,积极发展委托培训、订单式培训、业余培训、半工半读、远距离培训等形式,并强化教学与实践环节的紧密结合。同时,我们鼓励有条件的学校实施"一校多制"机制,即职前与职后教育并举、学历与非学历教育并举、全日制与非全日制并举、线上与线下教育并举,以多样化方式提供教育机会。此外,我们还需改革高等教育自学考试制度,拓展其教育评价功能,加强对学习者实际能力和专业技能的测评,并进一步放宽相应教育的招生和入学年龄限制。

尽管终身教育和终身学习理念自提出以来已超过半个世纪,且在我国政府层面得到了重视,并多次在政策文件中被强调,但全面而深入地理解这些理念并构建一个服务于全民的终身学习教育体系,在社会上尚未成为现实。普遍来看,民众对于终身教育的需求并不强烈,这一现象中出现了明显的"马太效应":即那些已经接受过较好教育的人群更有可能参与终身学习活动,并且拥有更强的学习能力。

到了"十三五"规划末期,我国的高等教育毛入学率已达51.6%,标志着我国高等教育进入了普及化的新阶段。同时,新增劳动力的平均受教育年限也达到了13.7年。然而,全国劳动年龄人口的平均受教育年限仅为10.7年。由于教育水平和经济收入的限制,不少人对终身学习的理解尚浅,缺乏学习动机。他们认为学习只是年轻时期的任务或是一次性的活动,或将学习视为通过考试、获取文凭和资格证书的手段。特别是老年人、残疾人、农村边远地区的居民等弱势群体,他们对终身学习的需求和期望相对较低。以老年教育为例,我国60岁及以上的老年人中仅有3.3%的人参与了学习活动,与庞大的老龄人口基数相比,这一比例并不乐观。

中共中央、国务院于2019年颁布的《中国教育现代化2035》中,明确提出到2035年建成服务全民终身学习的现代教育体系的目标。党的十九届四中全会聚焦新时代对人才培养的新需求,将教育置于更加突出的位置,并提出构建服务全民终身学习的教育体系这一重要举措,此举具有深远的理论和现实意义。党的十九届五中全会进一步提出,"十四五"时期应建设高质量教育体系,不断提升全民受教育程度,并强调"发挥在线教育优势,完善终身学习体系,建设学习型社会。"党的二十大报告中亦指出,"推进教育数字化,建设全民终身学习的学习型社会、学习型大国。"为深入贯彻落实习近平总书记关于教育的重要论述,我们需在全社会树立崇尚学习的价值导向,努力构建"人人皆学、处处能学、时时可学"的学习型社会。这要求我们既要重视学校教育,又要精心规划学校外教育服务的发展,并建立学校教育与校外教育的衔接沟通机制,以形成教育合力,共同推动全民终身学习体系的完善与发展。

3.微观教育机构在实施制度时缺乏保障力

我国服务全民终身学习的联盟与市场引进机制尚未健全。当前,我国在建立学习资源建设联盟、引进社会力量和民间资本、鼓励他们提供多元化教育服务、实现优质资源免费交换等方面仍需进一步完善。我们应推动各类学习资源的开放共享,加强灵活开放的终身教育培训体系的建设,并建立科学且合理的学习资源使用评价标准以及监督奖惩办法。此外,我国服务全民终身学习的多元参与机制创新不足。以开放大学系统为新型实体依托,政府统筹和多方参与的运行格局尚需完善。目前,终身教育活动实施机构如各级各类教育机构、职业培训机构、行业协会、企业大学、街道社区之间,以及学历教育内部的纵向衔接与横向沟通之间,学历教育与非学历教育之间,仍存在条块分割和相互封闭的障碍。这些问题亟待解决,以促进全民终身学习的全面发展。社会教育、学习型城市建设需建立健全党委领导、政府主导统筹、社会各部门共同参与的体制机制。首先,党政部门应担当起社会教育、学习型城市建设的全面领导责任,完善发展规划,推进政策法规建设,组建工作队伍,配套经费投入和管理,建立学习平台,统筹部门协调等。其次,应建立完善激励机制,一方面激励各办学教育主体深入参与,另一方面提升市民参与社会学习与建设学习型城市的积极性,并提供相应的奖励措施和优惠。再次,应推进法律法规与制度建设,加快推进国家层面终身学习立法、促进省市级层面终身学习条例的出台和完善,同时加快建立学习成果认证、积累和转换制度。最后,建立公共学习资源共享机制,统筹各级各类学校教育资源面向社会共享,建立完善数字化学习公共服务平台机制,建立政府部门、企事业单位、学校、公共文化场所等多机构的学习资源协调共享机制。目前,在线学习支持服务人员提供的服务尚显不足,应进一步加强此方面的工作。

第一,教育应试化严重。当前,从小学到高中,学生们成天埋首于作业堆中。教师的教学目标并非为了学生的全民发展,而是紧紧围绕中考、高考的考试来展开。结果,学生们除了能按规矩答几份试卷外,并未学到多少实用的知识和技能。许多学生高中毕业后,甚至无法写出一份合格的合同书,有的学生甚至写一张借条都漏洞百出。这种发展态势,确实令人对教学效果深感担忧。我们常常批判封建科举制度对知识分子的毒害。然而,即便是在科举制度下,人们尚能创作出意境优美的对联和诗词,撰写一些非常实用的文章。反观现在的高中生,他们甚至难以写出一篇像样的实用性文章,满口的学生腔调,与社会实践几乎脱节。这无疑是教育的一种悲哀。

第二,教育内容与社会脱节。从小学到高中,教材中确实存在不少问题。以语文课本为例,许多传统文化中的精彩名篇并未被编排进去,而很多编入教材的内容却缺乏实用价值,无法有效指导学习活动,导致学生读起来感觉索然无味。再比如英语课程,虽然占用了大量的学习时间,但学生毕业后步入社会,往往因用不上而迅速遗忘,造成了大量的时间浪费。这样的例子不胜枚举。

如今,从小学到高中的学生们日复一日地沉浸在作业之中,教师的教学似乎不再以学生的全面发展为目标,而是转变为围绕中考和高考等标准化考试的填鸭式教育。其结果是,学生们除了能够按照规定的格式完成试卷外,很少能学到真正实用的知识和技能。不少高中毕业生在撰写一份基础合同书时感到困难,写出的借条也错误百出。而现在的高中生大多难以写出像样的实用文章,言辞中多充斥着学生腔,与社会实践脱节。

三、非正式学习平台载体实施制度存在的问题

在正规教育和非正规教育的背景下,非正式学习显得尤为独特,因为它不依赖于传统的教学环境或明确的教育角色。这种学习方式是自然发生的,个人在日常活动中不断吸收新信息和技能。支持这种学习形式的机构既包括实体的公共机构,如图书馆、博物馆、科技馆等文化设施,也包括数字化资源,如在线学习平台和结合线上线下资源的应用程序(APP)等。这些机构和平台为个人提供了从日常生活中获取知识和技能的机会。非正式教育实施机构在推动终身学习方面扮演着重要角色,因为它们为公众提供了灵活、多样的学习资源和环境。这些机构通常不以追求传统的学术成绩或学历证书为目标,而是侧重于通过日常生活和实践中的经验和互动来促进知识和技能的获取。

在当前我国乃至全球的教育发展大潮中,非正式学习以其独特的优势,展现出了作为终身学习方式的巨大潜力,能够推动实现"人人学、时时学、处处学"的学习愿景。这种学习形式往往超越了传统教育体系的框架,涵盖了自我驱动的学习、职场实践、社区互动以及网络自学等多种形式。其灵活性、易获取性和多元化特点,使其能够适应不同个体的个性化需求与多样化的生活场景。然而,要使非正式学习在全民终身学习中发挥更大的作用,我们还需要关注并解决一系列问题。首先,政府需出台相应的政策支持与认可机制,为非正式学习的成果提供官方认证。其次,建立有效的质量保障体系,确保非正式学习的内容质量。再者,完善技术基础设施,以支撑"时时学、处处学"的学习需求。同时,推动教育资源的开放与共享,鼓励各类教育机构、企业和组织积极参与。此外,还需提供个性化的学习路径和职业规划服务,引导学习者根据自身兴趣和目标选择合适的学习资源和方法。另外,加强与社会各界的合作,包括企业、非政府组织和社区组织等,共同推动非正式学习的发展。最后,通过宣传和教育提升公众对非正式学习的认知,鼓励更多人积极参与。

(一)缺乏多主体资源的开放与共享

目前,融合不同教育形态的空间、资源、教育方式及学习方式的教育制度安排相对欠缺。例如,缺乏融通校内外的教育资源与学习空间的制度,兼顾公共

与私人学习空间的制度，以及促进线上学习与线下学习融合的制度等。比如，学校、培训机构、社区、城市公共文化场所等应加强数字学校、数字教师、数字多媒体学习空间、数字场馆、区域互联网建设等方面的平台建设与完善机制。同时，还应加强学习资源的开放和共享机制建设。

非正式学习是在正规教学课程或继续教育之外，在工作、生活、社交等时间和地点接受新知的学习形式，由学习者自我发起、自我调控、自我负责①。非正式学习作为一种学习方式，具有以下特征：①非正式学习的泛在性：这种学习形式自然融入人们的日常生活中，不局限于特定的时间或地点。②学习资源的丰富性：随着文化资源的持续增加，可供人们利用的学习资源也在不断扩展。③无时空界限的学习平台：学习可以在实体空间、虚拟空间或这两者的结合点发生，不受传统教室或学校的限制。④重视共享与协作：非正式学习强调发现问题、收集数据、探讨对话、反馈交流和解决问题的过程，这些活动有助于知识的构建和意义的形成。针对新生入馆教育所面临的问题，如学习资源更新速度快与培训时间紧迫的冲突、教学实施者技能缺乏与人本学习规律的理论冲突、单一被动接受式培训与真实情境下共享协作实践的冲突等，将非正式学习理念融入图书馆教育显得尤为重要。这要求高等教育机构、非正式教育和终身教育机构不断探索和研究新的教育模式，以适应不断变化的学习和教育环境。通过这种方式，可以更好地满足学习者的需求，促进他们的个人成长和终身学习。

建立合理高效的图书馆内部管理运行机制是实现现代图书馆功能和提升服务质量的重要保证。以下是构建该机制的关键要素：①组织结构调整：根据图书馆的实际需求，调整内部组织结构，优化业务流程，明确岗位设置及其职责，并完善聘任程序。②人力资源规划：与学校人事部门紧密合作，确定合理的人员结构和招聘标准，建立分层的人才培养体系，以培养符合时代需求的馆员队伍。③考核机制：参考教育部的考核指标体系，结合图书馆的类型和规模，制定适合的考核标准，涵盖服务对象、内容、技术手段等方面，同时结合用户满意度进行评估，确保公正性。对表现优秀者给予奖励，对不合格者采取相应的措施。④分配制度：建立公平的薪酬分配制度，体现按劳分配和优劳优酬的原则。⑤竞争用人机制：引入竞争机制，根据员工的表现进行晋升、调整或淘汰，以激

---

① 余胜泉,毛芳.非正式学习:e-Learning 研究与实践的新领域[J].电化教育研究,2005(10):18-23.

发员工的工作积极性和创造力。⑥业务外包：借鉴国际先进经验，将部分非核心业务外包给专业机构，以降低运营成本，提高服务效率。⑦文献采购招标：采用公开、透明、公正的招标方式进行文献采购，防止腐败现象的发生，确保采购过程的合法性和合规性。⑧激励机制：建立多方面的激励措施，如提供学习和发展机会、设立奖励制度、营造积极的团队氛围等，以促进学习型组织文化的形成，增强人文关怀和团队凝聚力①。

随着高校教育的改革与发展，图书馆在阅读空间延伸、共享空间建设和情境组织创设方面取得了显著成果。然而，这些实践经验无法有效推广和长期落实的根源在于：其一，缺乏系统化的非正式入馆学习策略；其二，缺乏活动实施后的反馈机制，即非正式学习评价体系。因此，新生入馆教育应从学习内容、学习形式、学习主体、学习设计者和学习评价等学习模式的核心要素出发，探索高校新型非正式入馆教育学习策略，制定策划—实施—评估—再策划的可循环行动方案。此举旨在解决入馆教育时间和空间有限的客观矛盾、人本需求和馆员理念陈旧的主观矛盾，以及服务难以有效持续等问题，以期不断完善高校新生入馆学习机制②。

传统封闭式图书馆的管理服务模式因多种弊端而阻碍了读者的体验，如使用不便和访问限制。这些问题在转型为开放性图书馆后得到了显著改善。在信息化浪潮的推动下，高职院校图书馆经历了形式、方法和手段的革新，借助信息技术提供定制化知识服务，极大地增强了读者的阅读体验。因此，高职院校图书馆的发展必须从传统化向现代信息化转型，加强图书馆的信息资源开发和建设，主动围绕院校特色专业和课程体系需求对信息资源进行有效组织收藏。引入现代信息化的管理服务模式，替代原先的人工管理操作，灵活转变图书馆管理方法，充分挖掘整理原有馆藏图书中价值高的文献信息，使其更加精准地服务于广大读者③。同时，构建学术论文数据库、归整各类图书档案、优化图书借阅模式，改变原先的"重藏轻用"现象，提升"藏阅合一"的功能。高职院校可借鉴其他院校成功的案例，通过校园网建立图书信息入口，及时更新并推送图

① 王志华.我国现行图书馆管理体制与内部运行机制的改革初探[J].图书馆论坛,2006(5):4-7.
② 姚虹,潘杏仙,顾家山.基于非正式学习理念的高校图书馆新生教育探索[J].图书馆工作与研究,2018(12):74-78.
③ 张英.浅谈高职院校图书馆管理及服务创新[J].新教育时代电子杂志(教师版),2017(45):277.

书信息资源，从而有效扩大服务对象，突破传统图书馆时间和空间的局限。这样，广大读者可以借助网络媒介实现图书检索，阅读图书不再受到各种限制，对图书信息资源的选择更多、范围更广、使用更为便捷。这真正实现了图书馆的开放性管理，为读者提供了人性化的图书阅读服务①。

高职院校图书馆要实现面向读者的开放性管理，就必须在图书馆的软硬件配置上进行革新。具体而言，应加大图书馆网络化、数字化硬件设施设备的投入，借助现代化网络、通信以及多媒体技术等，大力开发和利用电子图书网络资源。同时，积极引入先进的图书馆管理系统，如图书馆自动化管理系统等，以此加快高职院校图书馆的现代化建设进程②。

智能学习平台，专为终身教育打造，为学历及非学历教育（含社区、老年、社会培训）提供全链条的学习管理服务，并利用智能算法精准推荐学习内容。借助大数据 Hadoop 技术进行数据梳理、分析与深入挖掘，同时开放接口给第三方培训机构，简化课程和考试的整合流程。第三方机构在通过平台审核之后，便可利用开放的 API 接口对教学事务进行管理，将自有品牌课程纳入平台，待系统审查通过后，所有用户均可订阅这些课程。有兴趣的用户只需满足要求即可轻松注册参加。在当今数字化时代，教育技术的进步正在不断推动学习方式的革新。基于大数据存储的智能学习平台正是这一变革的先锋，它利用 Hadoop 等尖端数据处理工具，高效地处理和存储大量的课程内容、学生行为等数据。这样的架构不仅为学习平台提供了强大的数据处理能力，还极大地简化了数据分析和计算的复杂性，使得这些过程变得更加便捷和高效。这个智能学习平台的设计理念是"以学习者为中心"，旨在鼓励和支持学习者主导自己的学习之旅。学习者在这里拥有极大的自由度，可以自主选择学习资源，规划个人的学习路径，跟踪自己的学习进度，并对所参与的课程进行评估。此外，学习者还可以查阅自己的个人学习档案，这不仅能帮助他们更好地了解自己的学习情况，还能激发他们对学习的热情和兴趣。

平台上的所有课程和视频课件均遵循统一的编码标准，并被储存在专门的课件服务器中。这种标准化的存储方式使得培训机构能够轻松地分享这些资

---

① 祝智庭.智慧教育新发展：从翻转课堂到智慧课堂及智慧学习空间[J].开放教育研究,2016(1):18-26+49.
② 王钰莹.智慧教育背景下面向个性化学习的在线学习资源设计[J].中国新通信,2020(20):172-173.

源,同时也方便学习者根据个人的专业需求和兴趣,快速检索并选择合适的课程进行学习。在这个平台上,学习者不仅是资源的接受者,更是内容的参与者。他们可以对所学课程进行评价,而这些评价数据,连同其他学习数据,将被平台用于生成课程排名。这样的排名系统为学生提供了一个参考,帮助他们在众多课程中做出更加明智且符合个人需求的学习选择。

(二)虚拟平台管理缺乏规范化和制度化

目前,尚未建立起具有区域特色的终身学习云服务平台建设服务机制。如今,我国正大力推动教育信息化,旨在利用现代信息技术手段提高教育资源的利用效率。全媒体、云计算、智能化大数据处理等技术在教育领域的应用,对于构建数字化教育资源公共服务平台具有重要意义。然而,由于各种原因,包括资金投入、技术发展水平、政策支持等,目前我国大部分省份尚未建立起面向全省的数字化教育资源公共服务平台。这在一定程度上限制了高等教育、职业教育、继续教育、社区教育等领域资源体系的高效应用和共建共享。在智慧教育时代,这种基于网络的个性化、数字化、碎片化、多元化的阅读方式成为人们接收信息的重要途径①。以网络为媒介的生态学习环境中,我们应构建以学习者为中心的学习共同体,形成包含学习者、助学者、学习平台、学习资源等元素的学习社区。在这样的学习社区中,学习者可以进行互动交流和协作学习,利用各种学习资源不断地进行知识的有意义建构②。

《国家中长期教育改革和发展规划纲要(2010—2020年)》明确指出:"信息技术对教育发展具有革命性影响,必须予以高度重视。"2019年,教育部等十一部门发布《关于促进在线教育健康发展的指导意见》中也指出,要充分运用现代信息技术手段,提供在线教育服务。资源作为教育信息化的核心内容,决定了信息化的水平,成为推动教育系统性变革的关键要素。在线教育以信息技术为基础、以教学资源为核心,充分发挥"互联网+教育"的优势,不仅实现了教育资源的共享和时空的灵活,还构建了优质、个性、灵活的终身教育体系,成为促进

---

① 何曼.北京外国语大学网络教育学院:将在线学习资源建设放在第一位[J].在线学习,2021(5):44-46.
② 朱东妹,潘杏仙.大学新生入馆教育网上互动学习平台的设计与实现[J].图书馆学研究(应用版),2011(2):8-11+32.

教育公平、推动教育变革的有效手段①。

　　图书馆新生入馆学习平台的核心目标是帮助大学生了解并利用图书馆资源。它整合了实体图书馆和虚拟图书馆中分散的多元学习形式，实现了学习时间的碎片化，是一个具有开放、交互、泛在特征的学习平台。这种灵活、泛在、嵌入式的学习模式已经成为高校图书馆新生信息素养教育的主流。例如，安徽师范大学图书馆的在线入馆教学和测试一体化的高校新生入馆教育网上互动学习平台②，将新生专栏、虚拟图书馆实景展示、入馆教育视频、游戏闯关开通借书证等功能共享到网络资源平台，构建了入馆培训的新模式。这些信息化学习平台能够提供持续不断的学习服务，新生接到录取通知后就可以在平台注册学习，通过视频、课堂小测、练习、实践（活动）、作业等慕课要素实施教学，满足学习者入校之初的学习需求。

　　基于历史经验的分析，学者们对我国教育资源共享建设进行了深入研究，从平台、制约因素、存在的问题和运行模式四个角度出发，发现存在以下三个主要问题：资源质量不尽如人意、平台提供的服务不够完善以及共享模式本身有待改进。①资源质量的问题在教育资源共享中尤为突出。其中，学科结构的不合理设计导致了重复建设的现象，而某些学科资料的缺失则无法满足用户的全面需求。这种现状与资源共享旨在获得用户认可和支持的核心理念相违背，严重影响了共享效果和可持续性。根本原因在于教育过程中的不规范行为以及缺乏明确的资源开发标准和要求，这些问题亟待解决。②网络共享课程平台无疑为用户提供了便捷的学习资源获取途径。然而，平台的服务品质与用户体验对学习效果和用户满意度有着直接影响。目前市面上的网络教育平台质量参差不齐，主要问题体现在：服务不周全，某些平台可能未提供充分的技术支持或客户服务，使得用户在使用过程中遭遇问题而难以获得解决方案；定位模糊，有的平台在创立初期未能明确目标用户群体及其使用场景，从而导致服务内容与特定用户需求不匹配；用户权限受限，用户在使用平台时自主权不足；同时，出于知识产权保护的考虑，也存在一定的问题，如一些高质量的资源往往设有使用限制，用户无法免费或无限制地访问和使用。③资源共享模式尚待进一步完

①　郇楠.信息时代高校图书馆新生培训模式思考与探索[J].农业图书情报学刊,2016(11):125-127.
②　罗铿.MOOCs 模式下信息素养教育课程的变革：以新生入馆教育为例[J].图书馆学刊,2015(10):78-82.

善。当前资源共享的建设方向主要侧重于建设方的筹备与规划，而对于如何提供优秀、有效的资源和信息则涉足较少。不少建设方缺乏清晰的目标定位和服务意识，这就要求相关部门提供有效的指导标准。

在线教育被视为促进教育变革与创新发展的重要途径，以终身学习为背景的在线教育注重体系的建构。为了更深刻地理解全民终身学习与在线教育体系的关系，我们需要进行深入的研究和分析。

（三）宏观要素分析

以政策为导向。党的十九大报告中提到，深化供给侧结构性改革，要推动互联网、实体经济等深度融合。教育作为社会发展的引擎，不仅在推动经济和社会进步方面发挥着关键作用，而且在供给侧结构性改革中也占据着核心地位。鉴于此，教育领域需要不断创新，制定和实施有效的在线教育政策，旨在通过个性化的学习方案满足终身教育的需求，同时确保教育质量，为在线学习环境营造一个健康、积极的氛围。随着互联网时代的到来，电子设备已不再是生活的附属品，而是成为学习的重要工具。在线教育利用这些设备，为学生提供了理解和掌握线下教学中可能遗漏的知识的机会。这种教育方式不仅打破了时间和空间的限制，而且最大化地实现了教育资源的共享和利用，体现了以价值为导向的教育理念。

（四）中观要素分析

第一，资源开发。开发适用于在线教育的语文课程教学资源，旨在满足不同年龄层次人群的终身学习需求，这是推进终身教育改革与创新的关键路径。在设计这些资源时，首要任务是确保内容的可接近性和灵活性，以适应学生随时随地的学习习惯。其次是教材的挑选，必须精心选择那些能够激发学习者热情、提升学习效率的文本。第三个关键步骤是课件的制作，它需要强调教学主题并呈现清晰的逻辑结构。最后，构建一个题库，既要保证数量充足，又要确保题目的质量，使得题库既具挑战性又能有效衡量学习成果。这样的在线课程资源开发，不仅适应了学习型社会的发展趋势，而且致力于培养人们的人文素养和创新能力，为社会注入持续进步的动力。

第二，平台运行。科技进步催生了各行各业的繁荣，尤其在教育领域，线上教育的兴起突破了时空界限，实现了教学资源的跨界共享，这对于支持终身学习体系的构建至关重要。中国在互联网技术的持续革新和应用上取得了显著成就，这为在线教育的稳健运营提供了坚实基础。随着5G技术的普及，其高速度和低延迟的特性将极大提高视频教学内容的传输效率，增强视觉体验，并提升网络的稳定性。大数据和人工智能的发展则意味着教学方式将变得更加智能化和个性化，能够更有效地吸引和保持学习者的关注，激发他们的主动学习与互动。这些技术革新不仅推动了在线教育形式的演变，还助力了终身学习理念的深入人心，促进了个人和社会的知识更新与技能提升。

第三，师资培训。随着中国对教育体系的持续优化，在线教育模式日益受到瞩目，这进一步推动了在线教师培训模块的广泛关注。在设计在线教育培训内容时，核心目标是提升教师的教学技能和效能。为此，可以利用人工智能等前沿技术来创新教育培训方法，并推进教师信息化教学服务平台的发展与实施。通过在线教育平台，不仅可以实现教师培训内容的标准化和系统化，还能根据不同教师的需求提供个性化的培训方案。这种灵活多样的培训方式有助于各类教师提升专业技能，从而更好地适应现代教育发展的需求。

（五）微观要素分析

第一，平台企业。随着在线教育行业的飞速发展，大量传统线下教育机构纷纷转型，采用线上教学模式，为全国各地的学生提供免费在线课程，从而极大地拓宽了教育资源的覆盖范围。这一趋势不仅让更多学生能够便捷地获取所需的知识资源，也显著增加了在线教育的用户基数，扩大了平台规模。在这样一个基于互联网的在线教育资源共享平台上，资源的整合通常采用分类分布的方法，大致可以分为三个主要类别：内容类、工具类和平台类。这种分类方式有助于更有效地管理和调配教学资源，确保用户能够根据自己的需求快速找到并使用相关资源，进一步提升学习效率。

第二，师资队伍。在线教育作为一种基于互联网的教育模式，其核心依旧是教育本身。因此，在在线教育领域，师资队伍的建设和教学研究同样占据着举足轻重的地位。教师团队通常分为三类角色：主讲教师、教学研发教师和辅导老师。主讲教师的主要职责是根据教学计划和课程要求进行直播授课，他们是学生直接接触的主要教学人员。教学研发教师则在幕后为教学内容和方法提供强有力的支持，他们负责教学内容的编撰、解析以及教学产品的研发工作。辅导老师则在直播课程中辅助教学，主要关注学生的学习效果，并针对学生课后遇到的问题提供专业的解答和指导。这种分工合作的教师结构确保了在线课程的质量，同时提供了全方位的教学支持，以促进学生线上学习的效果。

第三，政府部门。首先，实施资质备案。开展在线教育的培训机构必须符合国家互联网管理相关法律、行政法规的规定，并取得相应的办学许可。其次，确保办学质量。在线教育的教学人员资格必须符合国家的相关规定，并进行认定和公示。再者，多部门应加强联合监管。例如，推动完善线上数字教育公共服务购买机制，通过购买一批课程、学时、学习资格或其他学习资源，发放给有学习需求的学习者，以促进大众数字教育资源的普惠化学习。同时，加强线上教育教学产业监管机制，杜绝滥收费、不良教学内容、教育收费陷阱等现象。最后，建立完善线上教育资源数据库，协调衔接网课开放、社区服务、场馆学习资源更新等机制①。

四、服务全民终身学习的教育实施制度问题的成因分析

（一）个人需求与经费保障

根据本研究调查结果显示，绝大部分人认为线上学习平台需要相关制度保障。主要涉及以下几个方面：一是相关教育主管部门在各类终身学习场所和设施上的投入明显不足，民间教育机构尚未能充分、有效地参与到服务全民终身学习的社会实践中来。二是各种用于提高成人参与终身学习的积极性的助学金、奖学金仍不充足，应继续加大投入，为弱势群体的终身学习提供经费保障。三是政府的公共教育投资尚未能够全面覆盖，无法为各年龄阶段提供充足的终身学习保障资金。根据本研究调查显示，政府在线上学习平台制度实施方面存在以下不足：没有进行资质备案；没有保证办学质量；缺乏多部门联合监管；没有制定相应的规章。其中，大部分人持有这样的观点：政府有必要确保线上学习平台的办学质量，以满足广大学习者的需求。

长期以来，我国的教育管理体系确实存在条块分割和多头管理的现象。为了解决这个问题，我国政府已经致力于推进教育改革，并加强各部门之间的协作与配合。目前，我国正在逐步构建全社会各方面能够相互沟通与协调的管理

---

① 张蕾,谢玲玲.终身学习视野下我国在线教育体系的元素分析:以语文学科为例[J].汉字文化,2021(4):88-89.

体制与运行机制。在国家层面，我国政府已经设立了一些统筹协调领导机构，如国务院教育督导委员会、国家教育体制改革领导小组等，这些机构在推动终身学习体系和学习型社会建设方面发挥了积极作用。同时，政府还在持续加大投入，整合各类学习资源，以满足人民群众多样化的学习需求。自 2001 年提出"构建终身教育体系，创建学习型社会"的目标以来，我国政府一直在积极推动这一事业的发展。然而，当前全社会尚未完全营造出"人人皆学"的学习氛围，这需要我们共同努力。政府在政策导向和舆论宣传方面将继续发挥积极的推动作用，以促进成人自主学习体系的构建和完善。在这个过程中，我们可以借鉴一些成功的案例和经验，如中国教育在线、中国大学 MOOC 等在线教育平台，这些平台为广大学习者提供了丰富的学习资源和便捷的学习途径。此外，我们还可以参考一些地方性的做法，如上海市推出的"市民终身学习账户"制度，通过政策引导和激励措施，鼓励市民积极参与终身学习。①

（二）政策制定与立法保障

制度是规范和约束行为的有效手段。在学习型社会的背景下，构建成人自主学习体系需要建立相应的制度，以便使成人自主学习体系走向规范化的轨道。就目前来看，经费投入制度、激励制度、学习评价制度明显不足，这影响了自主学习体系的构建。经费投入是自主学习体系构建的物质保障，激励制度是激发个人内在学习动力的关键，而评价制度则是考核个人学习效果的有效尺度。

具体来看，我国经费投入主体较为单一，主要依赖政府的经费投入，而且经费投入尚未形成投资领域的层级化。在组织内部，尚未形成有效的学习竞争激励机制，学习成果与工作绩效和薪酬未能直接挂钩。在组织外部，各种形式的非正规教育及非正式教育难以与学历教育实现有效沟通和互认，尚未建立允许从非正规教育加入或重新加入正规教育过程的桥梁。此外，教育资源共享程度有待提高，正规教育的标准仍被用作社会对非正规教育进行评价和衡量的指标②。

①在服务全民终身学习的教育实施过程中，相关法律法规和制度的保障存

① 赵镭蕾.学习型社会背景下成人自主学习体系构建研究［D］.杭州：浙江工业大学,2012.
② 赵镭蕾.学习型社会背景下成人自主学习体系构建研究［D］.杭州：浙江工业大学,2012.

在不足。

②现有正规教育实施制度、非正规教育实施制度以及非正式学习制度，在实践过程中出现诸多不匹配与人为的制度障碍。

③在终身学习的推进过程中，由于顶层设计和政策统筹的缺失，各类教育机构往往各自为政，机构间缺乏有效的沟通与协作，这导致了教育管理体系中出现条块分割、多头管理的问题。此外，这种分散的管理方式也造成了教育资源的重复投入和浪费，进而影响了教育效率和质量。

监管不足在互联网时代尤为显著，主要体现在两个层面：首先，是对信息发布的监管。在互联网环境中，信息由众多用户自由发布，这导致资源的质量难以得到有效保障，且未经筛选的信息迅速传播，其中不乏有害内容。若学习者缺乏必要的辨别能力和抵御不良诱惑的能力，很容易受到不正当信息的影响。其次，是对成人非正式学习的监控和评估机制不足。评价在促进学习方面具有重要作用，甚至可以说，评价的存在为持续学习提供了动力，是影响学习效率的关键因素。因此，建立有效的监测评估体系对于成人学习者来说至关重要。它不仅能够帮助学习者获得反馈、调整学习策略，还能增强其学习的积极性和持续性。李妍伶学者认为，在我们日常接触的网络环境中，缺乏正规的监管体系、安全控制体系与评价体系，其中网站监管乏力是最大的缺陷与不足。[①]。

（三）理念转变与学习型社会

我国在打造学习型社会的过程中，目前存在以下现象：一是终身学习的设施和场所尚不完善，已有设施的教育功能有待进一步发掘，且开放程度不高。二是由于历史原因、行政组织归属原因，以及利益关系的博弈等原因，学校外存在纵向割裂、横向阻断的体制机制，导致学校与校外教育资源无法有效"统合"，两者之间尚未建立起有机连接的"立交桥"。三是不同层次或类型的教育与学习机构之间尚未实现相互承认与转移，学生出入各层次、各类型教育机构的通道尚未形成。目前，我们尚未建立起完善的机制来沟通不同类型的教育，以实现正规教育与非正规教育证书、学历证书与职业资格证书的相互认可。同时，关于获得某种资格所需具备的国家规定的能力标准及国家资格认证框架尚处于缺失状态。

---

① 李妍伶.基于 3G 智能手机的成人非正式学习研究[D].成都：四川师范大学,2014.

提高自主学习能力的关键在于构建终身学习环境，而任何学习活动都必然发生在特定的环境中。按照《现代汉语词典》的解释，"环境"是指周围的情况和条件，它是相对某项中心事物而言的。由此推及终身学习环境，可理解为支持和帮助大家完成自主学习活动的情况和条件。具体来说，它包括物质条件和非物质条件。物质条件是指学习的场所、学习资源、教学材料等；非物质条件则包括学习者的动机、学习氛围、学习策略、认知工具以及教师帮助等。

从终身学习的外部学习环境来看，主要存在的问题包括：尚未形成"人人皆学、处处皆学"的良好氛围，缺乏足够的影响力来促进学习者的学习活动；学习场所和资源不足，尤其是在城乡之间存在明显差异，无法满足所有学习者的需求；网络学习环境发展不完善，在线服务平台未能有效运作，导致成人学习者对这些网络资源失去信心；此外，成人学习资料普遍存在"普教化"的问题，没有为成人提供具有实际价值的知识和信息。

（四）理论研究与大众共识

有研究表明，在大众共识层面主要有以下表现：一是大众对终身学习的思想认识尚显不足，未能全面调动学习者的学习主动性。教育与社会需求的不匹配已逐渐显现，特别是对终身学习的理解尚不深入，大多数人对终身学习及其意义的理解存在明显欠缺。二是政策制定过程中行政主导色彩过浓。学者作为先行理论研究的直接参与者，对终身教育相关理念、国内外终身教育政策的发展趋势与动向均有较为深入的研究和了解。然而，民主开放的多元决策机制，包括学者建言、民众参与、政府统筹等要素，尚未建立。三是民众作为终身教育的直接参与者，其对终身教育的认识、理解与要求将直接决定政策制定的内容、方向与目标。目前，保障公民终身学习权，促进民众积极参与的政策制定体制尚未完善。

学习动机是指引起、维持人的学习活动，并促使该活动朝向预期学习目标的一种内在过程。它同时也是推动个体参与教育学习活动的一种内在动因，反映了学习者在学习活动中所处的心理状态和心理倾向①。学习动机对学习者参与学习的积极程度有显著影响，并能在一定程度上揭示个体的学习需求。作为非智力因素的核心，学习动机不仅促进其他非智力因素的作用，还对这些因素

---

① 张兴红.动机归因理论在成人学习中的应用[J].社会心理科学,2006(1):67-70.

产生影响和调节。因此,深入研究学习者的学习动机,并采取措施激发这一动机,对于增强成人自主学习的自发性和热情至关重要。

近年来,我国学术界对成人的学习动机展开了研究。有的学者将学习者的学习动机分为社会完善型、自我提高型、实用功利型和潜在可塑型;有的认为学习动机有四个指向:一是职业进展指向,如调动工作和升级提干;二是求知兴趣,如增长知识和出国留学;三是个人目标指向,如增加收入;四是活动欲望指向。还有的学者将其归结为求知兴趣、职业发展、服务社会和外界期望等四种类型①。由此可见,个体的学习动机存在差异。顾明远在《学无止境:构建学习型社会研究》一书中对成人的学习动机进行了深刻的剖析,指出随着知识经济的到来,社会竞争日益加剧,职业发展已成为人们学习的主要动机之一,目的在于获得优质的工作机会并在职业道路上占据优势地位。我国公民更希望在学习中获得真实的技能、实际的回报和工作机会,而文凭或证书及升职在这其中所起的作用相对较小②。

学习动机多种多样,同时影响学习动机的因素也很多。只有深入理解了影响学习的因素,我们才能有效地激发学习动机,促进成人主动参与学习。多项研究表明,学习动机与个体的性别、年龄、职业水平、受教育程度、收入水平以及婚姻状况等因素均存在一定程度的相关性。例如,从年龄方面看,年轻人更倾向于职业进展,而年长者则更多地出于兴趣而学习③;成人学习者的动机水平随着年龄的增长呈递减的趋势。除了内在的影响因素之外,成人的学习参与程度还很大程度上受到个人与社会文化环境之间动态关系的影响④。

成人普遍缺乏利用互联网进行非正式学习的意识,并且往往没有养成良好的学习习惯。如果他们不能意识到通过互联网学习对个人发展的重要性,那么培养在线学习的习惯就会变得更加困难。王晓晨通过对教师群体使用移动终端的态度进行问卷调查,并得出结论:影响成人学习效率的因素是多方面的。首先,许多成人,特别是那些来自较落后地区、年纪较大的人,对新兴的在线学习方式了解不足,这限制了他们采纳和利用这些资源的能力。其次,尽管有些

① 李斌.我国成人学习动机研究综述[J].成人教育,2004(9):20-22.
② 顾明远,石中英.学无止境:构建学习型社会研究[M].北京:北京师范大学出版社,2010.
③ 杜小月.云计算中服务器虚拟化技术的研究[J].技术与市场,2020(3):117,119.
④ 刘军,李洪赭,李赛飞.CTCS-3级列控系统虚拟仿真与网络安全测试平台的设计与实现[J].铁道通信信号,2019(8):10-14.

人对这种学习方式有所了解，但许多人并不认为它能带来显著的效果。事实上，学习意识不足和学习习惯缺失是导致学习效果不理想的主要因素①。

（五）信息技术与云平台

互联网作为人类文明发展的重要成果，已成为推动创新、促进经济社会发展的强大力量，造福于人类。随着互联网技术的日益发展，其在社会各领域的渗透也越发深入，推动了各个产业的优化、发展和创新。一个全新的"互联网+"模式正在各领域孕育而生。在教育领域，互联网技术与教育的融合并不仅限于在线教育这一形式，它更代表着一种基于互联网的思维方式转变。这种融合构建了一种以互联网技术为基础的数字化教育教学生态系统②，使得有限的教育资源能够迅速传送到更广泛的区域，实现脱离时空限制的远距离教育资源共享，为更多人提供学习机会和学习资源，从而提升教育生态系统的承载力③。

近年来，尽管各级政府在开发和建设数字化教育资源方面投入了大量的人力、物力和财力，但我们必须明确，教育资源并不等同于学习资源，两者之间仍然存在一定差距。教育资源更加重视教师的教学，旨在协助教师完成各种教学活动，帮助学生理解教学内容。而学习资源则更多地关注学生，更易于学生获取，并以更容易被接受的形式协助学习者探究问题的本质。尤其是对于终身学习者来说，如果他们无法迅速且准确地找到适合自己理解的学习资源，那么他们将难以顺利解决问题。这不仅会打击他们自主学习的积极性，甚至可能摧毁他们终身学习的信念和信心④。

终身学习云课堂在实施过程中暴露出以下几个不足之处：首先，大数据、人工智能、物联网、AR/VR 等先进技术在云课堂中的应用潜力巨大，但目前尚未得到充分利用。其次，教学信息化的支撑还不够强大，对于学习者在学习过程中产生的数据收集与分析处理尚处于起步阶段。目前缺少对学习数据的宏观规划和有效积累，难以提供精确和及时的智能学习服务，因此，个性化教学的实施还有待加强。最后，在线学习支持服务体系仍需完善。虽然在线学习支持服

①　张丽明.基于互联网技术的终身学习资源建设与供给研究[J].电脑知识与技术,2020(27):63-65.

②　李金波,许百华.成人参与学习的动机研究[J].心理科学,2004(4):970-973.

③　周玲.成人学习动机的调查分析[J].广西社会科学,2003(12):176-179.

④　王晓晨.基于移动终端的中学教师非正式学习研究:以山东省枣庄市中学教师为例[D].桂林:广西师范大学,2019.

务已从传统管理服务向多元化发展,但由于管理的复杂性增加和服务要求的提高,需要更多专业的在线学习支持人员,而在这方面的建设还未达到理想水平。

成人学习通常以解决实际问题为目标,而互联网的普及极大地便利了成人获取必要的知识和信息。然而,这种便利性也可能导致学习者过度依赖网络资源。当面对问题时,他们更倾向于简单地使用手机或其他移动设备上网查找答案,而不是通过更深入的思考和学习来解决问题。这种过度依赖可能会削弱成人学习者的自主学习和批判性思维能力。成人学习者难以构建自身学习系统的知识网络,而且由于他们倾向于以"简便、快捷"地解决问题为导向,他们更可能在学习策略中选择学业求助策略。长此以往,这会导致成人学习者缺乏独立思考的能力,产生对自媒体技术的过度依赖①。

在当前的数字时代,互联网系统为网络共享课程的普及奠定了坚实的基础,实现了用户与教育资源之间的无缝对接。然而,这种新兴学习方式的有效性和用户体验在很大程度上依赖于平台的质量。市场上充斥着各式各样的网络共享课程平台,服务质量参差不齐,这直接影响了用户的学习体验和资源获取的效率。在平台的发展初期,它们往往缺乏明确的目标定位,导致用户的参与权限受到限制,自主选择的空间有限。在这样的平台上,用户往往感到自己的选择权被剥夺,无法完全根据个人需求和兴趣来选择和利用资源。这种情况不仅限制了用户的个性化学习路径,也影响了他们对平台的满意度和忠诚度②。

小　结

我国服务全民终身学习的教育制度是一个非常重要的议题。虽然这个制度旨在推动全民终身学习,为人们创造更多的学习机会与资源,然而,它也并非尽善尽美,存在一些问题。这些问题产生的原因多种多样。首先,教育资源分配不均。我国的教育资源大多集中在城市地区,而农村地区的教育资源则相对匮乏。这种不均衡分布直接导致了城乡之间的教育差距,影响了全民终身学习的实现。其次,教育制度不够灵活。目前,我国的教育制度主要以应试教育为主,过分注重考试成绩,而忽视了学生的个性化发展和综合素质培养。此外,社

---

① 郭中华,顾高燕.基于自媒体的成人非正式学习:意义、特征与路径[J].成人教育,2019(10):15-18.

② 黎明."互联网+教育"背景下网络共享课程研究与思考[J].智库时代,2019(22):189-190.

会对终身学习的认识还不够充分。许多人认为学习只发生在学校里，而忽视了社会和家庭对个人成长的影响。这种观念制约了终身学习的发展。

推荐阅读

1.徐莉，杨然，辛未.终身教育与教育治理在教育现代化中的逻辑联系——实现中国教育现代化 2035 的思考［J］.中国电化教育，2020（1）。

文章首先分析了教育现代化 2035 与新时代终身教育的内涵特征，认为新时代中国终身教育具有了不同的新内涵，归纳起来有以下三个明显特征：首先，在追求教育现代化的进程中，我们既要遵循教育规律，克服终身教育理论的偏误，又要紧密对接 2030 年可持续发展目标，引领国际潮流，同时确保深深扎根于中国特色和本土意蕴的土壤之中。此外，通过阐述教育治理的基本概念以及中国教育治理现代化的演进历程，我们可以进一步从"治理"维度、"现代化"维度以及"教育新样态"维度出发，深入探讨教育现代化 2035 与中国教育治理现代化发展的新阶段。最后，文章讨论了现代化背景下新阶段终身教育与教育治理的逻辑关系问题。

2.徐鹏，董文标，王丛.新加坡人工智能终身教育体系现状及启示［J］.现代教育技术，2022（3）。

文章聚焦于新加坡的人工智能教育，首先详细论述了新加坡的人工智能终身教育体系，其次，具体分析了其因材施教、因事而行、因需而定的特点。最后，从教学资源、课程体系、师资队伍建设等角度，提出了新加坡人工智能教育对中国的启示，以推动中国人工智能教育的发展。

3.吴遵民，法洪萍.终身教育背景下基础教育的改革现状与发展路径［J］.人民教育，2021（6）。

文章首先提出了从终身教育体系转向服务全民终身学习教育体系的意蕴及启示，接着分析了在终身教育的框架下，基础教育的重要价值以及面临的新挑战。最后，围绕终身教育的理念，提出了未来基础教育的改革与发展路径。

4.袁松鹤，孙雨，谭伟.教育数字化战略行动背景下的终身教育平台架构研究［J］.中国远程教育，2023（3）。

文章首先以教育数字化战略作为终身教育平台转型升级的原动力为出发点，聚焦于终身教育平台广义实践与狭义研究的现状，并对此进行展望。其次，分析了我国终身教育平台架构的实然状态。基于此,围绕理论基础、业务架构、技术架构和内容构想,提出了服务导向的终身教育平台系统的应然构想。最后,对研究进行了展望。

5.吴遵民.开放大学评价"五问"[J].开放教育研究,2023(2)。

文章认为,开放大学评价有以下五个问题值得考量:一是什么样的评价才是对开放大学最为合适的评价;二是什么样的评价应该成为开放大学最看重的评价;三是什么样的评价最能体现开放大学的作用与地位;四是什么样的评价最能推动开放大学的高质量发展;五是什么样的评价最能展现开放大学的精神品质与社会价值。基于此,提出了以下三点发展建议:一是开放大学必须始终坚持满足公民开放、终身、个性化教育需求的基本原则;二是开放大学必须大力贯彻服务老龄化、数字化、现代化社会发展的国家战略;三是开放大学应继续凸显自身体系化、特色化与多元化发展的基本共识。

6.王建凯.成人教育创新发展研究[M].苏州:苏州大学出版社,2022。

本书从学习型社会与成人教育模式创新、成人教育的信息化建设、成人教育教学管理的创新实践以及新媒体背景下成人高等教育改革方式的变革等方面,综合分析了我国成人教育在发展过程中面临的机遇与挑战,以及所进行的创新性变革。在宏观方面,该书从学习型社会、城乡一体化进程、经济转型、新媒体等背景出发,论述了当前成人高等教育创新发展所遇到的困惑、机遇与挑战,并针对这些问题进行了深入思考,提出了改进措施等。在微观层面,该书对当前成人高等教育教学管理进行了深入剖析,不仅揭示了其现状,还指出了存在的问题,并进一步探讨了需要改进的地方,最后提出了相应的合理对策。

7.乐传永.成人教育转型发展研究[M].杭州:浙江大学出版社,2014。

本书围绕成人院校教育转型与发展主线,首先探析了社会转型相关理论、社会转型的特征、社会转型对教育的影响和诉求。在此基础上,对普通本科院校成人教育、职业技术学院成人教育以及独立设置成人高校、成人中等学校教育的兴起与发展、面临的机遇与挑战、转型的路径与机制进行了详细的研究,并就各自发展的典型案例进行了深入的分析。最后,对国外成人教育转型发展进行了介绍。

8.汪国新,项秉健.社区学习共同体[M].杭州:浙江大学出版社,2019。

本书通过对"本质意志、共同学习、守望相助、生命成长"四大内涵以及"自觉、自主、自给、自评"四大成长机理的揭示,认定社区学习共同体是原始共同体的活性存在,是破解三大难题的有效路径之一,是重拾共同体生活的现实载体。本书不仅为社区教育从设计型向生长型的转变提供了理论依据,更为城乡普通居民实现人的生命性价值、提升生命品质开辟了新的途径。

9.叶忠海.现代成人教育学原理[M].北京:中国人民大学出版社,2015。

本书在成人教育学的框架结构和基本内容上进行了大胆的变革与创新,摒弃了原有的以普通教育学学科体系为基础的成人教育学学科结构体系,转而以"以成人为本"的理念作为指导,将成人的终身发展作为最终的价值取向。在此基础上,本书沿着"成人的成长和发展"的主线展开深入研究,构建了现代成人教育学的理论体系。此外,本书还从教育社会学的视角出发,对成人教育类型进行了全新的划分,分为学校形态的成人教育、组织形态的成人教育、社会形态的成人教育。

第五章 新时代我国服务全民终身学习的教育实施体制对策

　　2019年,党中央、国务院联合印发了《中国教育现代化2035》这一重要文件,其中明确指出将"建成服务全民终身学习的现代教育体系"置于2035年八大教育主要发展目标的首位。这一重要文件的颁布,不仅体现了终身教育理念在中国本土的深入扎根,也指明了终身教育未来的发展方向。党的二十大报告中更是明确提出了"建设全民终身学习的学习型社会、学习型大国"的重大战略任务。简而言之,在"十四五"规划期间,我国教育事业的发展重心正逐步由构建终身教育体系转向构建服务全民终身学习的教育体系①。这一转变的根本方向在于,从强调外部终身教育体制机制的建立,转向强调内部学习主体需求的满足与质量提升,以及全社会终身学习资源的有效整合、学习机会的创造与精准的个性化服务。

一、服务全民终身学习的教育实施体制总体对策

　　新时代,我国服务全民终身学习的教育实施体制应建立以学习者为中心的现代教育体系,并形成全社会共同参与的教育治理新格局。一方面,构建以学习者为核心的现代教育体系,旨在实现教育各层次和类别之间的无缝对接与交流。这样的体系将促进基础教育、职业教育、高等教育以及继续教育的协同进步,实现学历教育和非学历教育、职前培训与在职培训、线上学习与线下教学的有机整合。目标是形成一个体现终身学习理念的教育体系,这个体系应当是开放的、灵活的,并且运行顺畅,为学习者提供多样化和连续性的学习路径。另一方面,要形成全社会共同参与的教育治理新格局。教育法律法规应更加完善有

---

① 吴遵民.服务全民终身学习教育体系构建的路径与机制[J].中国电化教育,2020(5):10006.

效,政府依法行政、引领教育发展的能力显著增强,实现教育管理信息化和决策施政的科学化、民主化、精细化。建成完善的中国特色现代学校制度,学校办学自主权得到有效保障,学校发展活力明显增强。同时,应建成畅通有序的社会参与教育治理的桥梁与网络,实现教育治理现代化。

(一)服务全民终身学习教育实施机构的对策

当前,我国全民终身学习教育已提升至国家发展的重要战略层面。然而,在其实践推进的过程中,我们也不得不正视一些问题和挑战的存在。本文将探讨这些问题,并提出相应的对策。首先,我国在推进服务全民终身学习教育的实施机构建设方面,面临的主要问题是资源不足。全民终身学习教育涵盖了多个领域,其深入推进自然需要庞大的资金、人力和物力支持。然而,当前各级政府对终身学习教育的投入仍相对有限,这在一定程度上制约了教育服务的普及与深化,导致一些地区和群体无法享受到高质量的教育资源。因此,政府应加大对终身学习教育的投入,提高教育经费的使用效益。其次,我国服务全民终身学习教育的实施机构面临的问题是服务质量参差不齐。由于终身学习教育涉及的领域众多,不同机构的服务质量存在较大差距。一些机构在课程设置、教学方法和师资力量等方面存在不足,影响了学习者的学习效果。因此,政府应加强对终身学习教育机构的监管,提高服务质量,确保学习者能够享受到优质的教育服务。再次,我国服务全民终身学习教育的实施机构面临的问题是学习者参与度不高。由于工作、家庭等原因,许多成年人难以抽出时间参加学习。此外,一些人对终身学习教育的认识不足,缺乏学习的积极性。因此,政府应加强宣传与引导,以提高全民终身学习教育的普及率和参与度。综上所述,我国服务全民终身学习教育的实施机构面临的问题主要包括资源不足、服务质量参差不齐和学习者参与度不高。针对这些问题,政府应加大对终身学习教育的投入,加强对终身学习教育机构的监管,同时加强宣传与引导,以全面提升全民终身学习教育的普及率和参与度。

(二)服务全面终身学习教育制度实施的对策

我国正在积极实施全面终身学习教育制度,这是一项旨在促进全民终身学习、提高国民素质并适应社会发展需求的重要举措。然而,在实施过程中,我们不可避免地遇到了一些问题和挑战。其中,资源分配不均的问题尤为突出,成为我们面临的首要难题。具体而言，城市与农村、东部与西部之间的教育资源差距显著，这导致了教育机会的不平等。为了解决这一问题，确保每个公民享有公平的教育机会，我们亟须加大对农村和欠发达地区的教育投入，优化资源配置，确保教育资源的均衡分布。此外，课程内容和教学方法的革新也刻不容缓。当前的教育体系在某些方面仍过于传统，未能与时俱进地与现代社会发展相适应。因此，我们必须致力于更新课程体系，注入更多贴近实际生活和工作实际的知识与技能，同时采用更加灵活多样的教学方法，以更好地满足不同学习者的个性化需求。再次，尚未完善的激励机制也是一个问题。终身学习需要个人的积极性和社会的支持，然而，当前我们面临着对积极参与终身学习的个人和机构缺乏充足激励的困境。为应对此挑战，政府应发挥主导作用，通过制定和实施一系列政策，如税收优惠、学分累计和转换等，来激发更多个人和机构参与终身学习的热情。为此，构建一个全面而系统的终身学习教育体系显得尤为迫切。这一体系将涵盖学前教育、基础教育、职业教育、高等教育以及成人教育等多个层次，有助于推动全民终身学习的深入发展。通过构建这样一个体系，可以确保人们在不同的人生阶段都能获得所需的学习和培训机会，进而实现知识的持续更新和技能的不断提升。这一制度建设是一项系统工程，需要政府、社会以及个人等多方共同努力，不断解决实施过程中所面临的问题，以期实现教育公平和提升国民整体素质的宏伟目标。

二、服务全民正规教育的教育实施体制对策

（一）普及高质量的学前教育

2020年9月7日，教育部发布了关于《中华人民共和国学前教育法草案（征求意见稿）》（以下简称《草案》）。《草案》一经公布，便在社会各界引起强烈反响。《草案》基于当前学前教育的困境，对其性质、定位、范畴、政府责任与使命、普惠性幼儿园的支持与推进、经费保障以及师资队伍建设等方面进行了立法界定。该法尤其将学前教育置于终身教育的背景下，明确了学前教育作为学校教育制度起始阶段的重要地位。此举为构建从摇篮到拐杖的终身教育体系奠定了坚实的立法基石。

近年来，"入园难""入园贵""城乡发展不均衡""幼儿园教育存在小学化倾

向"等问题成为人们热议的话题。这一系列问题与不断攀升的入园量、公办和民办幼儿园数量的失衡以及相关法律的缺失有着密切的联系。其一,从学前教育的入园数量来看,2021 年在园幼儿高达 4 805 万人,毛入园率达到了 88.1%,其在园人数翻了 343 倍,入园率提高了 87.7%①。其二,公办和民办幼儿园之间的矛盾一直是影响学前教育发展的重要因素。我国学前教育经历了一个公办起步、公办民办并举到民营主导的发展历程。中华人民共和国成立初期,学前教育的任务是解放妇女劳动力,教育幼儿,由国家接管私立幼儿园,联合不同社会力量进行全面管理。1978 年,党的十一届三中全会召开,由此确立了改革开放的国家发展战略,幼儿园亦开始遵循公办、民办"两条腿走路"的方针,在恢复、发展、整顿、提高各类托幼组织的过程中②,这一时期开始公办民办并举。自2012 年起,民办幼儿园逐渐崭露头角,不仅在数量、学生人数以及教师规模等方面均超越了公办幼儿园,更在此后的时间里占据了主导地位,展现出了绝对的优势。由于公办幼儿园数量的不足,导致家长无法进入普惠优质的公办园而转战民办园,加之资本的逐利以及缺乏管控,民办幼儿园逐渐出现"入园难""入园贵""小学化"等问题。在这一背景之下,《草案》的颁布为建立科学的学前教育体系、提升公办园地位以及全面形成"幼有所育"的基本格局奠定了基础,也为我们普及高质量的学前教育提供了可供借鉴的路径。

1.将学前教育纳入国民教育体系

通过对我国颁布的十六部教育法的分析来看,从义务教育到高等教育再到职业教育都有所覆盖,然而,作为至关重要的起始教育阶段的学前教育,却缺乏专门且独立的国家立法。《草案》的颁布虽然打破了这一格局,但作为"试行"的立法,《草案》的法律效力还是不足的。只有国家立法的保障,才能真正保护现有学前教育的公办性质,才能真正将学前教育纳入"体制内"。只有确保了学前教育的法律地位,才能进一步遏制部分民办园由于缺乏管制所带来的不正之风,才能从根本上解决"入园难""入园贵""幼儿园小学化"等问题。

2.构建以普惠性资源为主体的办园体系

确立公办园的地位并不意味着要全面遏制民办园的发展。一方面,从我国学前教育的发展历程来看,民办园在现阶段已经占据了有利地位,无论是在数

---

① 资料来源:2021 年全国教育事业发展统计公报。
② 资料来源:《全国托幼工作会议纪要》的通知。

量上还是质量上所带来的影响都是不容忽视的，短时间内想要使公办园取代民办园是不可能的。公办园的转型、内部结构调整、教学资源的优化整合、优秀教师的培养都不是短时间内能够实现的。另一方面，公办园在发展过程中，也应积极借鉴部分民办园在办学模式和教学模式等方面的优点，以不断提升自身的教育质量和水平。由于民办园在议价权、保育品质等百姓密切关注的问题上，在实际运作层面拥有更大的自由度①，因此，在办学理念、教学方法上，民办园的创新能力和发展活力也更胜一筹。要实现 2020 年我国学前教育发展的"双普"目标，就必须大力加强公办幼儿园和普惠性民办幼儿园建设。

首先，加大对公办园的投入力度，下放部分权力以激发公办园办学活力。其次，进一步完善对普惠性民办幼儿园的认定、扶持与监管政策，保留优质民办园实力。在普惠性民办园的认定过程中，"非营利性"应作为首要的评判标准，让老百姓"有学可上""有学能上"。加大政府补贴力度，引导民办园向普惠性转变，同时加强对民办园办学质量的监督与管控，使公办、民办园齐头并进，资源共享。

3.积极发展农村学前教育

农村学前教育，作为当前我国学前教育领域的一大短板，更应得到我们的高度重视。一方面，我们必须集中力量实施"教育精准扶贫"战略，并增加政府在这方面的投入，确保农村学前教育成为我们资源投入的重要方向。另一方面，应将学前教育作为促进农民终身学习、传播乡村文明、培育乡土自信、促进乡村社会发展的重要举措②。乡村教育作为农村文化传播的载体，将学校与农村及本土文化紧密联系在一起，能更好地发挥学校传播乡村文明的功能。此外，家庭作为学前教育的启蒙之地，在幼儿教育领域拥有着举足轻重的地位。在投资减贫项目时着眼于家庭，将获得更高的社会回报，这也是培育儿童认知资本的最佳方式。

4.加强教师队伍建设，提高教师待遇和专业化水平

教师队伍人才匮乏，质量参差不齐，长期以来一直是制约学前教育发展的主要障碍。幼儿教师的数量不足与幼教老师待遇偏低、流动性大等因素密切相

---

① 杨婷,吴遵民.终身教育背景下学前教育发展的路径与机制:读《中华人民共和国学前教育法（草案）》[J].现代远距离教育,2020(5):18-25.

② 梁慧娟.改革开放 40 年我国学前教育事业发展的回望与前瞻[J].学前教育研究,2019(1):9-21.

关。正如前述,截至 2018 年底,全国幼儿园专任教师总数为 258 万人,公办幼儿园专任教师总数为 97.2 万人,事业编制总量为 55.6 万名,实有在编人数为 44.8 万人,其中在编人数仅占教师总数的 17%。幼儿园教师的职称晋升问题更为凸显,无职称的教师在公办园教师中占比高达 67.6%①。因此,我们必须切实改善幼儿园教师的待遇,提升幼儿园教师的社会地位,逐步完善幼儿园教师的工资和保障机制,确保公办园在编教师与非在编教师能够实现同工同酬。同时,应严格执行幼儿园教师资格认证和聘用制度,科学开展职前培训。此外,针对乡村及城市的不同需求,应提供专业化、差异化的在职培训,并建立面向幼儿园卫生保健人员的专项持证培训机制,合理保障幼儿园教师的基本权益。

(二)加强基础教育建设,构建高质量教育体系

推进义务教育的均衡发展和城乡融合是一项至关重要的任务,它不仅关乎教育公平,也是社会进步和国家发展的基石。实现这一目标,意味着我们必须确保九年义务教育在城市与乡村之间实现无缝对接,消除教育资源的地域差异,并在省级范围内实现资源的均衡分配。这样的均衡发展旨在保障每一个孩子,无论他们出生在何处,都能平等地享受到高质量的义务教育资源。我们的目标是将九年义务教育的巩固率和完成率提升到世界领先水平,同时提高学生的学业成绩,使他们能够在国际舞台上展现出色的学术实力。为了实现这一目标,我们计划在适当的时机,将学前教育的最后一年纳入免费义务教育的范畴,以提前为孩子们打下坚实的学习基础。为了推动义务教育的均衡发展和城乡一体化,根据相关法律法规,国务院以及县级以上地方政府必须承担起主要的职责。这包括合理分配公共教育资源,改善薄弱学校的教学条件,减少不同学校之间的办学条件差异。同时,我们还要继续确保农村地区、民族地区以及经济困难家庭和残疾儿童能够按照规定接受义务教育,不让他们因条件限制而失去学习的机会。在实际操作中,许多地区已经在省域内全面推进义务教育公办学校的标准化建设,这不仅提升了教育质量,也促进了教育资源的均衡分配。在县域内,公办学校的无择校政策得到了强化,实行公民办学校同步招生,这有助于消除学校间的招生差异。此外,通过多点划片等措施,有效地遏制了学区

---

① 姜勇,庞丽娟.以供给侧改革为抓手推进普惠性学前教育公共服务体系建设[J].教育发展研究,2019 (8):17-25+48.

房的炒作,减少了因房产而产生的教育不公平现象。为了进一步提升教育质量和促进教师资源的均衡分配,还实施了城乡公办学校校长和教师的定期轮岗交流制度。这种制度的实施,不仅能够促进教师之间的经验交流,也能够使教育资源得到更加合理的配置。有条件的地区正在将这种做法从县域扩展到市域,推广九年一贯制的对口招生和一贯制学校,以此来进一步促进教育的连续性和一致性。

（三）推进普通高中多样化办学，加强与大学的衔接

学校教育,作为终身学习体系的稳固基石,对学习者在思想道德、文化科学素质、学习能力以及创新精神等方面的塑造,具有深远且持久的影响力。正因如此,它在整个终身学习体系中占据了不可或缺的重要地位。高中阶段教育,则像是基础教育与高等教育之间的桥梁,其承上启下的作用尤为重要,值得我们更加深入地关注和研究。然而,受应试教育的长期影响,普通高中教育同质化的问题十分普遍,整个高中教育阶段呈现出"千校一面"的状态,这一局面直接导致步入大学阶段教育后创新型人才的极度匮乏。针对这一问题,2023年教育部办公厅关于印发的《基础教育课程教学改革深化行动方案》中提出了新要求"坚持因地制宜'一地一计'、因校制宜'一校一策',把国家统一制定的育人'蓝图'细化为地方和学校的育人'施工图'"。在进一步推进普通高中多样化发展的过程中,我们明确指出,普通高中应在确保必修课程全面开设且质量优良的基础上,积极适应学生的特长优势和发展需求,提供多样化、分层次的选修课程,从而构建出具有学校办学特色的课程系列,以更好地满足学生的个性化学习需求。

就目前而言,尽管我国普通高中在不断发展,但仍面临诸多现实问题。正是这些问题导致了高中阶段教育呈现出"千校一面"的趋同现象,成为其根本原因。

第一,普通高中教育功能与任务的失衡。这种失衡体现在功能定位的不清晰上。长期以来,升学和就业一直是我国普通高中的主要职能,具有极强的工具性和功利性价值。就连很多国家性的文件中都有类似的表述,如1996年《全日制普通高级中学课程计划（试验）》中明确规定,普通高中具有"为高一级学校培养合格新生、为社会培养具备一定素质和能力的建设者并向社区提供文化服务"的功能。然而,目前普通高中的教育功能仍然主要为升学与就业服务,完

全忽视了教育育人及发展学生个性这一目标。张新平(2012)教授在《我国普通高中教育的危机及其应对》中也提到,社会一直用升学和就业双重工具性的功能来界定普通高中教育,忽视了学生全面发展的需要①。

第二,我国的普通高中教育正面临着资源配置和发展不平衡的严峻挑战。这种不平衡主要体现在两个方面:一是教育经费的不足,二是城乡之间教师资源分配的不公平。长期以来,我国的教育管理政策倾向于"抓两头,放中间"的模式,即重点关注小学和大学阶段,而对高中阶段的教育投入相对较少。根据调查统计资料显示,我国公立高中的教育预算中,政府拨款的平均比例仅为42%,在一些省份,这一比例甚至低至27%。这导致学校需要依靠学费来弥补部分经费,学费大约占年度经费支出的10%,而剩余资金则需要学校自行筹措。这一现状使得校长们不得不将大量时间和精力投入到筹资活动中,从而影响了教育教学的核心工作。此外,我国东西部以及城乡之间在经济投入和师资力量上的不平等,以及优质教育资源分布的偏斜,也是亟待解决的问题。城市地区的高中通常拥有更加丰富的教育资源和优秀的教师队伍,而农村地区的高中则相对匮乏,这导致了教育质量的地域差异。

第三,我国普通高中的办学模式过于单一化。尽管我国高中教育经历了数次模式调整,但当前的普通高中办学模式仍缺乏多样性。国家教育委员会前主任朱开轩曾提出,普通高中应存在四种不同的办学模式:专注于升学的模式、结合升学与就业的模式、专注于就业的模式以及具有特色的高中模式。然而,这一建议在实施过程中遭遇重重阻碍,未能有效落实。因此,以追求升学率为主导的现象依然普遍存在,这不仅限制了学生的个性发展和多元选择,也制约了高中教育的整体质量和发展。打破现有的单一化办学模式,创新和丰富高中教育的内涵,成为当前我国高中教育改革和发展的重要课题。造成这一局面的原因复杂多样,包括国家政策的目标导向、社会、家长、学生的观念趋同以及社会对学校的评判标准等。

第四,普通高中内涵发展的同质化现象严重。这种同质化体现在课程设置的单一性、教师队伍的同质化以及学生评价标准的单一性。在僵化的教育管理体制下,学校的多样性被抹杀,课程设置趋于同质化;教师在一定评价标准及升

---

① 张新平.我国普通高中教育的危机及其应对[J].南京师大学报(社会科学版),2012(5):18-24.

学压力下,缺乏创新;学生更是以分数作为唯一的评价标准。

在这一严峻形势下,西方及国内部分优秀学校的先进经验为我们打破僵局提供了路径。在国际范围内,发达国家如英国和美国,在 18 世纪 20 年代就已经提出了兼顾基础教育和个性化教育的高中教育目标。例如,美国高中教育目标趋向于一个整合的三维导向,这早在 1918 年美国国际教育协会提出的中等教育七大原则中就有所体现。这些原则强调了掌握基础知识、培养就业技能和胜任公民责任等内容,体现了对升学、就业和全人教育目标的关注。英国也提出了既考虑升学也考虑就业的教育目标。在英国,高中教育阶段通常被称为"第六学级",承担着双重功能:一是为学生进入大学做准备;二是为学生的就业和顺利过渡到成人生活做准备。后来相关法案中又加入了终身学习推广等内容。在办学模式上,英美两国也采用了横向多样的办学模式。美国高中学校主要分为综合中学、普通中学、选择性中学及职业技术中学,分别承担着基础教育、升学与就业三项任务。英国第六学级则采用的是学术类、职业类、特色类与综合类多样并存的办学模式。在课程设置上,英美两国也展现出高选择性。例如,美国高中采用"必修+选修+计划"的课程设置。必修课程主要为学生提供基础知识与能力;选修课程则与社会生活、就业相关,课程门类丰富多彩;此外,美国高中还开展了各种以项目或活动为中心的教育计划,旨在锻炼学生的实践能力并促进其个性化发展。在中国,一些特色高中也展示了它们独有的特色。例如,有研究者对南京市的普通高中进行了多样化发展的研究,他们通过综合改革、学科创新、普职融通和国际高中这四个维度,对南京市具有代表性的高中进行了案例分析。这些学校与大学的合作项目也为培育顶尖人才提供了途径。这些不同的高中正依托它们的独特性在众多学校中探索出自己的发展之路。

为了推进普通高中的多样化办学,加强与大学的衔接,我们还应当从以下几个方面继续努力:

1.不断优化普通高中的培养目标

我们有必要摒弃传统观念中普通高中仅为"升学"和"就业"服务的偏见,对普通高中的性质和功能进行全新的审视与定位。普通高中教育本质上是一种面向大众的基础性教育,它固然承担着为学生升学提供预备教育的功能,但更为关键的是,我们不能忽视其作为教育根本目的的"育人"职责。这一职责要求我们在教育过程中注重学生的全面发展,学生的身心健康及健全人格的培养依旧值得我们重视。现如今,不断上升的青少年犯罪率、自杀率都足以体现其重要性。尤其是随着终身教育这一理念的普及,高中教育的目标不只是追求升学率,充分挖掘每一位学生的潜能、促进个性化的发展才是关键所在。

2.均衡配制普通高中教育资源

在当前的教育体系中,高中学校常常依据学生的分数来划分等级,这种做法可能导致教育资源的不均衡分配,进而影响到每位学生接受教育的公平性。为了改变这一现状,有必要推动高中教育向横向分类的模式发展。具体来说,不再单一地依赖分数来划分学生等级,而是构建多样化的评价体系,以确保每位学生都能在公平的环境中接受教育。为了更好地实现教育公平,还需合理优化高中学校的分布。针对设施不足的乡镇高中,可以考虑实施合并或提供特别的支持措施,以确保这些学校的学生也能享受到与城市学校相似的教育资源。此外,可以充分利用大学城和经济开发区的优势,改善部分高中的教育设施,这不仅有助于提升这些学校的教育质量,还能促进区域内的资源共享。同时,鼓励优质高中发挥其引领作用,通过与周边学校建立合作关系,共享优质教育资源,如优秀教师、先进教学方法和管理经验等,从而提升整个区域高中教育的水平。这种合作可以采取多种形式,例如联合举办教师培训、学生交流活动、共同开发课程等,以此促进教育资源的均衡分配和高效利用,确保每个学生都能在公平的条件下接受高质量的教育。通过这些措施,我们可以逐步改变以分数划分等级的现状,推动高中教育向更加公平、合理的方向发展,让每个学生都能在适合自己的环境中学习和成长,最终实现教育的真正公平。

3.切实扩大普通高中的办学自主权

突破原有的刻板教育管理体系,从根本上更新教育管理理念,摆脱传统教学方式的束缚,超越以功利为主的教育目标和单一化的评价体系,真正增加普通高中的办学自由度。我们鼓励学校根据自身条件进行特色化的教育实践,并提供必要的帮助与政策支持。为促进学生全面发展,需同步构建科学的考评体系,并深化高校招生制度改革。这一改革应以面向全体学生为导向,以突破多样化发展瓶颈为目标,既要重视学生的学业成绩,也要兼顾其综合素质的提升。通过这些举措,我们为学生终身学习奠定坚实的基础。

4.彰显普通高中内涵发展的特色化,实现区域普通高中办学的多样化

基于"千校一面"、普通高中同质化严重等问题,为了确立普通高中多样化

的基本格局,首先必须从学校的内在转型着手,改革同质化的校内管理和培养模式,培养学校的独特性。学校应利用自身有利条件,自主选择发展路径,制订能突显其优势的发展计划,在培养目标、办学理念、课程设置以及学生管理等方面形成鲜明的个性,切实发挥学生的主体能动性,促进学生个性的全面发展。其次,普通高中多样性发展是一个全局性的概念,要想真正落实多样性发展,还应促进区域性整体发展。因此,无论是政府还是学校都应从宏观的、全局化的视角出发,以普通高中的多样化发展推动整个教育体系的进步。

(四)在教育统筹协调发展中提升职业教育治理水平

中共中央办公厅、国务院办公厅印发《关于深化现代职业教育体系建设改革的意见》(以下简称《意见》)提出了"深化职业教育供给侧结构性改革""推动职普协调发展、相互融通"和"构建央地互动、区域联动,政府、行业、企业、学校协同的发展机制"的改革方向。同时,《意见》在组织实施方面提出了"建立组织协调机制"的具体实施方式。这是深入贯彻落实党的二十大精神、朝着"建设全民终身学习的学习型社会、学习型大国"的重大战略任务阔步前进的重大决策,明确提出了提升教育治理体系和治理能力现代化水平的总体方向和任务重点。作为国民教育体系的关键一环,职业教育治理水平对于其在新时代能否充分发挥价值与效能起着决定性作用。

然而,就职业教育系统内部而言,整个社会对职业教育的理解仍然局限于狭义的人才培养及办学模式之上,关注的焦点也仅限于如何提升人才培养质量以及如何改革传统办学模式。我们未能站在一个全新且宏观的社会背景下,从数字经济、市场就业、教育现代化等多个角度重新审视职业教育的内涵、价值和功能。因此,职业教育在整个教育体系中的主体地位未能得到凸显,这一现状间接导致了职业教育系统外部出现人们对职业教育的不认可或认可度偏低的情况。

党的十九大以来,以习近平同志为核心的党中央着眼于中国特色社会主义进入新时代、开启全面建设社会主义现代化国家新征程,明确提出了"完善职业教育和培训体系,深化产教融合、校企合作"的战略部署。这标志着我国职业教育发展战略已从"加快发展、构建职教体系"转向"完善体系、构建技能强国",定位于"建设中国特色、世界水平的现代职业教育体系"的宏伟目标。新时代职业教育发展战略目标的提出,不仅深化了职业教育的内涵,更为人们重新审视

"职业教育"提供了全新的视角。

首先,从内容维度上看,职业教育体系涵盖了多个方面,包括职业启蒙教育、全日制的职前培养、在职培训、专门化的社会培训项目以及老年职业教育体系等。这些不同的教育形式共同构成了一个完整的职业教育体系,旨在为不同阶段和需求的人们提供全面的职业技能培训和发展机会,而不仅仅局限于学历的简单衔接。其次,职业教育的价值取向已经从专注于"就业准备"拓宽至满足"从业所需",进而提升至实现"体面劳动与体面就业"的层次,这反映了一种新的实践哲学观。这种观念旨在培养学生的自信,助力他们在成功的职业生涯中获得优质工作和足以支持舒适生活的薪资;确保个体通过高度训练能够适应当下及未来的技能需求;保障接受高质量职业培训的劳动者能享有公正的高薪和福利。对社会而言,这意味着低失业率和高生产率,同时政府能通过税收为职业教育提供资金支持。再者,从发展模式上看,职业教育已由原来单一的服务对象,即适龄青年,扩展到各个年龄段、各个阶层、各个职业的多方位主体;学制安排、授课方式、教学模式也愈加灵活;教学内容也有别于传统的学科课程和综合课程,而是立足于实践和岗位的需要进行设置。若想要真正实现新时代职业教育发展战略目标,使职业教育获得长足发展,还需发挥政府及市场两大主体作用,明晰政府职责,正确处理央地关系。

(五)推进高等学校的分类发展,促进高等教育的统筹协调

构建服务全民终身学习的教育体系,作为旨在推动我国经济社会发展的民生政策,对教育事业的发展具有深远的影响。然而,从我国各级各类教育的发展情况来看,构建这一体系在高等教育方面仍存在明显的短板。高等教育是建立在基础教育之上的专业教育,属于精英教育的范畴,其完善与发展对于实现全民终身学习的目标至关重要。从某种程度上来说,接受高等教育并不意味着完成了人一生的教育,因此,高等教育不仅是个人的重要教育阶段,更是整个教育体系,乃至整个社会教育的关键一环。高等教育具有为社会输送各种高精尖人才以及连接社会各个行业、阶层的功能,在整个国民教育体系当中都占据着举足轻重的地位。

然而,伴随着我国成为教育大国的同时,高等教育一直面临着结构性失衡这一问题的困扰。一方面,高等教育结构与经济结构失衡,专门人才的培养无法与经济结构、企业需求、就业市场相适应。学术型人才供给过度,而创新性却

有待提高;应用技术型人才供给不足,操作能力不强,这导致我国现代产业体系建设急需的高层次、具有创新性、复合型及专门技术型人才匮乏。尽管近年来我国的劳动生产率持续呈现出显著的提升趋势,但我们也不得不正视一个事实:从事高精尖技术产业的劳动人员的生存效率仍然有待提高。在当前阶段(2015 年),我国的劳动生产率仍有巨大的提升空间,水平仅为世界平均水平的39.58%,仅为美国的 7.39%①。其根本原因在于,部分学校在盲目追求升格升等的过程中呈现出同质化的趋势,导致了高校毕业生供给结构严重失衡,就业质量低下。在高校合并和学科专业综合化的发展中,部分高校的行业或职业面向变得模糊、行业特色逐步消失。高等教育体系优化升级,首先要从建立结构布局合理、办学特色鲜明的高等学校分类体系开始②。党的十九届四中全会提出的"完善职业技术教育、高等教育、继续教育统筹协调发展机制"的战略目标,为高校分类发展、教育统筹协调发展指明了方向。

早在 2017 年 1 月 25 日,教育部颁布的《关于"十三五"时期高等学校设置工作的意见(教发〔2017〕3 号)》中,就提出了国家高校分类体系的"三分法"指导框架,将我国高校分为研究型、应用型、职业技能型三种类型,在知识生产链及人才培养模式上也各有不同。研究型高校注重学术探究,培养的是创新型人才;应用型高校注重学术整合,培养的是应用型人才;职业技能型高校注重学术应用,培养的是职业技术型人才。各类高校各安其位,各行其是,错位发展,才能履行好各自的职责。

1.推进多元化统筹协调的发展机制

鉴于每个学校都拥有独特的办学基础与特色,评价指标的设定不宜一刀切。相反,指标的设计应当充分展现不同类型高校特色的多样性,避免将学术评价作为唯一的衡量尺度。通过借鉴西方先进经验,我们可以从不同学科、不同学院中选拔评估专家,再由这些评估专家队伍进行同行评价,以提高评价的信度和效度,并强调评价的诊断功能。此外,还应将终身学习的内涵、高校的类型及未来发展定位纳入评价体系当中。

---

① 国家统计局国际统计信息中心.国际比较表明我国劳动生产率增长较快[EB/OL].[2016-09-01]. http://www.stats.gov.cn.

② 别敦荣,李祥,汤晓蒙,等.职业技术教育、高等教育、继续教育统筹协调发展:"构建服务全民终身学习的教育体系"笔会系列一[J].终身教育研究,2020(2):3-18.

2.优化资源配置方式

资源配置的方式对高校教育体系的协调发展机制具有深远的影响。一旦优质资源过度集中，往往会导致资源分配的不均衡。目前，为推动不同类型高校的发展，国家针对研究型高校实施了"双一流"建设，对职业技能型高校则推行了"双高计划"，而应用型高校却一直较为忽略。基于以上原因，高校陷入了同质化发展及无序竞争的困境。能够破解这种现状的唯一方式是建立基于教育成本与质量的分类拨款机制。只有确保高校办学经费的来源，才能全面遏制这种无序竞争。国家和政府应加强对应用型高校的支持和引导，促使应用型高校依据行业、产业、地区的优势来确定发展定位，立足于应用型人才的培养。

3.积极进行体制机制创新

在高校发展探索三类教育协调发展机制的过程中，往往会面临诸多困难。这就需要创新体制机制。在这一方面，国家已进行了多方面的积极探索。例如，自 2014 年起，为了促进地方高校的顺利转型，教育部学校规划建设发展中心便启动了中兴通讯 ICT 产教融合创新基地项目、中科曙光数据中国"百校工程"、中国制造 2025 产教融合计划等项目。为破解长期以来学校教育目标与企业目标的错位与割裂，共同推进相关合作项目，教育部学校规划发展中心应携手行业内的优秀企业，并成立委员会，大力推进产教融合。地方政府也应发挥积极的引导作用，搭建校政、校企、校校合作平台，促进优质教育资源的有效融合。通过监测诊断、专家咨询、培训辅导、研究开发等方式，为学校发展提供智力支持和资源服务，推进地方高校创新人才培养模式，不断提升服务区域经济的能力[①]。

三、服务全民非正规教育的教育实施体制对策

（一）提升家庭教育的专业化水平

家庭教育，作为学校教育的发源地和每个人教育的起点，对于个体身心的成长及未来发展具有举足轻重的奠基作用。正如 2018 年习近平总书记在全国教育大会上所强调的，家庭是人生的第一所学校，家长是孩子的第一任老师，他

---

① 别敦荣,李祥,汤晓蒙,等.职业技术教育、高等教育、继续教育统筹协调发展:"构建服务全民终身学习的教育体系"笔会系列一[J].终身教育研究,2020(2):3-18.

们肩负着为孩子讲好"人生第一课"、协助孩子扣好人生第一粒扣子的重任。然而，尽管家庭教育的重要性不言而喻，但反观现实，我们不难发现，我国家庭教育仍面临着诸多亟待解决的问题，例如研究滞后、观念模糊、缺少相关法律法规支撑、家长重智育轻德育等。随着现代化经济与社会的迅猛发展，快节奏的生活环境也给年轻父母带来了不小的压力。即便是父母双方接受过高等教育，有着先进的育儿理念，但在现实面前也不得不选择隔代教育或托管教育。2004年，中国老龄科学研究中心对全国 20 083 位老年人进行过调查，发现其中66.47%的老年人需要照看孙辈，而女性老年人抚养孙辈在城市和农村中所占的比例又分别高达 71.95%和 73.45%。上海的一项关于 0~3 岁婴幼儿抚养方式的调查亦显示，祖辈参与抚养的比例达到了 84.6%[①]。随着孩子年龄的增长，家庭教育的责任又自然而然地转嫁到学校和老师身上。家庭功能的淡化导致家庭教育和学校教育边界模糊，随着学校教育日益走向专门化、制度化，其在文化传播和个体发展等领域的主导地位愈发凸显，进而确立了其权威地位。然而，这一趋势也不可避免地导致了家庭教育在积极性和主动性方面的丧失。许多家长开始认为家庭只负责"育"，学校负责"教"，家庭教育逐渐成为学校教育的附属品。家庭教育功能削弱，却引发了教师社会责任的过度扩展，青少年问题因家庭教育缺失而增多[②]。

导致家庭教育面临诸多问题与挑战的因素主要有以下几个方面：首先，"家长本位"传统文化的影响。在传统的家庭教育文化中，家长具有极大的权威，"家长制"认为子女是家庭的私有财产，本着"一切为了你好"的原则，一切以家长的意志为出发点，完全忽视子女的独立想法。这种"家长本位"思想是家庭教育内容、方式和目的的价值基础。其次，家庭教育本身力量薄弱。传统的家庭教育中存在固有的私密性，这种私密性显著体现在"家长作为家庭教育的绝对权威""旁人无权干涉"的现象上[③]。但随着社会的发展，青少年犯罪率的日益上升，单凭家庭的力量已无法应对这些问题。家庭不仅要向社会提供一个"生物人"，更重要的是要为社会培育一个"社会人"[④]。因此，家庭教育的开放性以

---

① 黄祥祥.论隔代教育与儿童心理的发展[J].经济与社会发展,2006(4):203-205.
② 刘春花.对教育责任失衡的思考[J].教育发展研究,2005(21):61-64.
③ 许桂林.家庭教育：由私人性走向公共性[J].教育探索,2017(1):12-15.
④ 邹强.中国当代家庭教育变迁研究[M].天津：天津大学出版社,2011.

及外部力量的参与也迫在眉睫。此外,现代功利主义催生了家庭教育的异变。在古代,我国家庭教育以人格的培养和道德的教化为核心内容。但随着现代文明的进步,原始的代际关系和血缘纽带被利益关系所取代,人们由原本的亲情关系转变为契约关系。然而,人们的观念相对滞后,于是"私情"的一面便展现出来,这种私情中明显包含了利己主义。加之应试文化的催生,"儿童本位"逐渐沦为"家长本位的附庸"。

最后,家庭教育的"终身性"未得到充分发挥。在人们的传统意识中,家庭教育的影响被认为只是一时的,人们往往忽视了家庭教育的"终身性"。然而,实质上,好的家庭教育能够决定人的一生。有资料显示,学习能力在14岁时就已经基本形成,家庭与环境因素是成功教育的决定因素。科尔曼(Coleman)等人早在1966年就高度评价了其重要性。并且,随着终身教育理念研究的不断深化,学者们普遍认为,我们应当以更开阔的视野来审视家庭教育。家庭教育并非仅限于学龄前及义务教育阶段儿童的身心发展,它实际上具有"终身性"的特点。目前,我国正处于社会转型的关键时期,应试教育带来的迷茫与困惑也愈发凸显,这更要求我国的家庭教育在纵向层面与传统接续,在横向层面与其他教育融合。也就是说,现代社会要求"家庭教育、学校教育、社会教育"三教合一,共同发挥作用,这样才能促进孩子的健康与健全发展①。只有这样,家庭才能真正发挥其育人的本质功能,使家庭教育融入国民教育体系。

1.转变"家长本位"的传统教育观念

家庭教育的观念决定了家庭教育的目的、内容和方式。因此,只有转变传统的、滞后的亲子观、育人观、家长观、教育观,才能体现习近平总书记所倡导的新时代家庭教育观念,才能彰显新时代家庭在国家发展、民族进步以及促进社会和谐稳定中的重要地位。家长必须破除"家长制"的权威,以平等观念促进儿童本位,以民主的态度与子女进行积极的沟通。在子女的教育过程中,要时刻以科学的育儿观念为指导,充分意识到儿童的发展具有鲜明的独立性与差异性,绝不能仅仅以分数作为评判孩子是否成才的唯一标准。此外,家长还应以身作则,为子女树立榜样,形成良好的家风,因为文化的熏陶相比棍棒的打压更能起到事半功倍的效果。

① 黄欣,吴遵民,黄家乐.家庭教育:认识困境、使命担当与变革策略[J].现代远距离教育,2020(2):17-22.

2.完善家庭教育政策法律法规

法律的规范是家庭教育发挥最大效果的保障，只有科研与法律共同推进，才能确保家庭教育质量的提高。虽然我国现已发布了《未成年人保护法》《义务教育法》《婚姻法》等多部与家庭教育相关的法律法规，但其立法内容还存在诸多问题，政策主体、目标及措施都有待完善。法国、瑞典等西方国家早已通过了有关家庭教育的专项立法，例如，法国从 20 世纪 30 年代开始逐步建立起了一套完善的家庭法律政策体系，该体系的内容以儿童照看为重点，并涉及老龄人口和残疾人照顾等。这一法律政策体系的核心在于帮助父母开展科学的家庭教育，平衡家庭与工作的关系。日本已将家庭教育正式纳入《教育基本法》，对父母及其他家属在教育儿童方面所承担的具体责任和相关内容作出了明确规定。对于我国家庭教育的制度化及规范化进程而言，这些国际先进经验无疑具有重要的借鉴意义。

3.推进家庭教育、学校教育和社会教育"三教合一"机制的形成

好的家庭教育并非仅依靠家庭、学校或老师就能完成。人的成长受到遗传、环境、教育和个体主观能动性的共同影响。换言之，个人的成长离不开"三教合一"，即家庭、学校和社会的协同合作。尽管学者与家长在意识层面已充分认识到"三教合一"的重要性，但在日常生活中，我们仍面临着一系列问题，如"家校合作内容、形式单一""学校、家庭、社会相互割裂""学校、家庭功能错位"等。总体而言，要想发挥三者的作用：一方面需要理清三者的功能定位，明确各自的职责；另一方面，既要做到分工明确，又要最大限度地发挥三者的优势，使它们相互联系、相辅相成。只有这样，我们才能达成新时代所倡导的"德、智、体、美、劳全面发展"的育人目标。

（二）建设学习型社区，推进社区教育现代化

学习型社区不仅是居民生活和工作的地理集合体，而且承担着提升社区整体教育水平的关键任务。它作为社区居民和从业人员进行终身学习的重要平台，与传统社区的区别在于其更注重提供学习和教育机会，促进知识的共享与传播，进而增强社区的文化氛围和教育功能。随着经济的发展和社会的转型，尤其是快速的城镇化进程，我国社区的人口构成日趋多元化；人们的交流方式、行为方式、生活方式等发生了巨大的变化，社区发展面临诸多新的挑战，社区的功能和内涵也发生了巨大的转变。面对新形势，建设学习型社区成为社区发展

的必然选择。学习型社区应以建立健全的学习服务体系和丰富的学习资源为基础,同时依托各类学习型组织作为支撑,旨在为社区成员打造一个便捷且高效的终身学习环境。学习型社区应努力满足社区成员日益增长的多样化学习需求,帮助人们在社区环境中提升自身的全面素质,构建和谐、包容、进步的社区文化,为建设全民终身学习的学习型社会奠定坚实基础。

建设学习型社区是一项相较于传统社区教育更为错综复杂的工程。它与传统社区教育的显著区别在于,学习型社区的核心目标和使命在于促进人的全面发展、提升居民的精神生活质量。为此,学习型社区致力于调动和整合社区内的各类学习资源,以满足不同社区成员多样化、个性化的学习需求,并在体制、经费保障等方面提供全方位的支持。一方面,它促进人的全面发展,满足社区成员终身学习的需求;另一方面,它推动社区的可持续发展。为进一步推进学习型社区的建设,笔者认为应从以下几点入手:

1.明确学习型社区的功能

随着学习型社区的不断发展,社区功能也在不断转变。学习型社区应具备教育与学习的服务功能、开发和整合各种教育资源的功能,以及文化的建设与传播功能。

首先是教育与学习的服务功能。学习型社区的根本功能应当是服务,其基本功能应涵盖教育和学习。社区不仅包含传统社区教育的功能(如知识学习、技能培训等),还应具备反映居民学习需求多元化的社会教育功能(包括老年教育、健康教育、休闲教育、文化教育等)。

其次是开发和整合各种教育资源的功能。高效开发和整合各类学习资源是促进学习型社区建设的关键。社区资源整合的最终目标是实现学习资源的开放共享。在学习型社区资源开发与整合的过程中,应充分开发社区的教育、科技、文体、数字信息以及人力资源。第一,形成区、街、居三级社区教育网络体系,不断完善社区教育学院、社区教育学校以及市(村)民学校;第二,教育机构资源应向社区开放,充分发挥普通中小学、中等职业学校、普通高等学校与社区的联动作用;第三,实现住区单位的资源共享,凝聚社区各方力量,加强政府、企事业单位、社会组织的联系;第四,依托社区附近的图书馆、博物馆、科技馆、体育馆等公共设施,建立多种学习基地;第五,开发整合人力资源,建立一支高质量的社区教师队伍、管理队伍以及志愿者队伍;第六,搭建数字化网络学习平台,大力发展数字化学习网络、丰富网上课程及远程学习资源。

2.借鉴国外学习型社区建设的经验与启示

国外在社区教育方面有着近百年的历史,这为学习型社区的建设奠定了坚实的基础。例如北欧的"民众中学",这是最早的社区教育模式,"民众中学"是学校与社区结合的产物,起初是为农村青年提供初等教育的成人寄宿制学校。随着经济与社会的持续发展,其教育层次不断提高,课程不断丰富,并逐步转变成为社区所有成年人提供教育活动与教育服务的专门机构。这一模式后来被芬兰、挪威等多国借鉴。再例如美国的社区学院,这是社区教育的一大特色。社区学院为适应社区各类群体多样化的学习需求,具备职业技术教育、学历补偿教育、社区民众教育、大学转学教育等多种职能。其课程涵盖了家政、体育、美容、汽修、摄影等多个方面,服务对象也不受宗教、种族、国别、年龄、职业、贫富等条件的限制。教学方法灵活多样,按照学习者不同学习水平进行分类,实行小班教学,并与现代化信息技术手段相结合,为残疾弱势群体创造特殊的学习环境及条件。此外,新加坡的"居民联络所"也是值得借鉴的案例。作为新加坡开展教育活动最主要的场所,"居民联络所"以管理委员会牵头,以"居民协会"的形式在各个住宅小区举办教育活动。这些来自不同国家的丰富案例,无疑为我国学习型社区的建设提供了宝贵的参考与借鉴。尽管我国在建设学习型社区的过程中已取得了一定的成就,但多数仍侧重于调动教育机构及社会爱心人士服务社区的功能。无论是在制度的建设,还是在资源的整合方面,都尚未形成一定的规模和模式,仍需长足发展。

(三)建立健全国家资历框架、学分银行制度以及学习成果的认定与转换机制

1.国家资历框架构建:目标何为

在全球范围内,超过 150 个国家正积极地推动各自国家资历框架的发展,尽管这些国家的目标和动机各不相同。中国的研究者们也积极参与了这一讨论,他们主要关注以下几个方向:标准导向、结构或体系导向以及评价导向。在这些方向上,虽然研究者们对目标导向的看法存在分歧,但在某些方面还是达成了共识。

首先,大多数研究者认为,资历的内涵应该比学历更加丰富。这意味着,除了学术成绩,还应该充分考虑个人的实际能力、技能和经验等多方面因素。这

种观点有助于全面评价一个人的综合素质,而不局限于学术成绩。

其次,研究者们倾向于通过制定和执行统一的标准来推动资历框架的发展。这一做法旨在确保教育和培训的质量,实现不同资历之间的比较、衔接和转移。通过这种方式,可以促进跨领域、行业、地区以及国际资历的相互认可,为个人的职业发展和终身学习提供便利。

再次,大多数研究者认为,国家资历框架应该包括基于学习成果的要素,并注重学分转移与累积体系的构建。这意味着,应该对个人之前的学习经历给予充分的认可,以便于他们在此基础上继续深造。此外,研究者们还强调了职业教育与培训的重要性,认为这是提高个人职业技能和素质的关键途径。最后,构建"国家资历框架"在消除不同资历系统间的障碍、促进各类学习系统的对接和等值认可、提高学习系统和资历的透明度、尊重各种学习成果,以及帮助雇主、学生和其他利益相关者了解某一等级资历持有者的能力和素质等方面,具有重要的现实意义。这将有助于实现教育公平,提高人才培养质量,促进社会和谐发展。

2.国家资历框架模式:如何构建

国家资历框架的建设是一项涉及多方面的复杂系统工程,它不仅关系到教育体系的构建,还与国家的经济发展、人力资源配置以及社会进步紧密相连。为了确保这一框架能在不同的社会环境中得到有效实施,并且能够适应各种需求和挑战,必须采用一个经过深思熟虑的构建模式。在构建国家资历框架的过程中,教育专家和决策者们普遍采纳了三种主要的思路或取向。第一种取向是基于构成要素的,其核心在于深入分析和探讨构成国家资历框架的基础元素,如学历、技能和能力等,以确保这些元素能够全面反映国家的教育目标和劳动力市场需求。第二种取向则是基于运行机制的,这种取向更加关注框架的实际运作方式,包括如何制定标准、如何进行评估和认证,以及如何确保框架的灵活性和适应性。第三种取向着眼于管理层面的紧密程度,根据这一取向,国家资历框架可以被划分为紧密型和松散型两种模式,这两种模式的选择通常取决于国家的具体需求和框架所要达成的具体目标。

在全球范围内,不同国家在构建自己的国家资历框架时,首先需要确定的是该框架的层级结构,这是框架建设的基础。例如,南非的国家资历框架由十个级别和三大子框架组成,这样的设计使得框架能够涵盖从高等证书到本科和研究生等不同级别的学历,并且包括高等教育、普通及继续教育和培训以及贸易和行业培训等多个领域。澳大利亚则采取了不同的方法,建立了一个十级十四类的资历体系。该体系通过不同教育机构颁发的多样化证书,整合成一个统一的框架,实现了教育系统中高等教育、高中教育和职业教育之间的连贯性。丹麦的国家资历框架设有八个层级,详尽地描绘了从小学到大学教育,以及成人与继续教育培训所能获得的全部资历。每一级别都围绕知识、技能和能力进行了详细定义,确保了教育的质量和一致性。

3.国家资历框架关键制度:如何操作

在当今全球化的背景下,文化和环境的多样性已成为教育体系设计时必须考虑的关键因素。这种多样性意味着不同国家和地区在教育制度、学习方式以及资历认定上存在着显著的差异。因此,国家资历框架并没有一个普遍适用的统一模式,而是需要根据各自的文化背景和教育需求来定制。尽管如此,许多在该领域工作的专家和学者普遍认为,构建一个学分银行系统是建立有效国家资历框架的一个关键组成部分。学分银行系统的核心概念是允许个人将在不同情境下获得的学习和经验积累起来,并给予正式的认可。这种系统有助于促进终身学习,为个人提供更加灵活和多样化的学习途径。学分银行的构建可以从多个视角进行探讨。首先,可以根据学习途径的衔接标准来进行划分。这意味着学分银行需要考虑如何将正规教育、非正规教育和非正式学习等不同类型的学习经历整合起来,确保它们能够在资历框架中得到认可和转换。这涉及对不同学习途径之间相互认可的标准和机制的建立。

其次,学分银行的构建还可以依据学习成果转化的标准进行分类。这涉及如何评估和认证个人通过学习获得的知识、技能和能力,以及这些学习成果如何转化为可验证的资历或证书。这个过程需要确保学习成果的评价公正、透明且可靠。在这些讨论中,建立一个有效的学习成果认证制度被认为是核心问题之一。这样的制度不仅要确保学习成果的质量,还要保证这些成果能够在不同的教育和职业环境中得到广泛的认可。为此,需要制定一系列标准化的评估方法,并建立起相应的认证机构和程序,从而确保学习者的努力能够得到公正的评价和适当的奖励。

4.国家资历框架:如何运行

运行机制是确保模式顺利运作的核心,其组成要素之间的有效协同对系统的整体效能至关重要。目前,关于国家资历框架运行机制的研究表明,研究焦点主要集中在三个领域:首先是国家资历框架的立法工作,其次是各利益相关者的参与程度,最后是质量保障体系构建的重要性。在深入了解当前国际及国内国家资历框架的现状后,针对我国资历框架建设,有以下几方面的思考。首先,我们需要明确我国国家资历框架构建的价值导向,即明确其服务对象。我们应当采纳多元化或交叉的价值视角,来全面审视我国国家资历框架的未来发展路径。其次,应深入探讨我国国家资历框架建设的成效,关注其实践价值与实际效果。基于案例研究、定量分析等方法,促进研究者间的合作,以便更好地评估实施效果,发现并完善问题,从而增强研究成果在决策咨询中的应用价值。再者,对于借鉴国外经验,一方面我们要扩大研究的国家范围,另一方面需加强国际比较,梳理各国资历框架的特点并识别其中的问题,从而为我国资历框架的建设提供有益的参考。最终,关键在于强化学习成果认证制度的建设。国家需出台相应的政策法规,汇聚专家制订国家标准,以认证规范为核心,发展多样的学习成果和能力认定方法。同时,应整合我国成人教育和继续教育资源,建立专门机构来开发信息化管理平台和个人电子学习账户。针对社区教育的"学分银行",政府应优化相关制度,创建区域性社区教育学分银行,以满足各方需求。此外,应鼓励社区居民积极记录自己的学习经历和成果,推动社会化学习成果的认可,并探索学历教育与学分银行之间的学分互认机制。

四、服务全民非正式学习的教育实施体制对策

(一)加强自主学习服务平台的公益性与普及性

1.加大教育部门对移动学习平台的推广和支持力度

要提升移动平台在学生和学生家长之间的认可程度,不仅需要移动平台自身具备多样化的学习功能,还离不开教育部门的积极推广和有力支持。因此,在设计与实现移动学习平台以助力学生学习成绩提升的过程中,教育部门应进一步加大对移动学习平台的推广力度,并提供必要的支持。首先,教育部门应给予移动学习平台充分的认可,并采取有效措施对其进行检验。尤为重要的是,教育部门需对移动学习平台上的教学内容和教学过程进行深入的了解和掌握,以确保平台内容的合规性和教育性。在推广移动学习平台的过程中,需要

采取一系列措施以确保其正面影响并加强其接受度。其次，必须严格监管，以防止不法分子通过移动学习平台传播有害信息，保护青少年免受不良思想的影响。教育部门可以通过宣传和支持，增加移动学习平台在学生和家长中的知名度与信任度，从而促进更多用户采纳。这不仅有利于提升学生的学习效率和成绩，还能加速移动学习平台的普及和优化。此外，教育部门应当为移动学习平台提供高质量的师资支持。家长和学生通常倾向于选择知名学校的优质教师资源，期待通过移动学习平台获得更有针对性的教育服务。当教育部门能够向移动学习平台输送优秀的教师力量时，将进一步增强该平台对学生和家长的吸引力，有助于平台的发展和实现。

2.加快移动学习平台的设计与开发步伐

在移动学习平台设计与开发的过程中，软件工程师对其设计与开发起着决定性作用。因此，要想在学生学习过程中实现移动学习平台的大范围使用，移动学习平台必须具备高质量和强应用价值，这就需要软件工程师加快移动学习平台的设计与开发步伐。首先，软件工程师需充分认识到，将移动学习平台应用于学生的学习过程，能为学生带来诸多便利。这一平台使学生得以随时随地学习，迅速掌握难懂的知识点。在移动学习平台的设计与开发阶段，软件工程师的角色至关重要。他们需要承担起更大的责任，全身心投入平台的开发，以加快项目进度。为了实现这一目标，软件工程师应及时了解现有移动学习平台的实际情况，包括它们的优势、弱点以及潜在的缺陷。这样，他们才能在此基础上进行改进和创新，确保新开发的移动学习平台能够更好地满足学生和家长的需求，从而得到更广泛的应用。通过对市场上现有移动学习平台的深入分析，软件工程师可以吸取宝贵的经验教训，为自己的平台定位提供更精确的指导。这种学习借鉴不仅简化了新移动学习平台的设计与开发过程，而且通过改进现有平台的不足之处，可以使新开发的平台功能更加全面，效果更加显著。这样不仅能够提升用户体验，还能加速移动学习平台的开发与设计进程，确保其在竞争激烈的市场中占有一席之地。

3.打造数字学习平台发挥自身优势

在推广移动学习平台的过程中，学校领导和相关教师的积极参与对平台的成功落地和广泛应用起着至关重要的作用。当学校领导和教师认识到移动学习平台的潜力，并开始积极支持和推广它时，学生接受和使用这个平台的意愿会显著增强。这种由上至下的支持策略有助于提升学生对移动学习平台的信任和依赖,进而促进平台在更大范围内的应用。

此外,教师作为教育内容的传递者,他们的参与不仅能够确保教学内容与学校课程保持一致,还能为学生提供必要的指导和反馈,从而使得移动学习平台能更加有效地辅助教学和学习过程。最终,这种集体努力将加速移动学习平台的设计和实现,使其更好地服务于教育的目标和需求。一方面,移动学习平台要发挥自身的优势,不仅要保证学生随时随地的学习,还要对移动学习平台上的学习内容、学习方法等进行精细打磨。例如,针对同一章节的知识点,应依据学生对已学知识的掌握程度进行分级处理,采取循序渐进的教学策略,力求让每位学生在移动学习平台的指引下,能够更加高效地进行知识学习。再者,对于同一知识点,我们应当根据学生对教师教学方法的不同偏好,进行分门别类的讲授。这样,学生在使用移动学习平台时,就能根据个人喜好选择最适合自己的学习方法,进而激发对知识点的学习兴趣,更易于接受新知识,并提升对所学知识的掌握程度。另一方面,为了进一步推广移动学习平台的应用,开发者应加强对其优势的宣传,特别是在学校环境中。开发者需要主动进入学校,与学校的师生交流,并展示他们设计、开发和研究的成果,即移动学习平台。通过这样的宣传活动,学校领导和教师能够深入理解移动学习平台的独特功能和强大性能。这种现场演示和直接沟通的方式有助于打破对新技术的疑虑,同时让教育工作者直观地看到移动学习平台如何作为一个强大的工具来提升教学效果。当教师和领导们认识到这个平台的潜力后,他们更有可能选择将其纳入日常教学中,从而推动移动学习平台在学生中的广泛使用。

4.加大政府财政投入,拓展多元化投资渠道

政府作为终身教育公益性事业的"指挥棒",不仅负责协调其运行,还是终身教育平台的提供者。因此,政府有责任和义务为广大社会成员提供学习的机会和资源。正如《教育——财富蕴藏其中》一书中所强调的,各国应加大公共教育经费的投入,通过撤销其他支出来实现这一目标,特别是发展中国家更应如此。各国教育经费占 GDP 的比重不应低于 6%。这是确保教育发展的必要措施。纵观世界各国对终身教育经费投入的规定,政府的财政投入在其中起着举足轻重的作用。在当前的经济发展水平下,公益性并不意味着政府需要包办一切,终身教育经费投入也不能仅依靠政府。应在政府投入为主的基础上,鼓励

更多的社会资本投入相关的终身教育机构。

总之，我国今后的终身教育经费投入应该走多元投入的道路。终身教育机构除了获得政府财政补助，还应积极扩大慈善性和公益性的筹资渠道。政府应当积极运用税费调整和成本列支等手段，制定出更加实惠的具体措施，以达到鼓励公益性捐赠的目的。同时，各级政府应当积极营造舆论环境，鼓励社会各方通过捐赠等途径帮助发展终身教育事业。

（二）加强政府政策支持力度，完善相关法律法规

1.建立健全非正式学习成果认证的相关政策

建立健全非正规和非正式学习成果认证政策，明确其价值取向，并确定政策利益相关者和责任主体，对于营造有利于学习成果认证的社会环境至关重要。为此，发达国家通过制定相关政策和立法措施来推动这一体系的建立。例如，法国在1986年便由国家就业部设立了超过一百个官方技术评估中心，这些中心的目的是对非正规教育形式（如学徒制培训等），进行评价和认证，从而正式承认学习者的技能和知识。这样的措施不仅提高了个人技能的社会认可度，也为继续教育和职业发展开辟了多样化的途径。1991年12月，法国正式立法规定：凡具备5年以上专业经验的工人到官方技术中心进行自我能力总结时，有权获得带薪休假24小时，以在政策上支持职业学习认证；2002年，颁布了《社会现代化法》，促进非正规和非正式职业学习认证与完全资格证书的对接；2007年2月，法国部长代表与多家雇主组织签署了《国家先前经验认证发展协议》，创建了日趋成熟的非正规和非正式学习成果认证的政策和教育培训环境。澳大利亚的先前学习认证政策导向亦比较明确，1992年，澳洲政府签署了《培训认证国家框架协议》，标志着澳大利亚的先前学习认证制度正式建立；1995年，先前学习认证被纳入澳大利亚资格框架（AQF）；2004年7月，AQF顾问委员会发布了《国家先前学习认证准则和操作指南》；2009年5月，政府发布了《AQF学分安排的国家政策和指南》①。

观察发达国家在非正规和非正式学习成果认证方面的发展，我们可以发现一个共同的趋势：他们通过细致的政策工作，确立了教育理念、价值基础和最终

---

① 李昕.基于移动应用技术的非正式学习与正式学习融合的教学研究[J].湖北农机化，2020（8）：173-174.

目标。这些国家明确地设定了组织机构和运行机制,进一步划分了推动主体和责任主体,理顺了不同部门间的关系与利益,以实现跨部门合作,确保非正规和非正式学习成果认证政策的实施。为了建立这样一个认证政策,有必要逐步将政策推向立法层面。法律不仅为非正规和非正式学习成果认证的顺利进行提供了坚实的框架,还为整个体系的稳定和持续发展提供了重要保障。通过这样的立法措施,可以保证学习成果认证体系的正当性、权威性和执行力,进而在社会范围内形成广泛的认可和支持。

2.建立健全人员规范管理制度

规范动力源自社会影响,这包括价值观和道德标准。新制度主义理论着重强调了个体在制度环境下的作用,它认为个体的文化知识、习俗、思维方式和行为模式持续地影响着制度的形成,而个体的行为集合则构成了制度本身。在规范学习成果认证方面,通过加强人员和机构建设来提高认证质量显得至关重要。

一方面,要确保各级别的认证人员得到妥善配置,如指导员、评估员、项目负责人及外部审核员等,并明确他们的职责。认证人员不仅需要具备专业资格和技能,熟悉认证流程,掌握多种工具和方法,还应具备跨文化和沟通能力,以保障认证的质量。

另一方面,提高认证机构的合法性至关重要。目前,许多认证机构缺乏必要的资质,一些机构出于利益考虑发布虚假信息,损害了认证的权威性。借鉴欧盟经验,中国可以设立统一的或第三方认证机构,这些机构应由教育部门在国家和地方层面建立,以保障公众对非正式和非正规学习成果的认可和认证权利,从而提升机构的合法性。高校因其人才资源和地理分布优势,可成为实施学习成果认证工作的主要依托。认证机构应实行人性化管理,搭建信息服务平台,以满足成人多元化的学习成果认证需求。

3.建立健全配套制度

制度的供给是指创造和维持一种制度的能力。在学习成果认证过程中,有时会出现"滥竽充数"或"集体行动困境"的现象,这主要源于所需配套制度的现实需求与当前制度供给不足之间存在的明显不平衡矛盾①。

---

① 陈国民.场馆式学习:一种非正式学习的区域实践[J].教书育人,2020(16):15-16.

中国在推进学习成果认证制度化方面所面临的供给性困境，主要体现在以下几个方面：①保障机制不健全：目前，中国在学习成果认证的保障机制方面存在不足，缺乏完善的法律和政策框架来确保认证制度的顺利实施和有效监管。②缺乏有效的配套政策与措施：为确保学习成果认证制度的有效运行，需要一系列配套的政策和措施来支持，如质量监控、认证标准制定等，但目前这些配套措施尚不完善。③经费投入来源不明确：学习成果认证的实施需要相应的经费支持，但目前资金来源并不明确，这影响了认证体系的可持续发展。④不同教育形式间学习成果认证缺乏必要的沟通和互认机制：不同教育形式之间的学习成果认证缺乏有效的沟通和互认，这使得学习者的转换和流动性受到限制。

为解决这些困境，首先需要构建一个包含多元主体参与的机制，并建立一个能够协调各方利益的联动机制。鉴于非正规和非正式学习成果认证牵涉到教育和劳动力市场等多个领域，仅仅依靠政府力量是远远不够的。因此，确立负责制度调整的主体机构和建立利益协调机制变得尤为关键，这有助于明确各参与方在学习成果认证体系中的定位、角色和职责。其次，搭建一个以政府公共财政投入为主、社会各界广泛参与的资金支持长效机制至关重要。确保学习成果认证体系有效运作的必要前提是有充足的资金支持。地方政府及教育和社会部门可考虑成立专门的基金来支持学习成果认证活动，并对积极参与该认证过程的行业企业提供税收优惠等激励政策。此外，针对社会弱势群体如残疾人、失业者等，可以根据他们的具体情况对认证费用给予减免。最后，推动学习成果认证体系与其他学习成果转换工具的整合，实现互认互融。借鉴欧盟的经验，不同的学习成果转换工具可以相互作用，从而提高学习成果的公认性和可比性。当前中国尚缺乏类似的资格框架，不同学习方式之间的学分转换和互认仍显不足，需要进一步推进这方面的制度建设。

（三）建立健全非正式学习成果认定机制

1.建立非正式学习成果认证组织实体

建立非正式学习成果认证组织的核心目的在于搭建一座桥梁，以连接长期以来教育领域内存在的鸿沟，即非正规和非正式学习成果与正规教育体系之间的断层。在中国传统的教育观念和管理体制的框架下，正规学习成果与非正规、非正式学习成果似乎处于两条平行的轨道上，后者往往未能获得与前者同等的社会认可和价值评估。这种分化的现象不仅限制了个体学习的多样性和灵活性,也制约了社会对人才资源的有效利用。在当今知识经济高速发展的背景下,科技的迅猛进步和社会的持续变革要求个体不断学习新技能、新知识。这种快速变化的环境使得仅仅依靠传统的学校教育模式已难以满足社会对人才的多元化需求。因此,对非正规和非正式学习成果的认证变得尤为重要。它不仅是对个体自我提升和终身学习成果的一种认可,也是社会对于多样化学习路径的一种肯定。

为了确保非正规和非正式学习成果能够得到有效认证和广泛社会认可,有必要建立一个成熟、权威且专门化的组织机构,该机构应成为终身教育体系的重要组成部分。首先,建议成立一个具有国家级权威的"国家非正式学习成果认证中心"。该中心将承担全国范围内非正规和非正式学习成果认证的总体策划和设计工作,负责相关政策的制定、标准的设定,以及对下级或基层认证机构的管理和协调。此外,该中心还将规范证书颁发流程,确保认证的标准化和正规化。在国家中心的指导和监督下,建议在各省份和城市设立相应的非正式学习成果认证中心。这些中心将作为国家中心的分支机构,负责具体的地方和行业层面的认证实施工作。它们的职责包括按照既定制度组织开展地区和行业的认证活动,制定准入和评估机制,强化课程体系和评价标准的审核与监管,以及对下级认证中心的认证结果进行复核和确认。通过这样的层级化组织架构,可以确保非正规和非正式学习成果认证的质量和权威性,从而提升其社会认可度,促进个体的学习成果得到更广泛的认可和应用,进而推动社会整体的人才发展和经济进步。

2.理清非正式学习成果认证标准体系的逻辑

构建科学、严格且规范的标准体系是非正式学习成果认证制度成功实施的核心。它不仅为成果的明确化、量化及其流通提供理论支持,而且是推进和发展该认证制度的必要条件。

在构建非正规和非正式学习成果的课程体系时,应依托于行业能力标准。这样的课程设计注重实用技能与能力的增长,旨在满足学习者个人发展的需求。它支持学习者自选课程以增强自身技能,并倡导持续教育,同时探索人力资源的可持续发展路径。由于这些课程内容与各个行业的实际需求紧密相连,确定课程体系的逻辑起点需从深入理解行业能力标准开始。这些标准根据不同职位的类型和级别进行划分,并结合资历框架来定义岗位能力。它们反映了行业对技能和能力的当前要求,使学习者可以根据这些标准在特定行业内进行专项学习和技能提升。将行业能力标准作为构建非正式学习成果课程体系的基准,有助于课程内容更贴合行业职能需求,确保教育输出与劳动力市场需求紧密对接,从而满足社会经济发展对人才的需求。

为确保非正式学习成果课程体系的质量与实效性,建立以能力为核心的课程评价标准至关重要。在构建课程体系时,应依据行业能力标准设定知识、技能和能力级别要求,并据此确定课程内容。这种课程评价标准是衡量学习者实现学习目标程度的重要依据,其关键在于确保课程质量。以能力为导向的评价标准应着重于"实践能力"的培养,侧重全面搜集学习者的学习成果信息,并以行业能力标准为基准来评估学习结果。评价标准需要具体、明确且可量化,并与资历框架的能力层级相对应。同时,应结合具体的能力标准描述,建立能力与评价标准的直接联系,以确保人才培养的实际成效。

（四）建立以开放与共享为核心的终身学习资源云服务体系

1.核心目标与建设内容

终身学习资源云服务平台整合了全媒体的精细度、云计算的广泛性以及智能化大数据处理的深入分析功能,创建了一个全面的数字化教育资源共享平台。该平台旨在建立一个内容丰富的资源库,涵盖高等教育、职业教育、继续教育和社区教育,确保这些资源得到有效的汇总、展示、管理和高效利用,进而推动资源的相互促进和共同繁荣。资源云平台建设的主要内容为"搭建一个系统、实现两个突破、制定三项规范、探索系列模式",即搭建多层次、多终端、智能化、开放式的终身学习数字化资源库系统。资源云服务平台主要包括资源管理、资源导航、资源应用和资源共享等主要模块,基本实现了高效能的资源管理、标准化的资源描述、开放式的资源汇聚、云理念的资源服务、个性化的资源服务以及多终端的资源展示[①]。

2.主要成效

为累积终身学习的资源库存,我们正通过自建内容、合作共享及引入外部资源等多元化途径扩充资源。同时,我们注重整合新媒体并关注前沿技术,以

---

① 胡瑾.基于非正式学习的大学生学习自觉的影响因素分析:以湖南中医药大学生实证调查为例[J].大众标准化,2021(21):113-115.

微课程开发为核心,打造多平台兼容的学习材料。此外,我们利用虚拟仿真技术创制互动丰富、直观实用的教学课件,并结合数字媒体技术,制作集声音、视频、图像和文字为一体的全媒体数字教材。目前,已建成并入库的资源涵盖 3 个一级类目录、11 个二级类目录,包括各类视频和课件 2.3 万余个,旨在让更多的教育者和学习者享受高质量、便捷的教育资源①。

以终身学习数字化资源库为核心,我们已经构建了一个云平台,旨在实现教育资源的集中和共享。这个数字化资源库不仅是一个资源共享的平台,而且秉持开放性原则,允许所有机构和个人用户访问资源,并鼓励他们成为资源的提供者,积极参与到终身学习资源的共建和共享中来。接入该平台的学习机构可以作为资源库的机构用户,在其专属空间内创建和上传自己拥有的高质量学习资源,并对这些资源进行授权管理。同时,这些机构也可以在线使用其他机构授权并公开的优质学习资源,从而实现资源的真正汇聚和共享。这样的设置不仅丰富了资源库的内容,也提高了资源的可利用性和可访问性,促进了知识的传播和教育的发展。

3.在提出终身学习资源类别时,应兼顾实际应用需求与国家相关标准

终身学习资源云平台面对的是多层次、多类型、大容量的资源,以及多元化的服务对象。为了科学合理地解决资源分类和管理问题,该平台的分类体系坚持多维性、扩展性、互操作性和关联性的原则,并支持分类检索等功能。在构建分类体系时,同时考虑了实际应用需求和国家相关标准。

平台的资源分类体系从多个维度构建,以适应不同服务对象的需求。第一维度基于服务对象进行分类,通过分析用户对目录的使用习惯和方式,形成课程学科和专题的分类体系。其中,学科分类依据学科分类法,而专题分类则满足具有特殊需求或共同特征的资源群。第二维度基于主题进行分类,涵盖了学历和非学历两大类资源。学历资源根据教学类别和学科进行划分,而非学历资源则针对各类教学、培训和辅导主题,进一步细分为 11 个模块,如道德修养、文化涵养等。第三维度基于资源的技术类型进行分类,遵循《教育信息化技术标准 CELTS-41.1 教育资源建设技术规范》,涵盖媒体素材、课件、网络课程等类型,并新增了"图书"分类,参照中图分类法。这样的多维度分类系统确保了资

---

① 周海澎,张静,杨慧.非正式学习理论下高职学生图书阅读现状分析及引导路径研究[J].河北软件职业技术学院学报,2021(3):78-80.

源库的有序,便于资源的管理和检索,满足了不同用户的多样化需求。

(五)加强线下场馆学习平台的功能

1.实现实体场馆与数字化场馆的融通

在构建场馆学习环境时,不仅要重视实体场馆的物理空间和展览设计,还需着重发展数字化场馆环境。尽管实体场馆的空间布局和视觉展示已取得显著进步,但目前参观者的体验大多仍局限于对展品的基础欣赏,缺乏更深层次的互动和认知参与,导致实际的学习成效尚未达到预期目标。而随着互联网的发展,逐渐兴起的数字化场馆正悄然融入我们的学习和生活[①]。

为了进一步提升参观者在场馆中的学习体验,并有效地增进其学习成效,我们必须将实体场馆环境和数字化场馆环境的构建置于参观者的需求和利益之上。这种以参观者为中心的环境设计理念,旨在打造一个能够促进学习者全身心投入于相关认知活动的场景,从而帮助他们通过沉浸式的体验迅速进入最佳学习状态。在实体场馆环境中,参观者有机会直接接触展品,亲身感受历史和文化的魅力。同时,他们还能与展品进行实际的互动,或与其他参观者交流思想。这种现场的互动体验有助于他们进行细致的观察、深入的交流以及个人知识的意义建构。而在数字化场馆环境中,通过网络技术的广泛应用,参观者可以享受到虚拟交互的便利。他们不仅可以在线上进行讨论和交流,还可以利用技术平台提供的丰富资源和工具,这些资源和工具极大地促进了他们的认知发展和知识掌握。

实体场馆与数字化场馆的融合,通过网络技术实现了两者的无缝对接,它们相互依存、相互补充,共同构成了一个协同的学习生态系统。由于实体场馆通常采用一种统一的、标准化的教育服务模式,这在一定程度上限制了它们满足每位参观者个性化学习需求的能力。而数字化场馆则能够提供更加个性化和定制化的学习体验,有效弥补了实体场馆在这一方面的不足。实体场馆的最大优势在于它能够提供一种真实的感知体验,这种体验对于情感态度和价值观的培养至关重要。而数字化场馆则突破了时间和空间的限制,使学习变得更加灵活和便捷,让学习者能够随时随地沉浸在知识的海洋中。将实体场馆和数字化场馆的优势结合起来,不仅能够发挥实体场馆在提供真实感知体验方面的独

---

① 岑建,楼世洲.先前学习成果认证的比较研究[J].职业技术教育,2020(18):6-11.

特优势,还能充分利用数字化场馆在资源共享和交互式学习方面的便捷性,为非正式学习提供了强有力的支持。这种创新的融合方式对于推动非正式学习的发展具有深远的意义,它不仅提高了学习的可访问性和参与度,还增强了学习体验的丰富性和多样性,从而激发了学习者对自我发展的渴望,促进了终身学习理念的形成。

2.借助网络技术和移动设备的支持

随着网络技术和移动设备的不断进步,数字化技术的应用已经成为场馆学习环境的重要组成部分。这些技术的发展为展品的全方位立体展示提供了可能,从而拓展了非正式场馆学习的潜在空间。通过利用交互性强的计算机设备,场馆学习活动可以更加吸引参观者,增加他们的参与度和体验感。当参观者使用这些高科技设备时,它们能够对认知产生持久的影响,留下深刻的记忆痕迹。这种认知留存即使在离开设备后,也能持续支持和促进参观者的智力活动,对他们的学习产生深远的影响。然而,技术的使用不仅丰富了展览的内容和形式,也在改变着参观者的行为模式。参观者可能会更多地依赖于技术来导览和学习,这可能会影响到他们自主探索和与他人互动的方式。因此,场馆需要平衡技术的引入和传统学习方式的保留,确保技术服务于教育目标,同时鼓励参观者积极参与和深入思考。如果人们在参观植物园后,学会了保护自然环境的行为,增强了学习科学的兴趣,培养了审美的能力,这些学习的成果相较于单纯地掌握植物学知识,或许更具深远的意义。[①]。

(1)引入 VR、AR 等技术

虚拟现实(VR)、增强现实(AR)和混合现实(MR)技术正逐渐成为现代场馆学习环境设计中的关键组成部分。它们通过将实体与虚拟的场馆学习环境、现实与虚拟现实无缝地融合在一起,为参观者提供了前所未有的体验。在实体场馆中整合这些前沿技术,旨在营造一个充满活力和生动的学习氛围。通过3D 甚至 4D 场景的生成,刺激参观者的多重感官,从而极大地提升了他们的感知体验。这种创新的设计让参观者沉浸在一个充满互动和可视化的真实环境中,加强了他们与展品之间的交互联系,使学习变得更加生动有趣。利用 VR 设备,如数据头盔和手套,参观者可以跨越时空与展品进行互动,打破传统的展示

---

① 阎瑾,仝苏军,罗斌.基于 APP 的非正式英语学习的可行性探究:以雨课堂为例[J].海外英语,2020 (10):156-157.

方式,探索更多的背景知识。例如,故宫博物院运用 VR 技术复原了历史建筑,为参观者提供了多维的文化体验,使他们能够更加深入地了解历史文化。而中国科技馆的"挑战与未来"展厅则通过模拟太空环境,让参观者亲身体验宇航员的生活,增强了展览的互动性和教育价值。这些技术的应用不仅丰富了文化和科学传播的形式,还提升了参观者的综合素养。在沉浸式学习中,参观者不仅能够获得知识,还能感受到乐趣。通过这种方式,参观者可以在轻松愉快的氛围中学习,提高自己的认知能力,从而更好地适应不断变化的世界。

(2)借助移动设备的支持

移动学习正随着智能手机和平板电脑的普及而成为场馆参观和学习的新趋势。现代参观者不再完全依赖视觉来获取信息,而是通过二维码、应用程序(APP)、基于位置的服务等技术,与展品和展示空间建立更动态的联系,这改变了他们的信息获取方式。参观者现在不仅是知识的接受者,而且成了场馆文化知识的创造者、参与者和传播者,为场馆文化的传播带来了新的方式。移动设备的兴起挑战了传统的场馆教育服务模式,使得参观者能够随时随地共享场馆资源、享受服务和参与互动。移动设备上的应用程序能够提供个性化服务,如导览、语音讲解等。

此外,移动应用还可以将学习活动扩展到场馆之外,为学习者提供更广阔的学习空间。例如,通过与学校的合作,可以吸引学生和教师参与,设计基于位置引导的电子学习任务,鼓励学生完成特定的场馆学习活动,从而将场馆变成一种第二课堂。移动应用(APP)还能够根据用户的位置、兴趣、习惯、社交圈子,甚至通过连接的可穿戴设备来了解用户的生理特征,提供更加个性化的体验。个性化的主动服务模式正日益凸显其重要性,这得益于对用户基础数据的采集与深入分析[1]。

(3)二维码识别技术的运用

二维码技术的融入为参观者带来了创新的参观学习方式。智能手机的广泛使用使得观众更愿意通过手机摄影和分享来体验展览。博物馆等机构通过在展览中整合二维码,将参观者的手机变成一个互动的学习工具。扫描二维码,参观者可以接触到额外的内容,比如视频、音频解说或扩展阅读资料,这些

---

① 牛晓璇.AR 扫一扫:科普知识推荐系统研究[D].武汉:华中师范大学,2020.

内容能够加深他们的参观体验。这项技术不仅提升了观众的参与度，也为场馆的教育推广注入了新动力，同时扩大了知识与文化传播的途径。二维码的应用主要包括：首先，它提供了一种新的导览方式。通过扫描宣传册、地图、展品说明书上的二维码，参观者可以获得关于场馆的介绍、导览地图以及相关展品的讲解服务。其次，借助二维码的便利性，在无线网络和移动设备的支持下，场馆可以及时推送展品信息和活动消息，参观者还能对场馆运营提供反馈和建议。这为营造场馆的学习环境贡献了一种全新的参与式学习体验①。

五、关于服务全民终身学习的教育实施体制的调查结果及分析

（一）调查对象的基本情况

本次研究调查共涉及 2 000 人，其中男性 865 人，占比 43.20%；女性 1 135人，占比 56.75%。从年龄结构来看，18 岁以下者占 7.59%，18～25 岁者占27.06%，26～35 岁者占 21.78%，36～45 岁者占 33.33%，45～55 岁者占 9.9%，55岁以上者占 0.33%。简而言之，各年龄阶段均有样本分布，且有效突出了 18～55岁之间的有效社会劳动力主体和老年人群体，因此与调查目的相符。从文化程度来看，初中及以下者占 9.24%，高中占 14.52%，大专及本科占 61.39%，硕士占12.87%，博士占 1.98%，基本呈正态分布。从职业结构来看，企事业单位职工占26.07%，在校学生占 32.34%，自由职业者占 8.91%，党政机关公务员占3.3%，商业与服务业人员占 5.94%，农民/牧民/渔民占 4.62%，无业/失业/半失业者占1.98%，离/退休人员占 0.66%，专业技术人员占 5.61%，军人占 0.33%，其他占10.23%。各职业人员的终身学习现状与需求在一定程度上可以通过本次调查结果得到反映。再从收入水平来看，月收入 0～3 999 元者占 56.44%，4 000～7 999元者占 26.73%，8 000～14 999 元者占 11.22%，15 000 元以上者占 5.56%。从工作地点来看，被调查者中在北京、上海等一线城市工作者占 3.63%，在省会城市工作者占 22.44%，在其他二三线城市工作者占 49.83%，在县级及地级城市工作者占 11.88%，在农村或乡镇工作者占 12.21%。

---

① 岑建，楼世洲.先前学习成果认证的比较研究[J].职业技术教育,2020,41(18):6-11.

（二）公民终身学习现状分析

1.对终身学习类型的分类和辨别有待进一步加强

考察终身学习类型的目的,实际上是为了了解公民对终身学习的概念是否具备清晰的认识。公民对终身学习的认知与其行为密切相关,不了解概念就很难抓住相关学习机会,从而难以形成良好的学习习惯和学习意识。统计结果如图5.1所示,"中小学生在校进行学习（97.03%）""高职院校学习汽车维修（63.7%）"这两项正规学习的识别率较高,但对非正规、非正式学习类型的识别中均低于50%。由此可见,目前我国公民对终身学习的认知主要聚焦于正规学习,而对于非正规和非正式学习的理解尚显模糊。根据联合国教科文组织曼谷办公室2016年的调查研究显示,各类终身学习活动均有助于提升公民的读写能力、生活能力和职业能力。亚太七国对面向青少年的正规教育非常重视,但对面向成年人的非正规和非正式学习关注不足。因此,我国应当进一步加大对非正规及非正式学习的组织力度,提供支持,加强扶持,并扩大宣传力度,以提升公民对终身学习概念的理解程度,增强对终身学习类型的辨别能力,使终身学习由"理念"转化为"行动",直至成为"习惯"和"生活方式"。

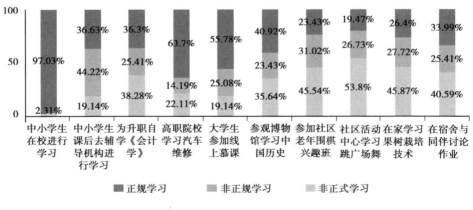

图5.1　终身学习类型的辨别与认知

2.终身学习时间和费用的投入有限

终身学习时间和费用的投入如图5.2、图5.3所示。从平均每天学习时间来看,平均每天学习时间为4小时的人数占22.11%,学习2~4小时的人数占17.49%,学习1~2小时的人数占45.54%,有14.85%的人不学习。从平均每月的学习花费来看,花费 0~500 元的人数占 61.72%,50 021 000 元的人数占 22.77%,1 000~2 000 元的人数占 6.93%、2 000 元以上的占 8.58%。平均每月 学习投入主要集中在 0~500 元。根据现有调查结果显示,如图 5.4 所示,收入 水平较高的人群在学习投入上相较于收入水平较低的人群更为显著,显示出收 入水平是影响学习投入的关键因素。鉴于此,政府应当增强终身教育的普惠 性,从而扩大终身学习的普及率与辐射范围。

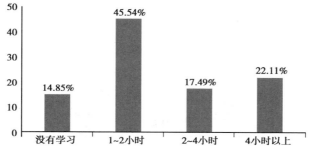

图 5.2　平均每天学习时间

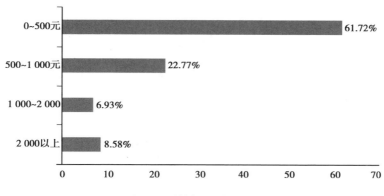

图 5.3　平均每月学习花费

3.终身学习活动内容丰富,学历教育占据主导地位,线上教育紧随其后

从公民参与终身学习活动的统计结果来看(如图 5.5 所示),42.9%的人参 与过公益性的终身学习活动,而 57.1%的人表示从未参加过。由此可见,公益 性的终身学习活动的普及范围并不是很广,国家需对公益性终身学习活动的普 及和推广进一步加强,以切实提高公民的内驱力。从近两年公民学习活动来 看,终身学习活动类型非常丰富,如图 5.6 所示。其中,选择人数最多的是线上

APP 课程和网络大学(占 37.95%),这说明受疫情影响,线上教育已取得长足发展,并被多数人所接受。其次是学历教育(占 33.33%),以及英语、计算机、岗位技能、农业绿色证书等实用技术培训(占 29.37%),这表明公民提升自身学历和职业技能的内部需求依然非常强烈。此外,书法、绘画、音乐、舞蹈等兴趣培训(占 24.42%)以及健康类讲座培训(占 18.48%)也具有较高的选择比例,这说明公民也十分注重自身兴趣的培养以及生活品质的提高。

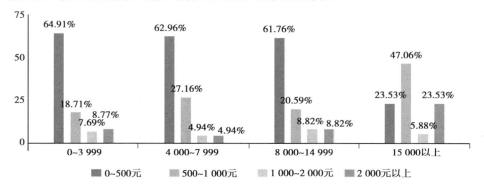

图 5.4　不同收入水平群体学习投入每月花费

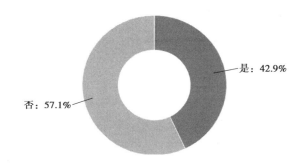

图 5.5　公民参与公益性终身学习活动情况

从近两年公民参与终身学习活动的机构来看(如图 5.7 所示),在线学习平台(占 49.83%)超越普通高等院校(30.36%),跃居第一,说明在线学习平台凭借其便捷、优质、低收费等特征已成为终身学习的重要渠道。然而,普通高等院校仍然占据重要地位,终身学习的主要载体仍然是学历教育。此外,课外辅导、学习培训机构(占 20.13%)以及图书馆、博物馆等公共服务平台(占 23.43%)也成为学习者重要的学习渠道。

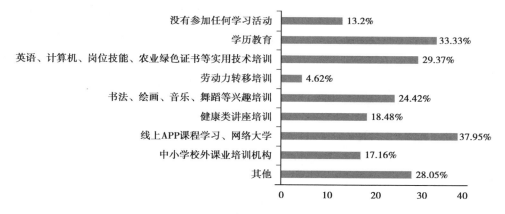

图 5.6 近两年学习活动参与情况

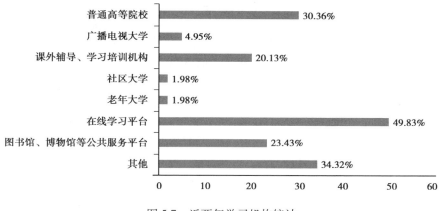

图 5.7 近两年学习机构统计

4.公民因不同的学习需求而呈现出不同的终身学习动机

终身学习动机均值降序排名前三的依次为:满足职业发展(3.57)、发展个人兴趣爱好(3.51)、增加收入(3.38)。(见图5.8)公民终身学习动机受内外因共同驱动,其中外因主要包括满足职业发展、增加收入、获得高学历和资格证书、教育子女等;内因则包括发展个人兴趣爱好、提高生活品质等。从调查结果来看,外因的学习动机先于内因显现,公民的内在驱动力需进一步开发。

5.终身学习途径呈现多样性,实体学习与线上平台相结合

如图5.9所示,公民最主要的学习途径为在校学习(占33.33%)及移动网络、互联网(占34.98%)。现阶段,公民学习途径已经完全实现了线上线下相结

合的模式。然而,以工作实践与生活经历为主要学习途径的人群比例也相对较高(占 20.13%),这说明由于收入、时间、渠道等不同原因,部分公民无法进入相对正规的学习渠道。尽管目前我国已具备较为完善的互联网环境和广泛的群众基础,但在网络规范与线下实体平台的实践基础方面仍需进一步加强,以确保其持续健康的发展。

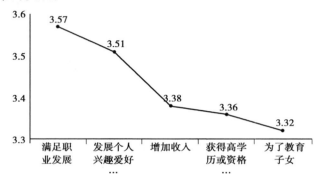

图 5.8　学习动机描述统计

选项	比例	
在校学习		33.33%
书籍报刊		4.62%
电视广播		1.65%
移动网络/互联网		34.98%
岗位技能培训		4.29%
文艺体育活动		0.99%
工作实践或生活经历		20.13%
本题有效填写人次		

图 5.9　学习途径描述

(三)公民终身学习需求分析

1.公民终身学习意愿强烈,但受多种因素影响,参与度有限

从公民学习意愿的调查结果来看(见图 5.10、图 5.11),愿意终身学习的占 77.23%,认为终身学习意愿一般的占 20.46%,不愿意终身学习的占 2.31%。总的来说,公民终身学习的意愿是非常强烈的。然而,由于外在因素的影响,公民对终身学习活动的参与也表现出一些不便。绝大多数人表示工作压力大,没有时间学习(占 47.85%),参与不太便利(占 33.33%)。此外,还有公民表示不了解终身学习的渠道(占 24.09%),学习、培训内容没有特色(占 19.47%),学习、培训方法不易接受(占 12.54%)。因此,终身学习还应大力宣传推广。除了采取增加公民公休时间、带薪休假等措施,还要进一步创新培训内容、改良培训方法。

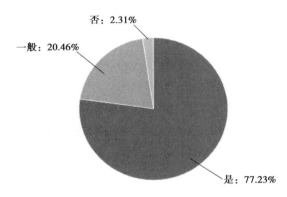

图 5.10　终身学习的意愿描述

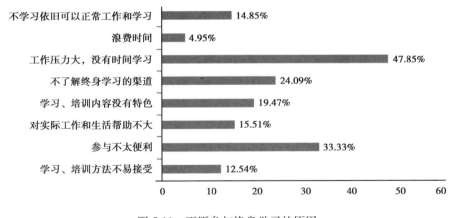

图 5.11　不愿参与终身学习的原因

2.终身学习内容需求丰富,其中子女教育、医疗保健、家庭生活最受关注

终身学习内容需求统计结果如图 5.12 所示,公民对终身学习的需求呈现多样化,其中子女教育(占 52.15%)、医疗保健(占 41.58%)及家庭生活(占

35.64%）的关注度最高。这说明终身学习与民生息息相关，公民更愿意通过终身学习来解决工作、生活中的实际问题。与此同时，文艺体育（占 29.7%）、历史文化（占 23.1%）、科学技术（占 20.79%）的占比也很大，这表明公民期望通过终身学习这一途径，不断提升自身的文化素养。因此，终身学习活动的开展除了要为大众提供实用技能，还应提供针对性的、定制化的服务，以高效引导公民。

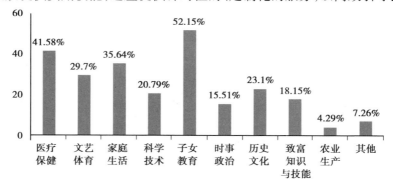

图 5.12　终身学习的内容需求

3.公民更愿意在生活中进行终身学习

终身学习方式需求统计结果如图 5.13 所示，45.87% 的人希望在生活中学习，27.39% 的人希望通过业余时间来进行学习，18.81% 的人希望在工作中学习。这说明公民终身学习的意愿仍然很强烈，但由于工作、生活等多种原因，他们更倾向于选择更加便捷的方式来实现终身学习的目标。此外，传统的全脱产学习占比较低（占 1.32%），这表明公民对终身学习的方式有了进一步的需求，传统的脱产式培训已不再适应现阶段公民的需求。

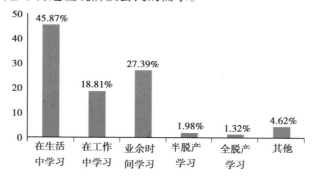

图 5.13　终身学习的方式需求

4.公民更倾向于在图书馆、博物馆等开放性公共文体场所,以及线上学习平台进行学习

终身学习场所均值排名前三的是图书馆、文化馆、博物馆等社会文体场所(4.29),线上学习平台(4.16),以及单位的专有场地(3.69),详见图 5.14。图书馆、博物馆等场所因其丰富的学习资源、舒适的学习氛围以及不受时间限制等特点,成为公民的首选。线上学习平台也因便捷、费用低、方式灵活而深受公民喜爱。此外,单位的专有场地占比也很大,这进一步说明公民新兴的学习需求及驱动力以方便快捷为主。

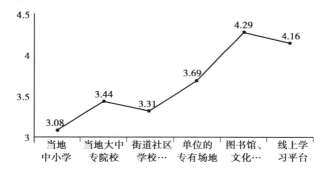

图 5.14　终身学习的场所需求

此外,公民对居住地公共基础设施的需求进一步印证了他们的喜好与选择,详见图 5.15。公民对图书馆、博物馆等社会文体场所的需求高达 79.21%,各级各类学校也得到了社会的充分肯定(43.23%),书店、咖啡店、网咖、艺术工作室等场所的比例也较大(40.92%)。这一方面说明各级各类学校作为典型的教育场所仍占据重要地位,另一方面也说明公民的非正式学习需求在不断增加,公民对于高质量的学习环境十分向往。因此,各地应当结合这些场所的实际建设情况,进行扩建或查漏补缺工作,充分发挥不同学习场所的教育功能。

5.公民希望政府能够补贴终身学习费用或只需缴纳少许费用

公民对终身学习费用投入的看法如图 5.16 所示,终身学习费用分担方式均值排名前三的依次是政府补贴(3.41)、只交少许费用(3.3)、开课机构补助(2.99)。由此可见,公民更希望通过花费较少的费用来获得终身学习的机会。这一数据也从侧面反映出目前我国在终身学习方面的投入是不足的。因此,政府应设立专项经费用于终身学习,确保专款专用,同时也应扩大经费来源,以减

轻公民的负担。

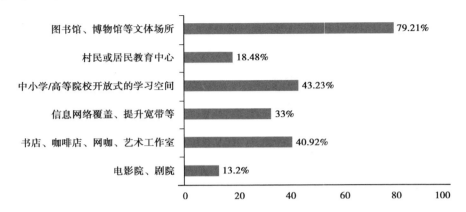

图 5.15　终身学习对公共基础设施建设的需求

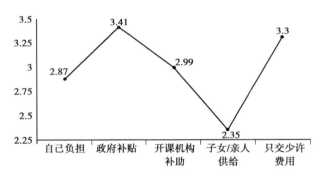

图 5.16　终身学习的费用需求

对于现阶段社区是否能够满足公民终身学习需求（见图 5.17、图 5.18），超过 60% 的人表示否定。其中，24.09% 的人表示不满足，42.9% 的人表示不太满足，11.55% 的人表示能够满足，而 21.45% 的人表示基本满足。公民表示不能满足的原因主要有：社区没有终身学习的场所，基础设施不健全（占 66.34%），没有专门人员来进行指导（占 47.19%），以及工作忙、家务重、没有时间（占 27.06%）。这说明终身学习在社区教育中已取得初步发展，但当前的情况仍不能满足公民的基本需求。因此，政府应进一步加大对社区教育的投入，不仅要解决公民的后顾之忧，还需加强基础设施建设，并聘请专职人员来进行专业化的指导和教学。

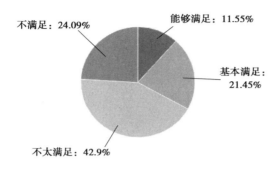

图 5.17 社区终身学习的满意度

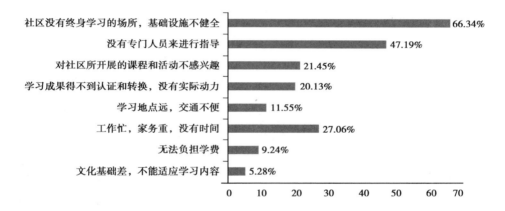

图 5.18 社区不满足终身学习需求的原因

（四）公民终身学习评价分析

1.多数公民表示对我国目前各级各类教育实施机构的设置和运行以及相应的制度不大了解

当被问及是否了解目前我国各级各类教育实施机构的设置、运行以及相应的制度时（见图 5.19），12.54%的人表示不了解，53.8%的人表示不大了解，14.85%的人表示了解，18.81%的人表示比较了解。这说明目前我国居民对终身学习的了解并不深入，除了对概念有所偏差，对终身学习机构的实际运行也存在疑惑。因此，厘清终身学习概念的内涵和外延，对终身学习实施机构的设置、运行及相关制度进行科普和宣传，明确各级各类教育实施机构的功能定位，已迫在眉睫。

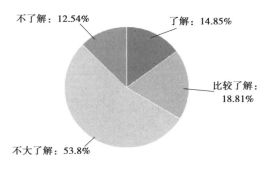

图 5.19　终身学习实施机构认知情况描述

2.公民对于终身学习的教育实施机构存在的问题表现出一致性的认可

正规学习实施机构所存在的问题描述如图 5.20 所示,约 70% 的人认为目前我国各级各类学校存在以下问题。其中,持"比较认同"意见的人数比例最大。具体来说,39.27% 的人认为幼儿园教育小学化倾向严重;37.95% 的人认为中小学校课业负担过重;43.56% 的人认为高中阶段教育忽视职业生涯教育与职业素养的培养;45.21% 的人认为职业学校人才培养与社会及产业需求脱节;42.9% 的人认为开放大学的办学定位与特色不够鲜明。这说明正规学习实施机构在纵向上存在割裂的问题。这种纵向割裂主要体现在体制内各正规教育实施机构之间在教育观念、教育内容、教学方法和教学条件等方面,服务终身学习这一终极目标的统一性与衔接性不足。

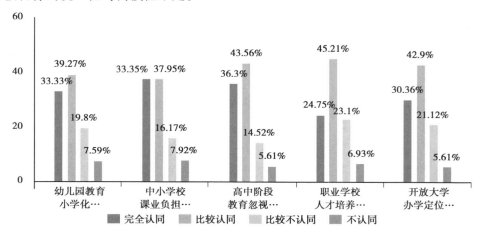

图 5.20　正规学习实施机构存在的问题描述

非正规学习实施机构所存在的问题描述如图 5.21 所示。约 70% 的人认为目前我国非正规学习实施机构存在各式各样的问题,其中,持"比较认同"意见的人数比例最大。具体来说,52.15% 的人表示家校合作内容、形式单一;49.17% 的人表示学校与社区缺乏有效沟通;51.49% 的人表示校企合作效率不高;49.83% 的人表示产学研一体化规模小、层次低;49.83% 的人表示非正规学习实施机构资源整合不够。这说明非正规学习实施机构在横向上存在阻断的问题。横向阻断是指教育实施机构因各自的归属不同、行政管辖的机构不同而难以有效整合的困境。

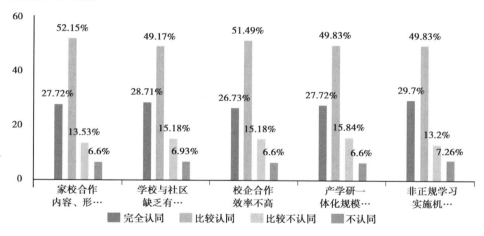

图 5.21　非正规学习实施机构存在的问题描述

非正式学习实施机构所存在的问题描述如图 5.22 所示。约 80% 的人认为目前我国非正式学习实施机构存在诸多问题,其中,持"比较认同"意见的人数比例最大。具体来说,52.15% 的人表示终身学习云服务平台建设、服务机制尚未建立;50.17% 的人认为自主学习服务平台公益性与普及性不足;52.15% 的人表示博物馆、科技馆等社会文化场所承载力不足;46.53% 的人认为非正式学习成果难以得到认证;49.17% 的人指出非正式学习政府介入不够,缺乏相关法律法规。

3. 多数公民对社会提供的终身学习服务表示较为满意

终身学习满意度统计结果表明:19.8% 的人对社会提供的终身学习服务满意,42.24% 的人对社会提供的终身学习服务比较满意,26.4% 的人对社会提供的终身学习服务不大满意,11.55%的人对社会提供的终身学习服务不满意。这表明,尽管公民对终身学习存在疑惑、不解,但总体来说,他们对社会所提供的有关终身学习的服务还是较为满意,且对终身学习充满期待。

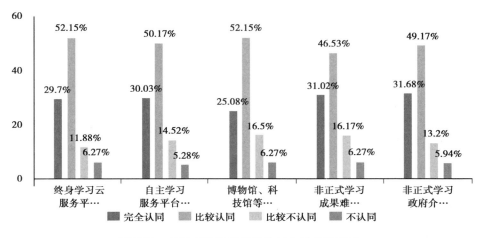

图 5.22 非正式学习实施机构存在的问题描述

小　结

新时代,我国服务全民终身学习的重点在于满足内部学习主体的需求与质量提升、有效整合全社会的终身学习资源、创造学习机会以及提供精准的个性化服务。从服务全民终身学习的教育实施机构方面看:第一,在正规学习实施机构方面,应普及高质量的学前教育,加强基础教育建设,构建高质量教育体系等;第二,在非正规学习实施机构方面,应奠定家庭教育的基础地位,提升家庭教育的专业化水平,建设学习型社区,推进社区教育现代化等;第三,在非正式学习实施机构方面,应强化自主学习服务平台的公益性与普及性,建立健全非正式学习成果认定机制等。从服务全民终身学习的教育实施制度方面看,应努力建立国民终身学习法,完善我国服务全民终身学习相关法律法规和教育政策体系。为了有效推进这些改进措施,我们首先需要加强教育体制改革,优化教育资源分配,确保每个人都能享受到公平、优质的教育资源。其次,我们要积极推动教育与科技的深度融合,充分利用现代信息技术手段,为全民提供便捷的学习途径。在关注全民终身学习的同时,我们必须特别重视弱势群体的教育需求,通过政策扶持和社会力量的积极参与,帮助他们顺利融入终身学习的体系。最后,我们还应加强对终身学习理念的宣传普及工作,使全民深刻认识到学习的重要性,从而营造出良好的学习氛围。

推荐阅读

1.李凤霞,王朋利,王小军,等.教育元宇宙赋能全民终身学习:机理、框架及案例[J].成人教育,2023(6)。

文章聚焦元宇宙,以服务全民终身学习的目标与元宇宙价值取向的契合度为分析起点,深入论述元宇宙如何赋能全民终身学习的内生逻辑(即重构学习活动系统)与外在呈现(即变革终身学习范式)。同时,文章基于教育系统的关键要素,构建服务全民终身学习的教育元宇宙实践框架及应用场景。最后,通过对技术支撑及实践案例的分析,以期营造技术与社会深度交融、促进终身学习可持续发展的良好生态。

2.虞安骥.面向中国式现代化:职业教育融入全民终身学习体系的逻辑、价值与实践方略[J].中国职业技术教育,2023(1)。

文章首先简述了职业教育融入全民终身学习体系的逻辑,主要有三点:一是拓展办学空间,夯实全民终身学习体系之基;二是贯通培养通道,搭建全民终身学习体系之桥;三是丰富育人方式,强化全民终身学习体系之路。其次,关于其价值,我们进行了深入的论述:在个体层面,终身学习是促进人的全面发展的重要途径;在社会层面,它能够满足经济社会可持续发展的迫切需求;在国家层面,终身学习更是实现现代化强国目标的时代响应。基于此,我们提出了以下实践方略:整合资源,拓展职业教育服务渠道;紧扣需求,突破职业教育招生桎梏;找准定位,转变职业教育教学观念;强化基础,完善职业教育课程结构。

3.马伟楠,李佳,王伟刚.建设服务全民终身学习教育体系探索[J].中国职业技术教育,2022(10)。

文章首先简述了建设服务全民终身学习教育体系的重要性。其次,提出了建设终身学习教育体系存在的问题,主要包括终身学习宣传的"形式化"、终身学习平台的"割裂化"以及终身学习监管的"模糊化"。最后,阐述了建设服务全民终身学习教育体系应坚持从体系框架先行、学习资源共享、数字技术应用、动态专家咨询、营造终身学习氛围、完善教育评价标准等方面着手,以助推学习型社会的建设。

4.王琴,张建友.逻辑·价值·实践:终身教育赋能教育强国研究[J].现代远距离教育,2022(1)。

文章首先从历史逻辑、理论逻辑和实践逻辑出发,对终身教育赋能教育强国的逻辑进行考量。其次,立足于理念共享、价值共识和目标共进,分析终身教育赋能教育强国的价值意蕴。最后,从理念赋能、文化赋能、方法赋能和战略赋能四个方面,提出终身教育赋能教育强国的实践进路,以期使教育强国从目标走向现实。

5.史秋衡,季玟希.构建服务全民职后终身学习的教育体系的内涵诠释[J].教育科学,2022(3)。

文章首先提出了本文的核心问题:"职后高质量教育体系"发展失衡,并从以下三个方面进行了深入探讨:一是"一次性"学校教育观念根深蒂固;二是教育部门对职后教育的影响相对微弱;三是现行教育体系中职后教育体系所发挥的作用不强。在此基础上,文章进一步阐述了其根本原因,即教育体系中"分类管理"制度的缺位。最后,文章从满足多元需求并维护教育体系的健康运行形态,以及协调"人的全面发展"与"全体人民共同富裕"这两方面出发,对其进行了价值解读,即构建服务全民职后终身学习的高质量教育体系。

6.【法】朗格让.终身教育导论[M].滕星,滕复,王箭译.北京:华夏出版社,1988。

本书是作者朗格让(Lengrand,P)配合国际教育年所著。在联合国教科文组织召开的第15届全会上,终身教育被特别推荐为与国际教育年相关的十二大主题思想与行为之一,以供成员国参考。此举旨在全面阐述终身教育思想的深远意义,揭示推动其发展的关键因素,并界定其范畴,同时阐明终身教育作为一种全面教育尝试所产生的广泛影响与深远后果。

7.吴遵民,黄欣.实践终身教育论[M].上海:上海教育出版社,2008。

本书是国内第一部旨在讨论与研究终身教育在实践领域如何具体推进和运作的专著。它由三个子课题组成:国际大都市终身教育发展的比较研究、上海市终身教育的立法研究、上海市终身教育的发展现状及对策研究。本书以上海为个案,从理论分析、国际比较、实证调查等多个层面,对上海市终身教育发展的过去、现在和未来进行科学诊断,并据此提出具体的对策和建议。本书旨在将终身教育的思想切实转化为实际行动,确保其在实践中得到有效落实。

8.王琪.终身教育体系的衔接问题研究[M].厦门:厦门大学出版社,2014。

本书共分为五章。第一章是终身教育体系衔接的基本理论研究;第二章运用自组织理论探讨终身教育体系衔接的宏观机制;第三章选取教育目的、教育内容、教育资源以及教育制度四个要素,分析了终身教育体系衔接的微观机制;第四章探讨我国当前教育体系衔接的状况及存在的问题,深入分析了澳大利亚学历资格框架在教育体系衔接方面所发挥的作用,主要从教育目的、教育内容、教育资源以及教育制度这四个维度进行了全面探讨;第五章是结论与建议,从系统运行的角度出发,深入剖析了终身教育体系衔接的本质,进而提出在构建我国终身教育体系过程中,加强各子系统之间衔接的对策思路。

9.高志敏.成人教育学科体系论[M].上海:上海教育出版社,2017。

本书对成人教育学科体系的形成和发展进行了细致的梳理与探索。首先,以异域追踪和本土寻迹为主线,对国内外成人教育及成人教育学的萌芽和发展进行了历史考察;继而,从异域回溯和本土回望两条主线出发,追溯了成人教育学科体系的形成与拓展过程。之后,对异域智慧和本土研究进行了串联、归结、比较和整合。在此基础上,从伦理与纲领、性质与目标、意义与作用、源点与路向、内容与边界、空间与方法等角度,以批判的眼光对成人教育学科体系及其未来发展进行了思考与展望。

参考文献

[1]郝克明.让学习伴随终身[M].北京:高等教育出版社,2017.

[2]联合国教科文组织国际教育发展委员会.反思教育:向"全球共同利益"的理念转变[M].北京:教育科学出版社,2017:40.

[3]中国教育发展战略学会.中国学习型城市建设案例[M].北京:高等教育出版社,2013:6-7.

[4]王洪才.心灵的解放与重塑:个性哲学的终身教育论[M].北京:教育科学出版社,2011:203.

[5]顾明远,石中英.学无止境:构建学习型社会研究[M].北京:北京师范大学出版社,2010.

[6]吴遵民.新版现代国际终身教育论[M].北京:中国人民大学出版社,2007.

[7]高志敏,等.终身教育、终身学习与学习化社会[M].上海:华东师范大学出版社,2005.

[8]黄富顺.比较终身教育[M].台北:五南图书出版股份有限公司,2003.

[9]刘英杰.中国教育大事典:1949～1990[M].杭州:浙江教育出版社,1993:1995.

[10]范正辉.法国促进终身学习的做法及经验借鉴[J].当代继续教育,2021,39(1):74-80.

[11]伍宸,朱雪莉.我国中学与大学教育衔接与融合的现实困境与突破:基于英国的经验与启示[J].河北师范大学学报(教育科学版),2021,23(1):87-95.

[12]何曼.北京外国语大学网络教育学院:将在线学习资源建设放在第一位置[J].在线学习,2021(5):44-46.

[13]张蕾,谢玲玲.终身学习视野下我国在线教育体系的元素分析:以语文学科

为例[J].汉字文化,2021(4):88-89.

[14]胡瑾.基于非正式学习的大学生学习自觉的影响因素分析:以湖南中医药大学生实证调查为例[J].大众标准化,2021(21):113-115.

[15]周海澎,张静,杨慧.非正式学习理论下高职学生图书阅读现状分析及引导路径研究[J].河北软件职业技术学院学报,2021,23(3):78-80.

[16]卢玉娟.老年教育分层教学体系的实现路径探究:兼论终身教育学分银行学分的应用[J].成人教育,2020,40(12):52-55.

[17]陈乃林.两重视域下全民终身学习体系建设的思考与建议[J].当代职业教育,2020(1):12-20.

[18]吴遵民.服务全民终身学习教育体系构建的若干思考:基于服务与融合的视角[J].中国远程教育,2020(7):16-22,68.

[19]张玲,裴昌根,陈婷.我国学前教育城乡均衡发展程度的测评研究:基于基尼系数的实证分析[J].西南大学学报(社会科学版),2020,46(2):96-106,193.

[20]周文龙,李玲,刘一波.学前教育现代化战略与路径研究:基于学龄人口预测[J].中国电化教育,2020(5):80-87.

[21]杨婷,吴遵民.终身教育背景下学前教育发展的路径与机制:读《中华人民共和国学前教育法(草案)》[J].现代远距离教育,2020(5):18-25.

[22]胡永红.当前农村学前教育发展状况及策略[J].核农学报,2020,34(11):2629.

[23]王钰莹.智慧教育背景下面向个性化学习的在线学习资源设计[J].中国新通信,2020,22(20):172-173.

[24]杜小月.云计算中服务器虚拟化技术的研究[J].技术与市场,2020,27(3):117,119.

[25]张丽明.基于互联网技术的终身学习资源建设与供给研究[J].电脑知识与技术,2020,16(27):63-65.

[26]吴遵民.服务全民终身学习教育体系构建的路径与机制[J].中国电化教育,2020(5):10006.

[27]别敦荣,李祥,汤晓蒙,等.职业技术教育、高等教育、继续教育统筹协调发展:"构建服务全民终身学习的教育体系"笔会系列一[J].终身教育研究,

2020,31(2):3-18.

[28]黄欣,吴遵民,黄家乐.家庭教育:认识困境、使命担当与变革策略[J].现代远距离教育,2020(2):17-22.

[29]李昕.基于移动应用技术的非正式学习与正式学习融合的教学研究[J].湖北农机化,2020(8):173-174.

[30]陈国民.场馆式学习:一种非正式学习的区域实践[J].教书育人,2020(17):15-16.

[31]岑建,楼世洲.先前学习成果认证的比较研究[J].职业技术教育,2020,41(18):7-11.

[32]阎瑾,仝苏军,罗斌.基于APP的非正式英语学习的可行性探究:以雨课堂为例[J].海外英语,2020(10):156-157.

[33]梁慧娟.改革开放40年我国学前教育事业发展的回望与前瞻[J].学前教育研究,2019(1):9-21.

[34]司晓宏,樊莲花,李越.新中国70年义务教育发展轨迹、成就及愿景分析[J].人文杂志,2019(9):1-12.

[35]韩民.我国终身学习体系形成发展的回顾与前瞻[J].终身教育研究,2019,30(1):11-18.

[36]卢海弘.构建面向现代化2035的终身学习体系:国家战略视角[J].高等继续教育学报,2019,32(6):1-7.

[37]马健生,陈元龙.学前教育小学化:困惑与澄清:基于"儿童发展中心"的分析[J].北京师范大学学报(社会科学版),2019(4):5-14.

[38]黎明."互联网+教育"背景下网络共享课程研究与思考[J].智库时代,2019(22):189-190.

[39]刘军,李洪赭,李赛飞.CTCS-3级列控系统虚拟仿真与网络安全测试平台的设计与实现[J].铁道通信信号,2019,55(8):10-14.

[40]郭中华,顾高燕.基于自媒体的成人非正式学习:意义、特征与路径[J].成人教育,2019,39(10):15-18.

[41]梁慧娟.改革开放40年我国学前教育事业发展的回望与前瞻[J].学前教育研究,2019(1):9-21.

[42]张婷.国外终身教育经验及我国终身教育的未来发展道路[J].天津职业院

校联合学报,2018,20(4):48-52.

[43]姚虹,潘杏仙,顾家山.基于非正式学习理念的高校图书馆新生教育探索[J].图书馆工作与研究,2018(12):74-78.

[44]吴遵民.终身教育发展的中国经验:改革开放37年终身教育的历史回顾与展望[J].江苏开放大学学报,2016,27(1):10-18.

[45]白云.终身学习视域下高职教学体系构建研究[J].成人教育,2016,36(2):80-83.

[46]庞庆举.社会治理视野中的社区教育力及其提升研究[J].教育发展研究,2016,36(7):23-30.

[47]柳士彬.继续教育"立交桥":框架与行动[J].教育研究,2016,37(8):125-131.

[48]李进.美国终身学习立法的经验及其启示[J].中国成人教育,2016(5):127-129.

[49]岳爱武,许荣.学习大国建设的推进机制:西方发达国家的经验及启示[J].江苏高教,2016(4):146-149.

[50]陈国华.高中与大学衔接的现状反思与改进路径[J].当代教育科学,2016(6):3-6.

[51]祝智庭.智慧教育新发展:从翻转课堂到智慧课堂及智慧学习空间[J].开放教育研究,2016,22(1):18-26,49.

[52]郇楠.信息时代高校图书馆新生培训模式思考与探索[J].农业图书情报学刊,2016,28(11):125-127.

[53]郅庭瑾.人的城镇化:教育何为[J].人民教育,2015(9):36-39.

[54]丁红玲.终身学习多元需求视阈下成人高等继续教育机制再造[J].中国成人教育,2015(1):9-12.

[55]罗铿.MOOCs模式下信息素养教育课程的变革:以新生入馆教育为例[J].图书馆学刊,2015,37(10):78-82.

[56]夏海鹰.学习型社会建设动力机制探究[J].教育研究,2014,35(6):48-52.

[57]郝克明.学习型社会建设的重要支柱:中国继续教育的发展[J].中国教育科学,2014(3):71-91,70,237.

[58]张兆芹,胡娇艳.关于学习型社区运行机制研究现状的反思和展望[J].职

教论坛,2013,29(30):56-59.

[59]李林曙,鄢小平,王立科.我国学分银行制度建设的模式、途径与策略[J].
现代远程教育研究,2013,25(6):33-38,49.

[60]张为宇.法国继续教育概览[J].世界教育信息,2013,26(20):33-35.

[61]刘伊莎,郭少东.发达国家终身教育建设的经验与启示[J].中国成人教育,
2013(9):121-124.

[62]周德春.终身学习体制创新研究[J].长春理工大学学报,2012,7(2):
111-112.

[63]白利娟.现代终身教育在日本的发展及其经验总结[J].文教资料,2012
(8):128-129,137.

[64]黄欣,吴遵民,蒋侯玲.论现代"学分银行"制度的建设[J].开放教育研究,
2011,17(3):42-46.

[65]何岸.关于加快天津终身教育体系建设的初步思考[J].广州广播电视大学
学报,2011,11(4):6-8,107.

[66]朱东妹,潘杏仙.大学新生入馆教育网上互动学习平台的设计与实现[J].
图书馆学研究,2011(2):8-11,32.

[67]郝克明.中国终身学习的进展与制度建设[J].教育研究,2010,31(11):
36-38.

[68]中国教育发展战略学会学术部.终身学习的进展、发展趋势和制度建设:上
海国际终身学习论坛综述[J].教育研究,2010,31(10):107-111.

[69]范先佐,郭清扬.我国农村中小学布局调整的成效、问题及对策:基于中西
部地区6省区的调查与分析[J].教育研究,2009,30(1):31-38.

[70]朱新均.我国成人教育发展现状与展望[J].继续教育,2009,23(3):13-18.

[71]刘艳珍.教育立法与美国成人教育的跨越式发展[J].继续教育,2009,23
(3):57-59.

[72]王晓辉.法国终身教育的发展与特色[J].比较教育研究,2007,28(12):
80-84.

[73]姬睿铭.法国成人教育的经验及其对我国的启示[J].继续教育研究,2007
(4):89-91.

[74]王丽雅.终身教育终身学习与学习化社会概念辨析[J].天津职业院校联合

学报,2006,8(6):23-27.

[75]王志华.我国现行图书馆管理体制与内部运行机制的改革初探[J].图书馆论坛,2006,26(5):4-7.

[76]张兴红.动机归因理论在成人学习中的应用[J].社会心理科学,2006,(1):67-68.

[77]杨近.我国高职学制改革中的若干问题及对策[J].中国职业技术教育,2005(20):50-52.

[78]余胜泉,毛芳.非正式学习:e-Learning 研究与实践的新领域[J].电化教育研究,2005,26(10):18-23.

[79]孙绵涛.教育体制理论的新诠释[J].教育研究,2004,25(12):17-22.

[80]李斌.我国成人学习动机研究综述[J].成人教育,2004,24(9):20-22.

[81]李金波,许百华.成人参与学习的动机研究[J].心理科学,2004,27(4):970-973.

[82]项贤明.20 世纪 90 年代以来的美国教育改革[J].比较教育研究,2003,25(5):23-28.

[83]周玲.成人学习动机的调查分析[J].广西社会科学,2003(12):176-179.

[84]丁兆礼.法国成人教育行政管理及其特点[J].职教论坛,2002,18(15):56.

[85]孙抱弘.现代化国际大都市的建设与学习化社会的构建:试论新世纪上海"经济—社会—人"持续发展的重要抓手与途径[J].毛泽东邓小平理论研究,2001(6):102-107,89.

[86]吴忠魁.当今日本建设终身学习体系的经验与措施[J].比较教育研究,2000,22(5):48-53.

[87]赵婀娜.办好新时代职业教育(教育时评)[N].人民日报,2021-07-25.

[88]周世祥.全民终身学习从理念倡导到实体落地[N].光明日报,2020-11-17.

[89]张新平.我国普通高中教育的危机及其应对[N].南京师大学报(社会科学版),2012(5):18-24.

[90]柴葳,刘琴.全国人大代表罗伟其:城镇化进程中保障教育用地[N].中国教育报,2012-03-12(1).

[91]陈蓉.幼儿园教育"小学化"倾向的现状及解决策略研究:以江苏省 T 市为例[D].镇江:江苏大学,2020.

［92］牛晓璇.AR 扫一扫［D］.武汉：华中师范大学，2020.

［93］王晓晨.基于移动终端的中学教师非正式学习研究：以山东省枣庄市中学教师为例［D］.桂林：广西师范大学，2019.

［94］李妍伶.基于 3G 智能手机的成人非正式学习研究［D］.成都：四川师范大学，2014.

［95］赵镭蕾.学习型社会背景下成人自主学习体系构建研究［D］.杭州：浙江工业大学，2012.

［96］任慧婷.我国高职培养目标问题的研究［D］.天津：天津大学，2005.

［97］《中国教育年鉴》编辑部.中国教育年鉴-1994［M］.北京：人民教育出版社，1994.

［98］李召存.论基于儿童视角的幼小衔接研究［J］.全球教育展望，2012，41（11）：57-62.

［99］中国教育发展战略学会学术部.终身学习的进展、发展趋势和制度建设：上海国际终身学习论坛综述［J］.教育研究，2010.31（10）：107-111.